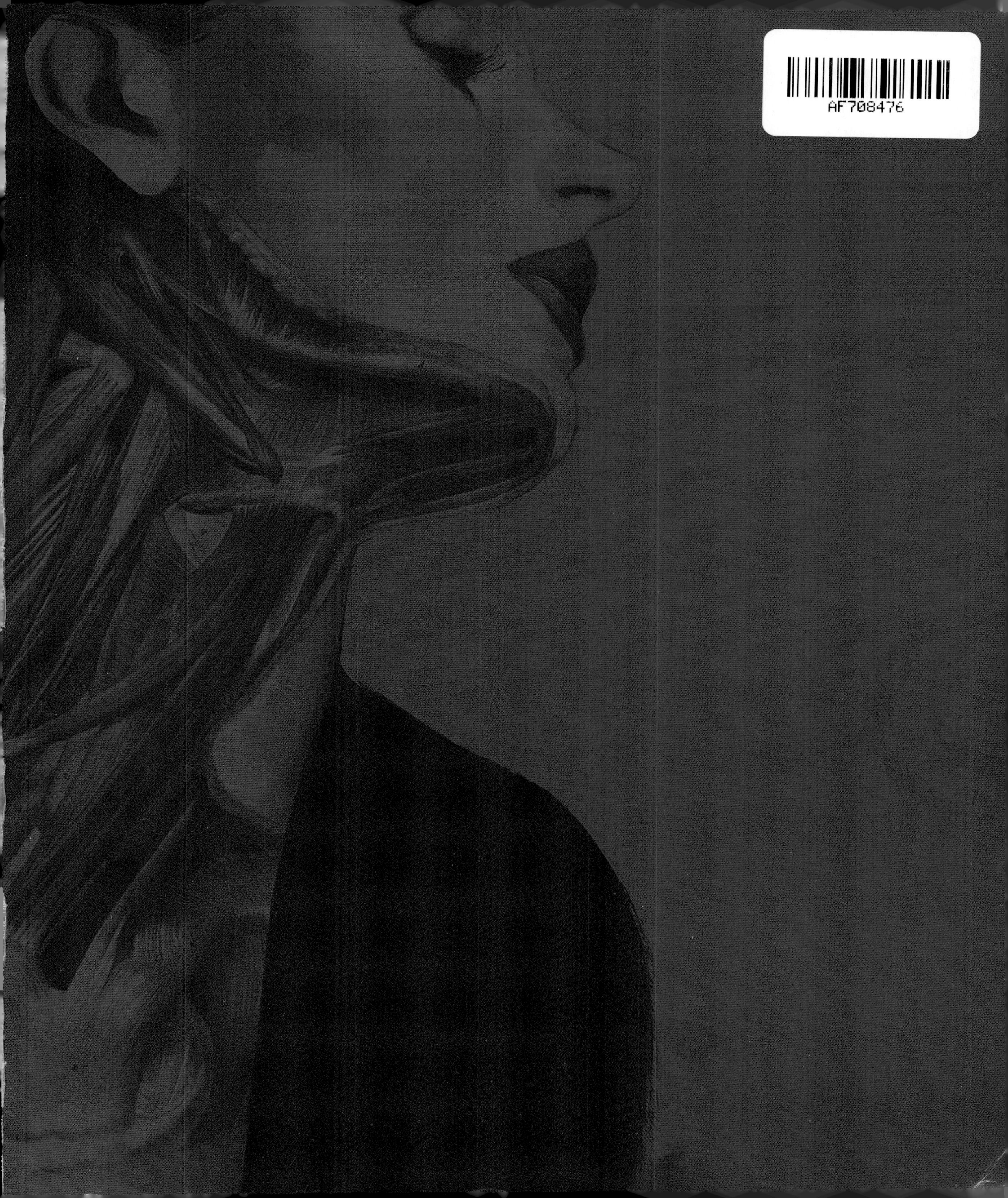

Fernando

Vicente

ROADS

Roads Publishing
19–22 Dame Street
Dublin 2
Ireland

www.roads.co

First published 2014

1

Fernando Vicente

Design by Conor & David

Printed in India

978-1-909399-37-2

Paradoxical Bodies

Peio H. Riaño

Cuerpos paradójicos

Peio H. Riaño

I am reading a novel that is woven together on the basis of aphorisms, making the book a story of stories, of hundreds of fragmented tales exploded into small paragraphs that in themselves are enough to make its reading an incomparable experience. It is a novel to redeem the novel, in which I have learned, as I put down a text that will accompany me always, that life doesn't give you just one lick of paint, it gives you five or six, if not dozens, and the trick, if there is one, is to save the best colour until last. After reading it, I don't think that there can be any better definition of Fernando Vicente's work.

I learned of Fernando's existence in the Saturday culture supplement of a national newspaper that in its early stages was identified with the left and the modernisation of a society trying to forget a civil war and dictatorship. The newspaper, the journalist, and journalism itself played a role in the country's amnesia on the subject, at least for a few years. It took thirty years for Spanish citizens to become aware of the lie in which they themselves had participated. It was okay to run from the past, but not to heal its wounds. The truth was hidden beneath layers and layers of news and more news, under the vivacity and colour of a democracy that was irretrievably beginning to sour and darken. The euphoria of the early years after the Francoist repression withered, like my plants do when I forget that they live with me. Nobody asked for the truth about this country, nobody wanted to know what lay beneath all those layers and layers of news and more news, until the vivid colours became a dirty brown.

It was through my initial meeting with Vicente that I learned of his first artistic project. I discovered that this illustrator, who is also the sharpest reader, had a double life as a fine artist. His concerns went beyond securing his next commission; he wanted to experiment, he wanted to test, he wanted to steal time from what made him a living to feed on occurrences, on metaphors, on chance encounters. As we shall see in the following lines, Vicente is a born collector. Such was his obsession with accumulation that one fine day he noticed one of those thickened walls that threaten to collapse under the weight of the posters that cover it; paper on top of paper. This week's new gig is pasted over last week's in a plasterwork of hundreds of prints, breeding with the consent of the municipal cleaning services and that very Spanish complicity of letting everything rot until it falls under its own weight.

One day he must have seen something to work with in that deformed mass, sagging and bulging down to the pavement. From that moment, he embarked on a systematic search for these shapeless agglomerations that rise as tall as a person. He ripped them off, took them to his studio, and stripped them down to their last, shredded layer. Deciding to create his pulp scenes from material that had weathered into a swollen mass, Vicente concentrated on images that undermine that inducement to what used to be citizens, now merely consumers, and sought to regurgitate them into something else. Those were the first steps of a mature trajectory which developed towards *subvertising*, or revenge painting.

Estoy leyendo una novela que está cosida a base de aforismos, que hacen del libro una historia de historias, de cientos de relatos fragmentados, que explotan en pequeños párrafos suficientes para hacer de la lectura una experiencia incomparable. Una novela para redimir a la novela, en la que leo, ya en la despedida de un texto que me acompañará para siempre, que la vida no solo lleva una mano de pintura, que lleva cinco o seis, cuando no decenas, y el truco, si existe, es guardar el mejor color para el final. Leo y pienso en que no puede haber una definición mejor del trabajo de Fernando Vicente.

Supe de la existencia de Fernando en el suplemento de cultura de los sábados de un periódico de tirada nacional que en sus inicios se identificó con la izquierda y la modernización de una sociedad que trataba de olvidar una guerra civil y una dictadura. El periódico, el periodista y el periodismo contribuyeron a que el país dejara de pensar en todo aquello, al menos durante unos años. Así pasaron treinta años hasta que los ciudadanos españoles fueron conscientes de la mentira en la que habían participado. Había que correr, no curar. La verdad quedaba oculta bajo las capas y capas de noticias y noticias, bajo la vida y los colores de una democracia que, irremediablemente, empezaba a estropearse, a oscurecerse. La euforia de los primeros años tras la represión franquista se agrió, como se estropean mis plantas cuando olvido que viven conmigo. Nadie se preguntó por la verdad de este país, nadie quiso saber qué había debajo de todas esas capas y capas de noticias y noticias. Hasta que los vivos colores se hicieron sucios marrones.

Fue después de conocerle en persona cuando me enseñó su primer proyecto artístico. Descubría de esta manera que el ilustrador que mejor lee tenía una doble vida, de artista. Sus inquietudes iban más allá del santo encargo, quería experimentar, quería probar, quería robarle tiempo a lo que le daba de comer para alimentarse de ocurrencias, de metáforas, de encuentros fortuitos. Fernando –lo iremos viendo a lo largo de las próximas líneas– es un coleccionista de nacimiento. Obsesionado por el acopio, un buen día se debió de fijar en una de esas paredes arqueadas que amenazan con derrumbarse por el peso de los carteles que las cubren. Unos encima de otros. El nuevo concierto de la semana se pega sobre el concierto de la semana pasada, en una argamasa de cientos de carteles fecundados con el beneplácito de los cuerpos de limpieza de la ciudad, con la complicidad de esa cosa tan española de ir dejando que todo se pudra hasta que se caiga por su propio peso.

Como digo, un buen día debió ver en aquello, una masa deforme que se retorcía y se inclinaba sobre la acera, algo sobre lo que trabajar. Desde ese momento se entregó a una búsqueda sistemática de esas aglomeraciones informes tan altas como una persona. Las arrancaba, las llevaba a su estudio e intervenía en la última capa, hecha jirones. Decidió llevar sus escenas pulp a un material que se había reproducido a la intemperie, pero sobre todo, con imágenes concebidas para sacudir el estímulo del

Do you remember the French poster designers of the second quarter of the twentieth century? Paul Colin, Jean Carlu, Charles Loupot, A.M. Cassandre – the show was in the street and its creators were painters who refined the commercial techniques of their forefathers, which had been supplanted by photography. Somehow, with that exercise, which formed the basis of his first exhibition, Vicente went beyond the images produced by contemporary mass media – film, marketing, newspapers and magazines – and restored the archaic splendour of the advertisement. By painting over them he converted them into something else. This was his modest reassertion of the transformative power of painting; painting that is capable of altering reality, altering advertising. Painting that is capable of adding a new layer of colour to life; that is portrayed to me in in the novel that I'm reading, the book that I'll never be able to put down.

That first step in the artistic life of Fernando Vicente helps us to understand something essential in his painting: it works with the leftovers of visual culture, of identity deformed by accumulation and multiplicity. We are speaking of the contemporary being as a soul warped and battered by a patchwork of hundreds of thousands of images that pile up (like the posters that he collected in the streets) until they give shape to that disfigured and schizophrenic being. What we are talking about is identity transformed by chance. In the final analysis, we are talking about the best colour.

Our community is a visual village in which the millions of images that are trafficked every second are the essential part of the network of our communications. This is how we define our world now, with images that ricochet and multiply on anyone, even Vicente. He, with his fanatical collecting, keeps interesting images to the point of obsession, making a dynamic catalogue of them, an almanac of prototype gestures, landscapes, scenes. Flashes of a real world invented by cinema, advertising, newspapers, magazines, and so on. Flashes of photos that we have never taken, but which appear as part of our private albums: what we call the popular imagination. Vicente rummages through them to create a new world. It is this illustrative aspect that constitutes the other life of our painter.

Vicente makes the strange out of the common. Something a little disturbing that progresses from vulgarity to poetry, from the prosaic to the poetic. His work recycles and reproduces itself, like the tangle of posters. It chews up the phenomenon of mass reproduction and spits it out, abused by paradox. Reality abused by paradox loses its benevolence in his pictorial creation. In his illustrations Vicente rebels against the sugar overdose that the media ask of him for their publications. When he dedicates himself to his own work, he strives to slit open what is hidden in all of this farce, a farce to which he, like everyone else, contributes. At that point, the beautiful becomes the grotesque, clarity becomes expression, Renaissance becomes Baroque.

In 2000, Fernando Vicente gave life to the first chapter of a large triptych based on the body and the lie: *Anatomías*, *Atlas* and *Vanitas*. He is not interested in the big facts; what

consumidor, antes conocido como «ciudadano», y que Fernando Vicente quería regurgitar en otra cosa. Son los primeros pasos de una trayectoria madura, que apuntan hacia una pintura de contrapropaganda, de revancha.

¿Recuerdan a los cartelistas de la Francia del segundo cuarto del siglo XX? Paul Colin, Jean Carlu, Charles Loupot, A. M. Cassandre… El espectáculo estaba en la calle y sus creadores eran pintores, que perfeccionaron las técnicas comerciales de sus antecesores y que fueron superados por la fotografía. De alguna manera, Fernando, con aquel ejercicio con el que montó su primera exposición, superaba las imágenes producidas por los grandes medios de comunicación contemporáneos, el cine y la publicidad, los periódicos y las revistas, y devolvía el esplendor arcaico del anuncio. Pintaba sobre ellas, las convertía en otra cosa. Era su pequeña reivindicación del poder de la fuerza transformadora de la pintura, capaz de alterar la realidad y la publicidad. Capaz de añadir una nueva capa de color a la vida de la que me habla el libro que leo y que ya no podré cerrar nunca más.

Este primer paso en la vida artística de Fernando Vicente nos ha servido para entender algo esencial en su obra pictórica: actúa con los despojos de la cultura visual, de la identidad deformada por la acumulación y la multiplicidad. Hablamos del ser contemporáneo como un ser urdido a retazos de cientos de miles de imágenes, golpeado a diario por ellas, amontonadas (como lo que recogía por las calles) hasta dar forma a ese ser desfigurado y esquizofrénico. Hablamos de una identidad transformada de manera casual. Y al final, el mejor color.

Nuestra comunidad es una aldea visual, en la que se trafica con millones de imágenes por segundo, son la parte esencial de la red de nuestras comunicaciones. Así definimos nuestro mundo ahora, con estampas que se rebotan y multiplican sobre cualquiera. También sobre Fernando. Él, en su obsesión coleccionista, guarda las que interesan hasta convertirlas en obsesión. Hace un catálogo vital de ellas, un almanaque de prototipos de gestos, paisajes, escenas. Fogonazos del mundo real inventado (por el cine, la publicidad, los periódicos, las revistas, ya saben). Fogonazos de fotos que no hemos hecho nunca, pero que aparecen formando parte de nuestros álbumes privados. Lo que llamamos el imaginario popular. Fernando hurga para con ellas crear un nuevo mundo. Esa es la otra vida de nuestro pintor, la ilustración.

Hace de lo común, lo extraño. Algo inquietante que avanza de la vulgaridad a la poesía, de lo prosaico a lo poético. Recicla y produce, como en la maraña de carteles. Engulle el fenómeno masivo y lo vomita maltratado por la paradoja. La realidad maltratada por la paradoja pierde amabilidad en su creación pictórica. Aquí Fernando se rebela contra la sobredosis de azúcar que le demandan los medios de comunicación para sus portadas. Cuando se dedica a sí mismo, lucha por abrir en canal lo que se esconde de toda esta farsa, a la que él, como uno más, contribuye. En ese momento, pasa de la belleza a lo grotesco, de la claridad a la expresión, del Renacimiento al Barroco.

attract him are the big lies, which he dismantles with montage. These are his *trompe l'oeils*, from mechanics, geography and medicine. *Anatomías* is a series of bodies with desires but no objectives, of rampant greed, without boundaries or limitations, caught up in the vertigo of the flesh.

It was his first foray into the paradox, with its flaws and its discoveries, but it lacked the irony that he would employ seven years later in *Vanitas*, which is painted with all the sensuality that the skin permits and the coldness of mechanical posters. The painter puts passion to the service of the extreme accuracy of mechanisms that regulate more human reactions. Can robots make love? Can a human being be a little bit more humane? What is he trying to tell us?

Despite a couple of insurmountable references, such as Napoleon (a myth that is supremely adored by our painter), the body that is called into question in this chapter is female – which he will never abandon in his interventions – and her pleasure devices. In doing so, he reduces her trembling to a very threatening lethal weapon. There is not even a hint of the chemical elements that he clandestinely causes to move, those elements that produce joy and sadness, although no laboratory has discovered how. But in spite of this, they have wills, appetites.

The mechanisation that Fernando Vicente applies to these figures does not make them immortal beings, because it is the hardware that projects this metaphor of the accuracy and meticulousness of our reactions, however casual and spontaneous they may appear.

Inevitably, I find in the reading of the illuminating book that accompanies us in this review of Vicente's work a manner comparable to the painter's, of moving closer to the mechanisms that make anatomy the greatest secret kept hidden from view: 'The body forms a mass with its movements and that mass forms a text. The text is read by others, and there are books that we like and that we don't. In the end every life, as a whole, is nothing more than a literary style.'

I don't think that Vicente is an artist of the social or political, nor do I think that he is quite the opposite because its interest lies in acting on hypocrisy, hypocrisy that our system needs in order to continue producing and reproducing itself. Happiness is capitalist petrol from which all desires stem. Happiness is the image of these baroque vanities that use fashion covers and fashion programmes in all those places that feed our appetites in exchange for overextending our bodies.

Atlas (2004) specifically demonstrates that the body has more borders than a country, or even a continent. Fernando stirs up maps, shaking them about as if in an earthquake, until their political and geographical borders break, before subjecting them to humanistic and historical borders: Africa is a skull, as are the Polar Regions; North America a hanging cockerel, but also Prometheus; South America is a pregnant woman.

Vicente looks at cartography like someone looking at clouds and finds fleeting forms, because political borders are malleable, objects of illusion, and can be transformed

En el año 2000, Fernando Vicente da vida al primer capítulo de un gran tríptico basado en el cuerpo y la mentira: *Anatomías*, *Atlas* y *Vanitas*. No le interesan los grandes hechos, le importan las grandes mentiras, para desmontarlas con un montaje. De ahí sus trampantojos a partir de la mecánica, la geografía y la medicina. *Anatomías* es una serie de cuerpos con deseos sin metas, de apetencias desenfrenadas, sin límites ni limitaciones, entregados al vértigo de la carne.

Es su primera incursión en la paradoja, con sus defectos y sus hallazgos. Sin la ironía que empleará siete años después, en *Vanitas*, retrata con toda la sensualidad que permite la piel y la frialdad que ofrecen los carteles mecánicos. El pintor pone la pasión al servicio de la precisión extrema de mecanismos que regulan las reacciones más humanas. ¿Pueden hacer el amor los robots? ¿Puede el ser humano ser algo más humano? ¿Qué trata de decirnos?

A pesar de un par de referencias insalvables, como es el caso de Napoleón (mito de suprema adoración por parte de nuestro pintor), el cuerpo que se cuestiona en este capítulo es el femenino –al que no abandonará nunca en sus intervenciones– y sus dispositivos del placer. Al hacerlo, reduce el temblor a un arma letal muy amenazante. Ni siquiera hay atisbo de los elementos químicos que clandestinamente se mueven por él, esos que producen, sin que ningún laboratorio haya descubierto cómo, la alegría y la tristeza. Y a pesar de ello, tienen voluntades, tienen apetitos.

La mecanización que les aplica Fernando Vicente no les hace seres inmortales, porque es la quincalla que sobresale una metáfora de la exactitud y la escrupulosidad de nuestras reacciones, por muy casuales y espontáneas que parezcan.

Irremediablemente, encuentro en la lectura del libro iluminado que nos acompaña en esta revisión del pintor una manera tan literaria como la del pintor de acercarse a los engranajes que hacen de la anatomía el mayor secreto guardado a la vista: «El cuerpo forma una masa con los movimientos y esa masa forma un texto. Ese texto lo leen los demás y hay libros que nos gustan y otros que no. En el fondo, cada vida, en su conjunto, no es más que un estilo literario».

No creo que sea un artista de lo social ni lo político, tampoco creo que sea todo lo contrario, porque su interés reside en actuar sobre la hipocresía sin la que nuestro sistema no es capaz de seguir produciendo y reproduciéndose. La felicidad es gasolina capitalista, que mueve todos los deseos. La felicidad es la imagen de esas vanitas barrocas que se sirven en las portadas de moda, en los programas de moda, en todos esos lugares que alimentan nuestras apetencias a cambio de extralimitar nuestros cuerpos.

Precisamente, en *Atlas* (2004) demuestra que el cuerpo tiene más fronteras que un país, incluso que un continente. Fernando removió mapas, los zarandeó como si se tratara de un terremoto hasta provocar la ruptura de las fronteras geográficas y políticas y someterlas a las humanistas e históricas. África es una calavera, también

10

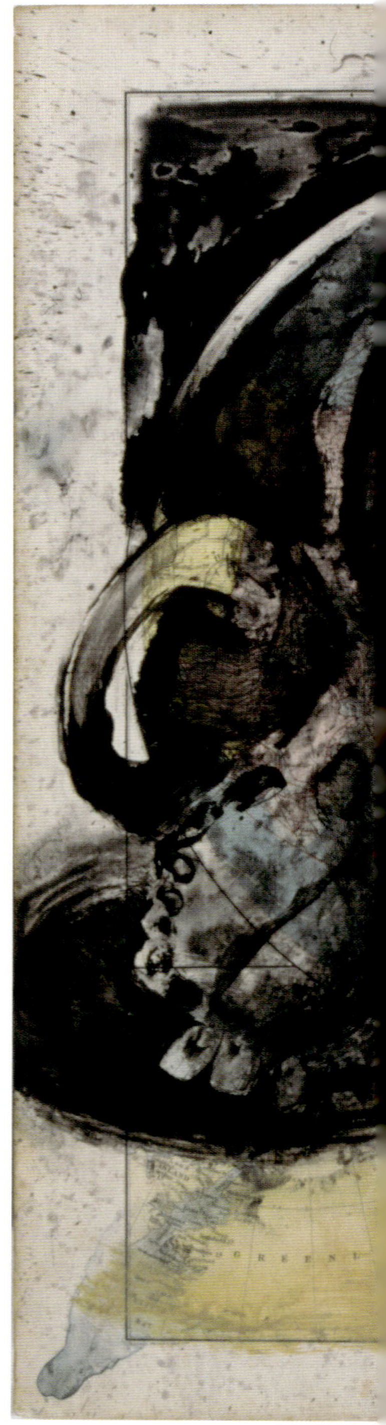

Regiones Polares (2004), 52 × 75cm
Acrylic on canvas glued to maps
Acrilico sobre mapas encolados a lienzo

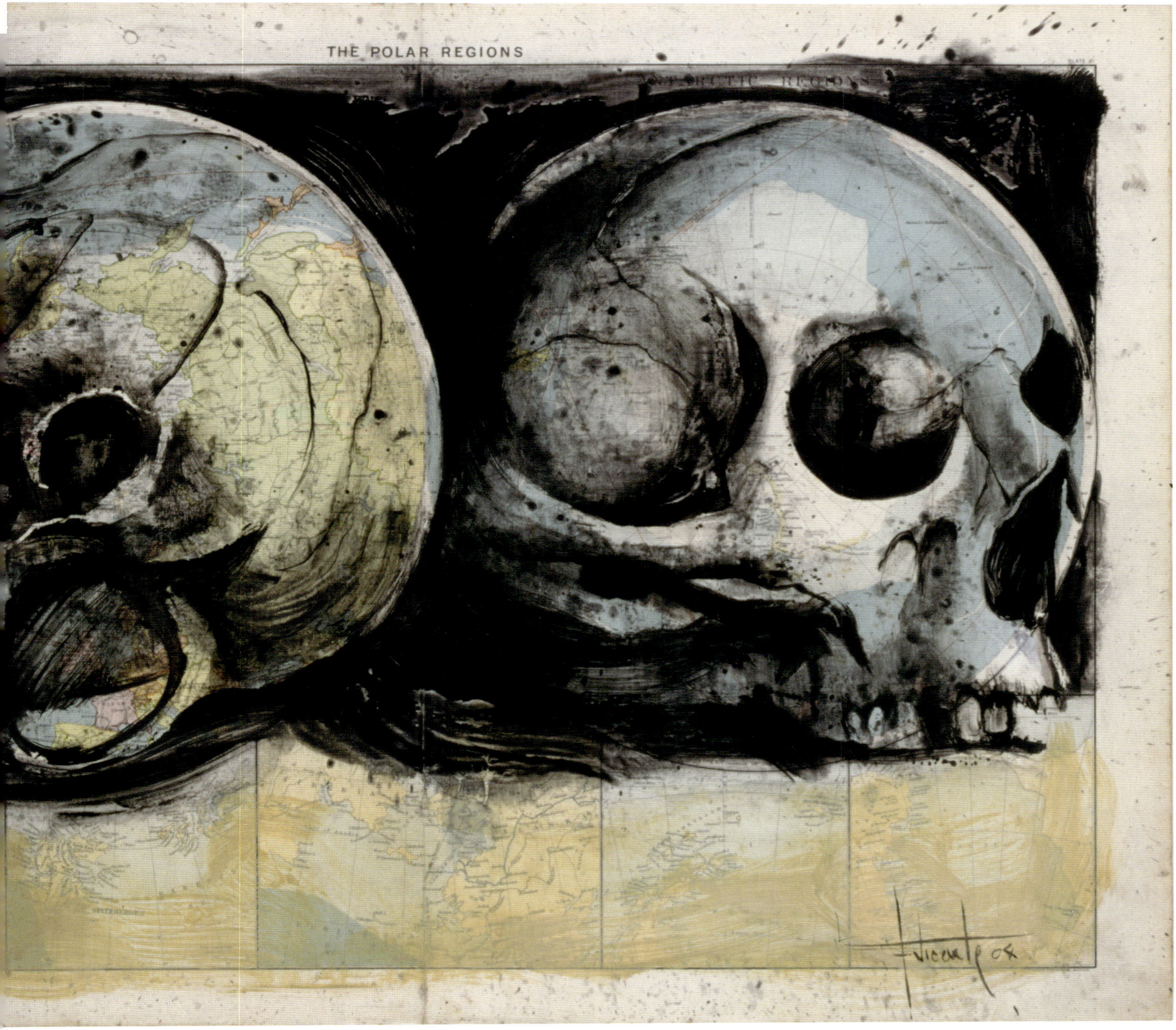
THE POLAR REGIONS

and transmuted. The painter's anthropomorphic maps go beyond ownership, appropriation and inequality to offer the haunted body the chance to correct its destiny. 'Even if they are on rough paper, carefully stored in secure drawers, maps are transformed into cartoons,' I read in the book that capriciously came closer to me while I write these lines on Fernando Vicente. It knew things about the painter that I was unaware of.

I know it may seem like a play on words, but while maps are common (shared, consensual) places, Vicente has come back to the game of contrasting the paradox that deforms the common denominator: the apparent and assumed. This is why this is his most narrative series of all that we have seen, because there is a story growing between the camouflaged area and the object of the camouflage. It is in this invisible space/time that facts and intentions are narrated: Africa is a skull because … ; North America is a hanging cockerel … ; South America is a pregnant woman because … Our painter appears to shake the foundations of knowledge like an innocent anthropologist devoted to looking at clouds.

What all the series have in common is that they were born of the strength of discovery and an obsession with a project, which in the next chapter has matured with courage: *Vanitas* (2007) produces a stark – forgive the pun – portrait of the false reflexes of appearance. This is the world of the 'fashionista', where feminism is manipulated as a strategy of seduction. Does our artist want to reach the spirit when he opens the flesh of his characters (among those who have seemingly produced self-portraits)? Or rather does he seek to reach their carnality, expiry, ruin and extinction? Is it their pain, suffering and humanity? Or is it the lie?

Returning to the book that I have in my hands – the title of which I have not yet revealed – I read that beauty presents evidence that must be unveiled: a beautiful woman hides a small dirtiness. Just like good days. Just like the covers of fashion magazines. Just like that wonderful and happy world in which they unwrap their models and which no one wants to dismantle. Why not demystify? Why not break down each and every one of those heroes who have been built with lies, with our collusion, even with our money? Vicente works with bodies that recreate that world but whose devotion to pleasure seems painful to us. Perhaps now is the time to say that the work of Fernando Vicente is as lucid and poignant as the work of the Portuguese writer Gonçalo M. Tavares, in the book which we have not yet called by its name: *A Journey to India*.

In *Vanitas* – as in his last series *Venus* (2011) – Vicente picked up on his inheritance of the plastic universe of the fifties of the last century, of pin-ups, and betrayed them with sheets of anatomy lessons that – once again – he has recycled and converted into something else. He has put a surface on the flesh and flesh on the surface by simulating small tondos and large front pages with fantastic diva women who hide a small dirtiness.

las regiones polares; Norteamérica un gallo colgado, pero también Prometeo; Suramérica una mujer embarazada.

Fernando mira las cartografías como quien mira nubes y encuentra formas pasajeras, porque las fronteras políticas son maleables, objeto de ilusión, pueden ser transformadas, travestidas. Los mapas antropomórficos del pintor arruinan las propiedades, la apropiación, la desigualdad y ofrecen al cuerpo atormentado la posibilidad de corregir su destino: «Incluso aun siendo de papel áspero y estando cuidadosamente guardados en cajones seguros, los mapas se convierten en dibujos animados», leo en el libro que caprichosamente ha querido acercarse a mí mientras escribo estas líneas sobre Fernando Vicente. Él sabía cosas que yo ignoraba del pintor.

Sé que puede parecer un juego de palabras, pero si bien los mapas son los lugares comunes (compartidos, consensuados), Fernando ha acudido de nuevo al juego del contraste de la paradoja que deforma el común denominador. Lo aparente y asumido. Por eso esta es su serie más narrativa de todas las que revisamos, porque hay un relato que crece entre la zona camuflada y el objeto del camuflaje. Es en ese lapso espaciotemporal, invisible, donde se produce la narración de los hechos y las intenciones: África es una calavera porque … ; Norteamérica es un gallo colgado porque … ; Suramérica es una mujer embarazada porque … Nuestro pintor sacude las bases del conocimiento como si fuera un antropólogo inocente que se dedica a mirar nubes. Aparentemente.

Todas las series tienen en común haber nacido de la fuerza del hallazgo y de la obsesión de un proyecto, que en el último capítulo ha madurado con valentía: en *Vanitas* (2007) hace un descarnado –perdón por el chiste fácil– retrato de los falsos reflejos de la apariencia. Es el mundo de la mujer de moda, el feminismo manipulado como estrategia de seducción. ¿Quiere nuestro artista llegar al espíritu al abrir las carnes de sus personajes (entre los que se ha autorretratado)? Más bien a la carnalidad, a la caducidad y la ruina, la extinción. Más bien al dolor, al sufrimiento y a la humanidad. Más bien, a la mentira.

Vuelvo al libro que tengo entre manos –y del que aún no he desvelado su título– para leer que la belleza presenta indicios que deben desvelarse: una mujer guapa esconde una pequeña suciedad. Igual que los días buenos. Igual que las portadas de las revistas de moda. Igual que ese mundo maravilloso y feliz en el que se desenvuelven sus modelos y que nadie quiere desmontar. ¿Por qué no desmitificar? ¿Por qué no derribar todos y cada uno de esos héroes que se han ido construyendo con mentiras bajo nuestra connivencia, incluso con nuestro dinero? Fernando trabaja con los cuerpos que recrean ese mundo, pero en su entrega al placer nos parecen dolorosos. Quizá ya sea el momento de decir que la obra de Fernando es tan lúcida y punzante como el trabajo del escritor portugués Gonçalo M. Tavares en el libro al que no hemos llamado por su nombre, *Un viaje a la India*.

The new world wants a new human being, with new desires and a new body. It wants a being that goes too far in its whims, wants it to set down challenges to those who are not prepared, wants it to adapt to a harmful environment, wants it to drag its body away from resignation or reflection and let itself be dominated by dissatisfaction. Bodies, false products of our deficiencies, at the brink of frustration. These divine apparitions that Vicente reinterprets wonder why we don't accept the limits of our bodies, the shortcomings of our virtues, the conscience of knowing what one can ask of oneself. The image of success is the false coin that invites the unattainable.

The arrogance of the new anatomy renounces experience to create illusions that we can never achieve but will never cease to pursue, no matter what they may be. Vicente's characters, on the other hand, have decided to keep their distance from serenity, to embrace a misleading image that medicates against unhappiness and suffering. But it is the painter himself who, by means of montage, intervenes amid this dishonesty to reveal the truth.

Modern bodies have been educated not to know who they are and what is right for them, which is basically, as Seneca said, 'to speak very little with others and a lot with oneself'. The misleading image is shared; it is viral, worshipped, and unattainable. Fantasy only makes the reality more unbearable: a man should know what he wants; he should know what he can do, and should know what he is not prepared for.

En *Vanitas* –como en su última serie *Venus* (2011)– ha recogido su herencia del universo plástico de los años cincuenta del siglo pasado, de las *pin-ups*, y las ha traicionado con láminas de lecciones de anatomía que –una vez más– ha reciclado y convertido en otra cosa. Ha puesto superficie a la carne y carne a la superficie. Simulando pequeños tondos y grandes portadas, mujeres divas y estupendas que esconden una pequeña suciedad.

El nuevo mundo quiere un nuevo ser humano, con nuevos deseos y nuevos cuerpos. Quiere un ser excedido por sus caprichos, quiere que emprenda retos para los que no está capacitado, quiere que se adapte a un entorno dañino, quiere que arrastre su cuerpo lejos de la renuncia o de la reflexión y que se deje dominar por la insatisfacción. Cuerpos, falsos productos de nuestras deficiencias, al borde de la frustración. Esas apariciones (tan) divinas que reinterpreta Fernando preguntan por qué no asumimos los límites de nuestros cuerpos, las carencias de nuestras virtudes, la conciencia de saber lo que puede exigirse uno a sí mismo. La imagen del éxito es la moneda falsa que invita a lo inalcanzable.

La arrogancia de la nueva anatomía reniega de la experiencia para crear ilusiones con lo que nunca llegaremos a alcanzar, con lo que nunca dejaremos de perseguir. Da igual lo que sea. Los personajes de Fernando, por el contrario, han decidido mantenerse al margen de la serenidad, dedicarse a la imagen engañosa que medican contra la infelicidad y el sufrimiento. Pero ha sido el pintor el que ha intervenido sobre su mentira para descubrir la verdad, utilizando el montaje.

Los cuerpos modernos han sido educados para no saber quiénes son y lo que les conviene, que básicamente es, como decía Séneca, «hablar muy poco con los demás y mucho consigo mismo». La imagen engañosa es compartida, es viral, es idolatrada, es inalcanzable. La fantasía solo hace que la realidad sea más insoportable: un hombre debería saber lo que quiere, debería saber lo que puede hacer y debería saber para lo que no está capacitado.

Anato

I

omías

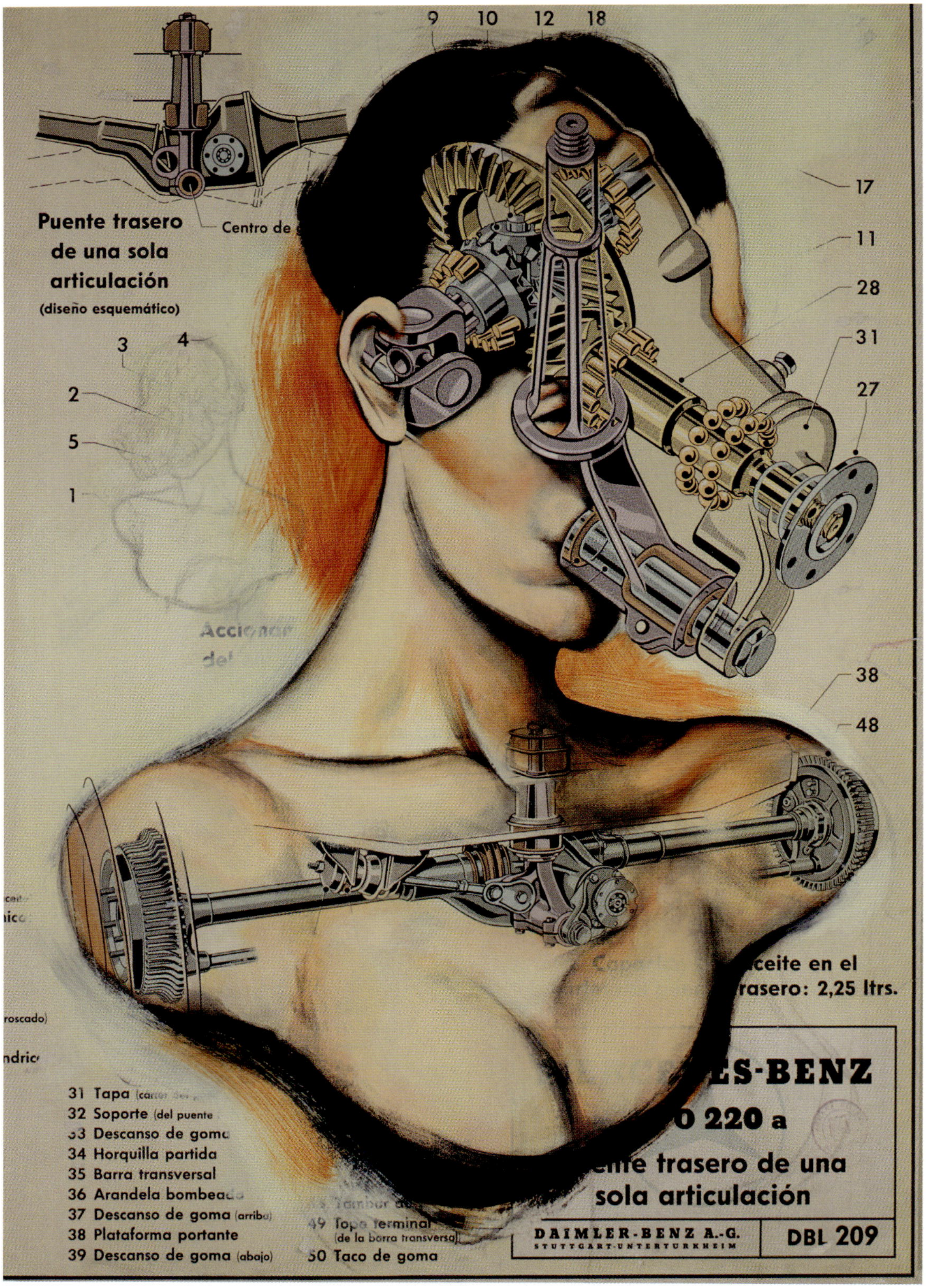

Medidor de los sentidos (2000), 84 × 59cm
Acrylic on paper mounted on panel
Acrílico sobre papel encolado a tabla

Emulating, Not Yearning

When Fernando Vicente came to me to ask me to write this brief introductory text, he did so because he knew of my long-standing, obsessive passion for collecting art theory books on the human figure. Among these titles, a significant number concern anatomical sculpture, along with proportion, physiognomy and drawing.

His reasons were obvious, as our shared admiration for the illustrations used in these texts accompanied him in producing the work which he now presents. I agreed, knowing full well that the result was a long way off those images, since they had been his starting point. His references, however, also pointed elsewhere, and for these I had to look to the prints used by Bourgery & Jacob or Gerdy to illustrate their works on orthopaedic surgery, or in medical gymnastics manuals.

Medical illustration has always been one of the most astonishing repertoires to feed the artist's imagination. Art experts have often observed this, compiling such imagery in books and recently even including it in major exhibitions. However, the most overwhelming 'attributions' in this regard, which never cease to amaze me, are the explicit references given in an interview with Francis Bacon in which he justified the cry of his screaming pope ('Head VI') by an intention to imitate the illustrations of a book on oral diseases which he had acquired.

Insisting on his iconographic sources, in the same interview, Bacon cited a book on positions for X-rays as a constant reference for his images. Vicente, however, has two loves: on the one hand, the models mentioned above, and on the other, some splendid mechanical prints, which act as a starting point and basis for these 'mental collages' in which admiration, memories and suggestions overlap and intermingle. In the second half of the nineteenth century, a code of mechanical drawing developed at Paris's École Polytechnique, creating a hard and precise style. With this came the Renaissance metaphor, referred to in Vicente's work, which compares the human body to a factory or building (in the case of Vesalius and many others), or, for the more literal of these body images, to a machine (Borelli), but which is transformed here by other, more current icons derived from science fiction. The most surprising thing is that all these references are combined without yearning or longing.

In fact, Vicente's nostalgia is so non-existent that, without astonishment, he contemplates the sacrilegious destruction that causes what was originally documented to disappear.

As I have said before, admiration can only be creative if it is not intended as a revival. An immense power of transformation can be drawn from nostalgia if it is exercised with some revenge, that is to say never with veneration, but with an iconoclastic rage that triggers destruction and an envy that encourages improvement.

To emulate, according to the definition of the Spanish Royal Academy, is to imitate the actions of another, to rival them, to try to match them, and even exceed them.

—Juan Bordes

Emular, no añorar

Cuando Fernando Vicente acudió a mí para pedirme este breve texto de presentación, lo hizo porque conocía mi obsesiva pasión coleccionista, sostenida durante tantos años, de libros sobre las teorías artísticas para la figura humana. Entre estos títulos las anatomías plásticas suman un importante número, junto a los de proporción, fisonomía y dibujo.

Sus razones eran evidentes, pues la admiración compartida por la iconografía que despliegan estos textos le acompañó al hacer la obra que ahora presenta. Y accedí, aun a sabiendas de que el resultado distaba de aquellas imágenes, puesto que sí lo habían estado en su intención. Pero sus referencias también señalaban a otras citas, y habría que buscarlas entre láminas de Bourgery y Jacob o Gerdy para ilustrar sus textos de cirugía y ortopedia, o en los manuales de iatro-gimnasia.

La iconografía médica siempre ha sido uno de los más sorprendentes repertorios para alimentar la imaginación del artista. Prueba de ello son las muchas constataciones recopiladas por eruditos en libros e incluso en grandes y recientes exposiciones. Pero por encima de estas abrumadoras «acusaciones», no dejó de sorprenderme las explícitas alusiones leídas en una entrevista a Francis Bacon, donde justificaba el grito de su *Inocencio* con la intención de imitar la ilustraciones de un libro sobre enfermedades bucales que había adquirido.

Insistiendo sobre sus fuentes iconográficas, en la misma entrevista, cita un libro sobre posiciones para rayos X como un referente constante para sus imágenes. Pero Fernando reparte su corazón entre dos amores: uno son los modelos citados y otro unas espléndidas láminas de mecánica, que como punto de partida le sirven de base a estos «collages mentales» donde se superponen y entremezclan admiración, recuerdos y sugerencias. En la segunda mitad del siglo XIX el dibujo mecánico se codifica desde L'Ecole Politecnique de París, creando un estilo *hard* y preciso y con el que aquí se alude a la metáfora renacentista del cuerpo humano como fábrica o edificio (Vesalio y tantos), o la más literal para estas imágenes del cuerpo como máquina (Borelli), pero transformada aquí por otros iconos más actuales creados por la ciencia ficción. Lo que más sorprende es que todas estas alusiones se combinan sin añoranza.

De hecho, tan nula es su nostalgia que, no sin estupor, se contempla la sacrílega destrucción que consuma la desaparición de testigos originales.

Una vez más me reafirmo en que la admiración solo puede ser creativa si no pretende ser un *revival*. De ella se arranca una inmensa energía transformadora si se ejerce con algo de venganza, nunca con veneración, sino con rabia iconoclasta que desencadena la destrucción. Con la envidia que estimula la superación.

Emular, define la Real Academia, es imitar las acciones de otro, rivalizar con él, procurando igualarle y aun excederle.

—Juan Bordes

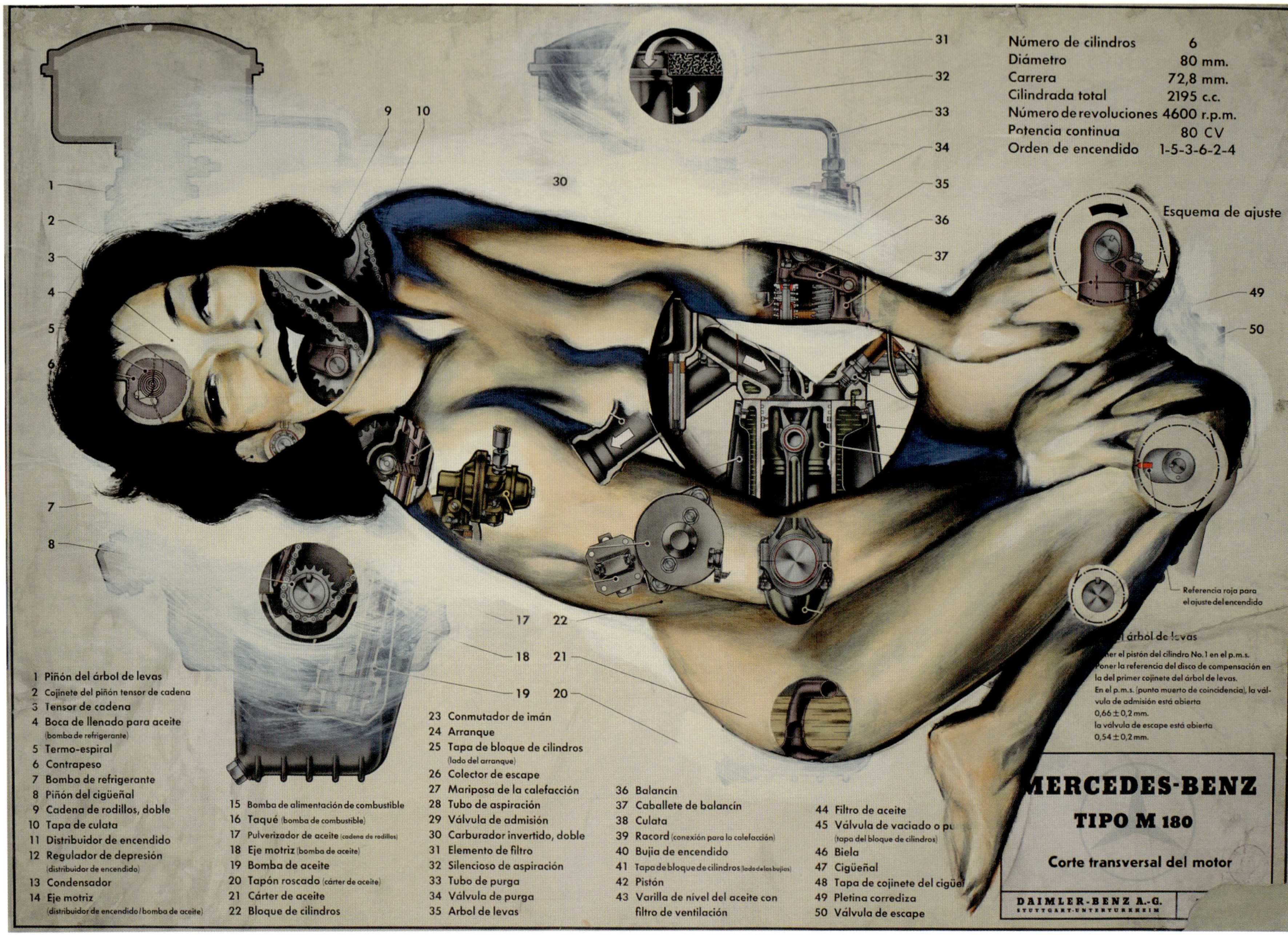

Número de cilindros 6
Diámetro 80 mm.
Carrera 72,8 mm.
Cilindrada total 2195 c.c.
Número de revoluciones 4600 r.p.m.
Potencia continua 80 CV
Orden de encendido 1-5-3-6-2-4
Esquema de ajuste
Referencia roja para el ajuste del encendido
la del primer cojinete del árbol de levas.
En el p.m.s. (punto muerto de coincidencia), la válvula de admisión está abierta
0,66 ± 0,2 mm.
la válvula de escape está abierta
0,54 ± 0,2 mm.
1 Piñón del árbol de levas
2 Cojinete del piñón tensor de cadena
3 Tensor de cadena
4 Boca de llenado para aceite (bomba de refrigerante)
5 Termo-espiral
6 Contrapeso
7 Bomba de refrigerante
8 Piñón del cigüeñal
9 Cadena de rodillos, doble
10 Tapa de culata
11 Distribuidor de encendido
12 Regulador de depresión (distribuidor de encendido)
13 Condensador
14 Eje motriz (distribuidor de encendido / bomba de aceite)
15 Bomba de alimentación de combustible
16 Taqué (bomba de combustible)
17 Pulverizador de aceite (cadena de rodillos)
18 Eje motriz (bomba de aceite)
19 Bomba de aceite
20 Tapón roscado (cárter de aceite)
21 Cárter de aceite
22 Bloque de cilindros
23 Conmutador de imán
24 Arranque
25 Tapa de bloque de cilindros (lado del arranque)
26 Colector de escape
27 Mariposa de la calefacción
28 Tubo de aspiración
29 Válvula de admisión
30 Carburador invertido, doble
31 Elemento de filtro
32 Silencioso de aspiración
33 Tubo de purga
34 Válvula de purga
35 Arbol de levas
36 Balancín
37 Caballete de balancín
38 Culata
39 Racord (conexión para la calefacción)
40 Bujía de encendido
41 Tapa de bloque de cilindros (lado de las bujías)
42 Pistón
43 Varilla de nivel del aceite con filtro de ventilación
44 Filtro de aceite
45 Válvula de vaciado o pu (tapa del bloque de cilindros)
46 Biela
47 Cigüeñal
48 Tapa de cojinete del cigüe
49 Pletina corrediza
50 Válvula de escape
MERCEDES-BENZ
TIPO M 180
Corte transversal del motor
DAIMLER-BENZ A.-G.
STUTTGART-UNTERTÜRKHEIM

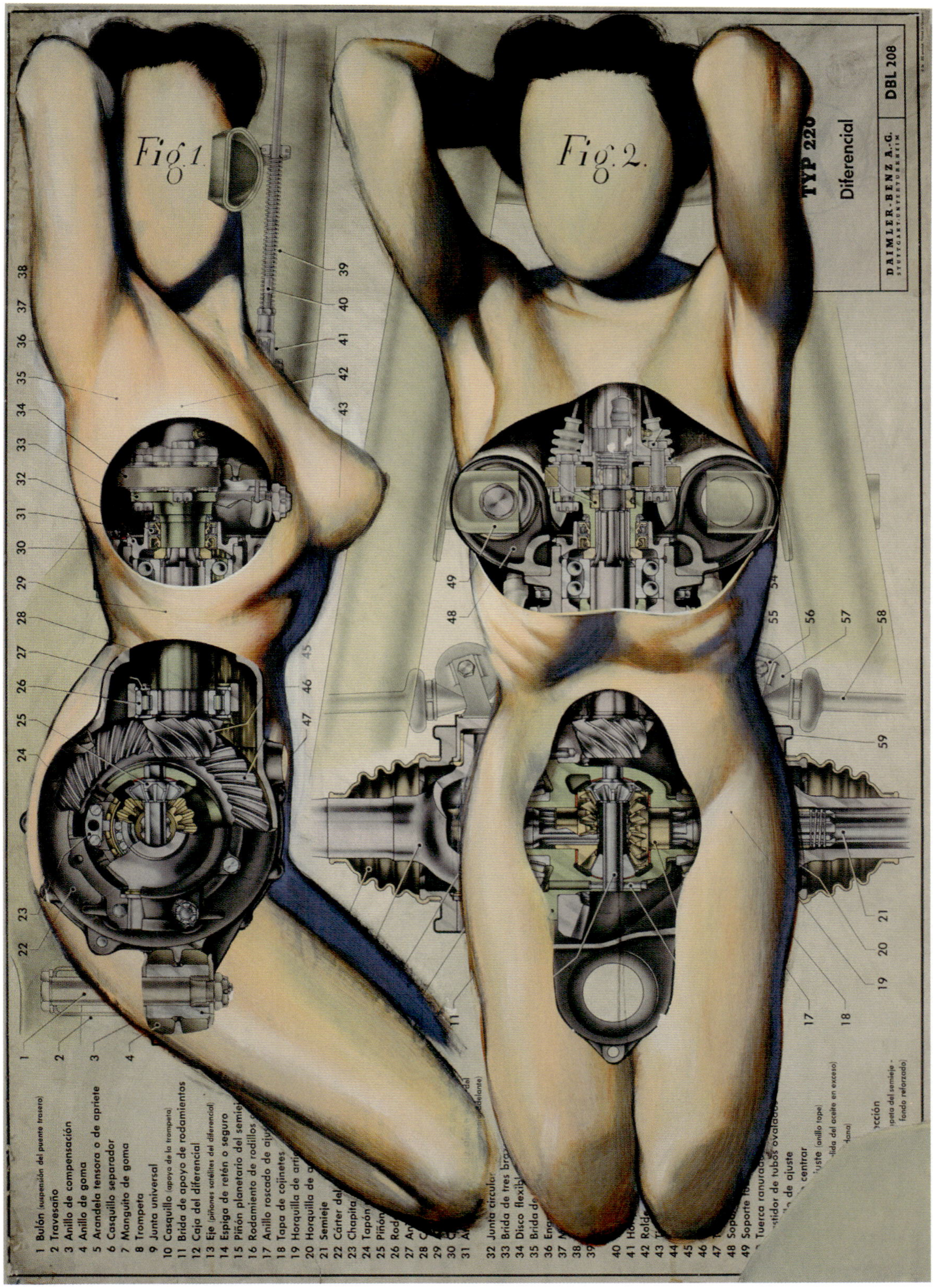

19

Pin-up (2000), 118.5 × 84cm ‹‹—
Fig. 1 y 2 (2000), 118.5 × 84cm
Acrylic on paper mounted on panel
Acrílico sobre papel encolado a tabla

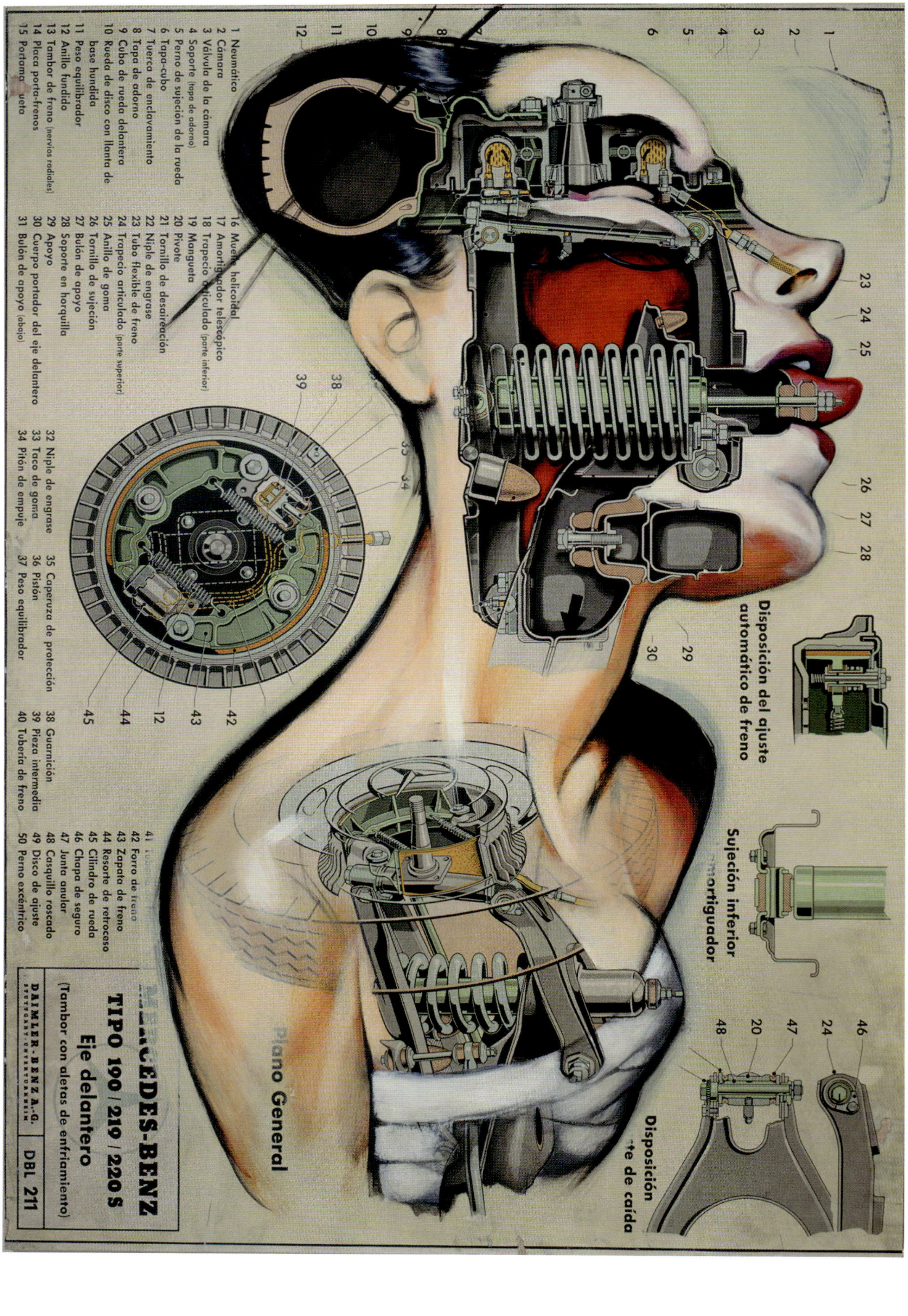
1 Neumático
2 Cámara
3 Válvula de la cámara
4 Soporte (tapa de adorno)
5 Perno de sujeción de la rueda
6 Tapa-cubo
7 Tuerca de enclavamiento
8 Tapa de adorno
9 Cubo de rueda delantera
10 Rueda de disco con llanta de base hundida
11 Peso equilibrador
12 Anillo fundido
13 Tambor de freno (nervios radiales)
14 Placa porta-frenos
17 Amortiguador telescópico
18 Trapecio articulado (parte inferior)
19 Mangueta
20 Pivote
21 Tornillo de desaireación
22 Niple de engrase
23 Tubo flexible de freno
24 Trapecio articulado (parte superior)
25 Anillo de goma
26 Tornillo de sujeción
27 Bulón de apoyo
28 Soporte en horquilla
29 Apoyo
30 Cuerpo portador del eje delantero
31 Bulón de apoyo (abajo)
32 Niple de engrase
33 Taco de goma
34 Piñón de empuje
35 Caperuza de protección
36 Pistón
37 Peso equilibrador
38 Guarnición
39 Pieza intermedia
40 Tubería de freno
43 Zapata de freno
44 Resorte de retroceso
45 Cilindro de rueda
46 Chapa de seguro
47 Junta anular
48 Casquillo roscado
49 Disco de ajuste
50 Perno excéntrico
Disposición del ajuste automático de freno
Sujeción inferior
Disposición
Plano General
TIPO 190 / 219 / 220 S
Eje delantero
(Tambor con aletas de enfriamiento)
DAIMLER-BENZ A.-G.
DBL 211

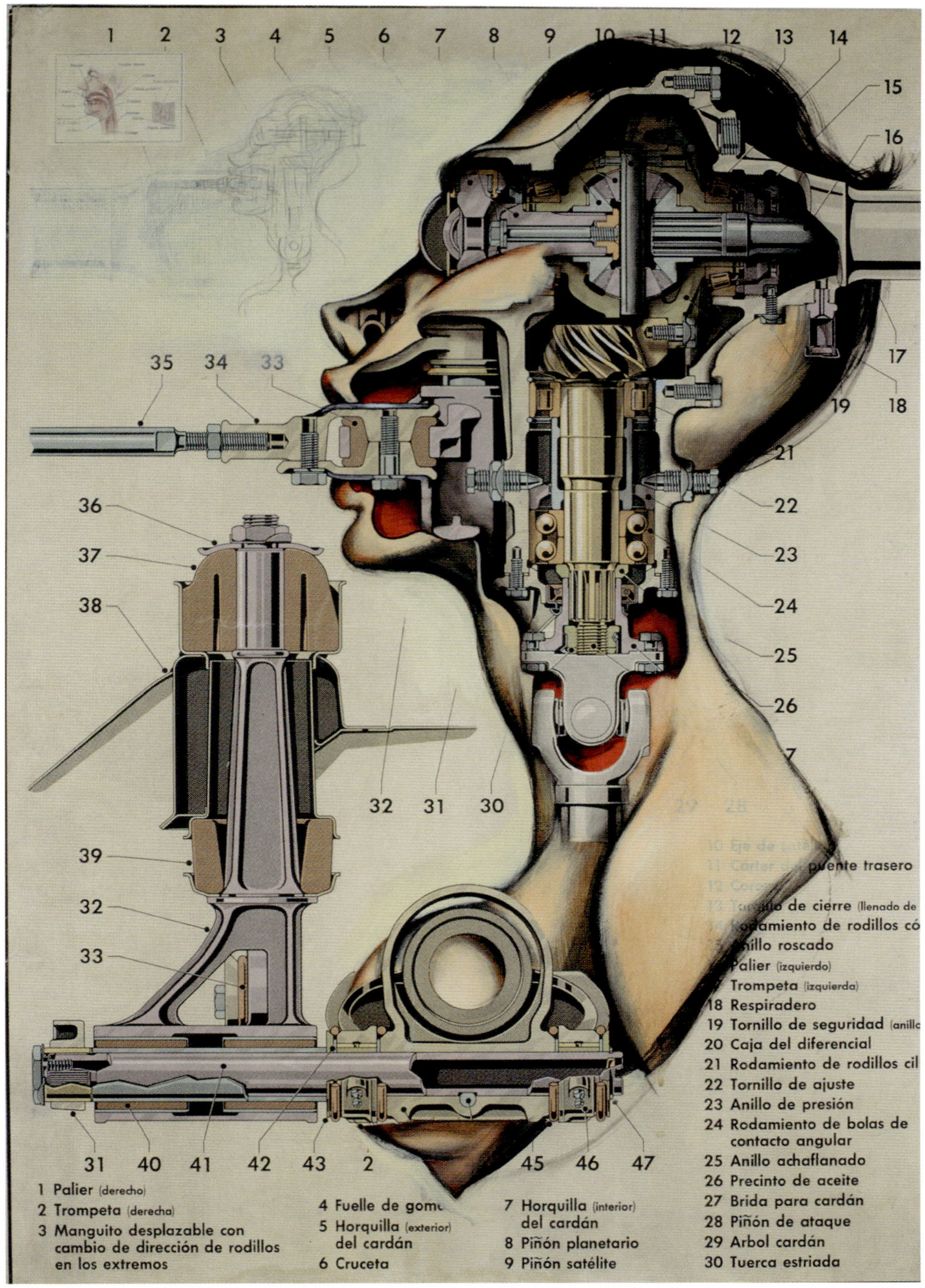

Geisha (2000), 118.5 × 84cm ‹‹—
Máquina Sado (2000), 84 × 59cm
Acrylic on paper mounted on panel
Acrílico sobre papel encolado a tabla

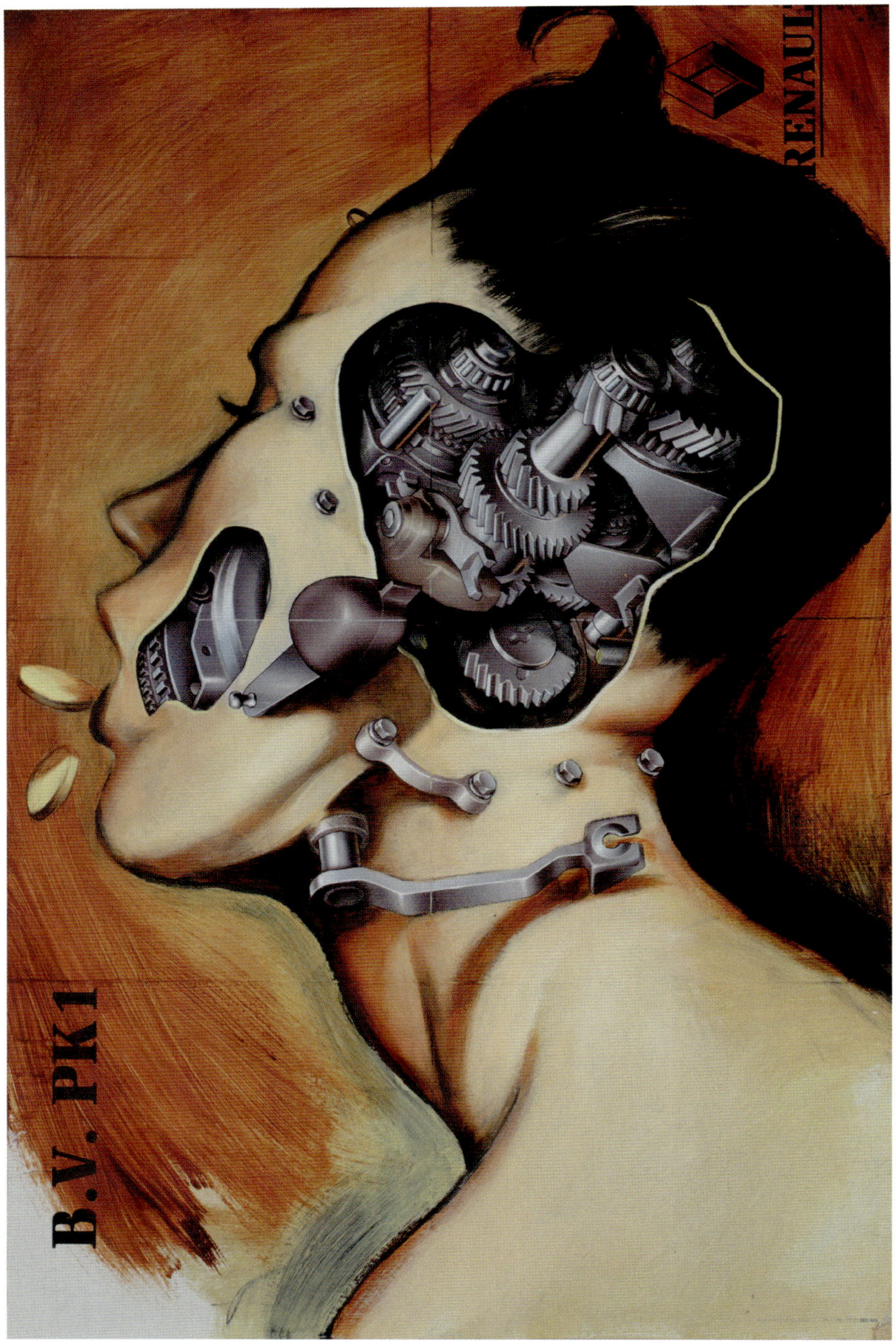

Máquina tragaperras (2000), 118.5 × 84cm
Máquina de los sueños (2000), 118.5 × 84cm —››
Acrylic on paper mounted on panel
Acrílico sobre papel encolado a tabla

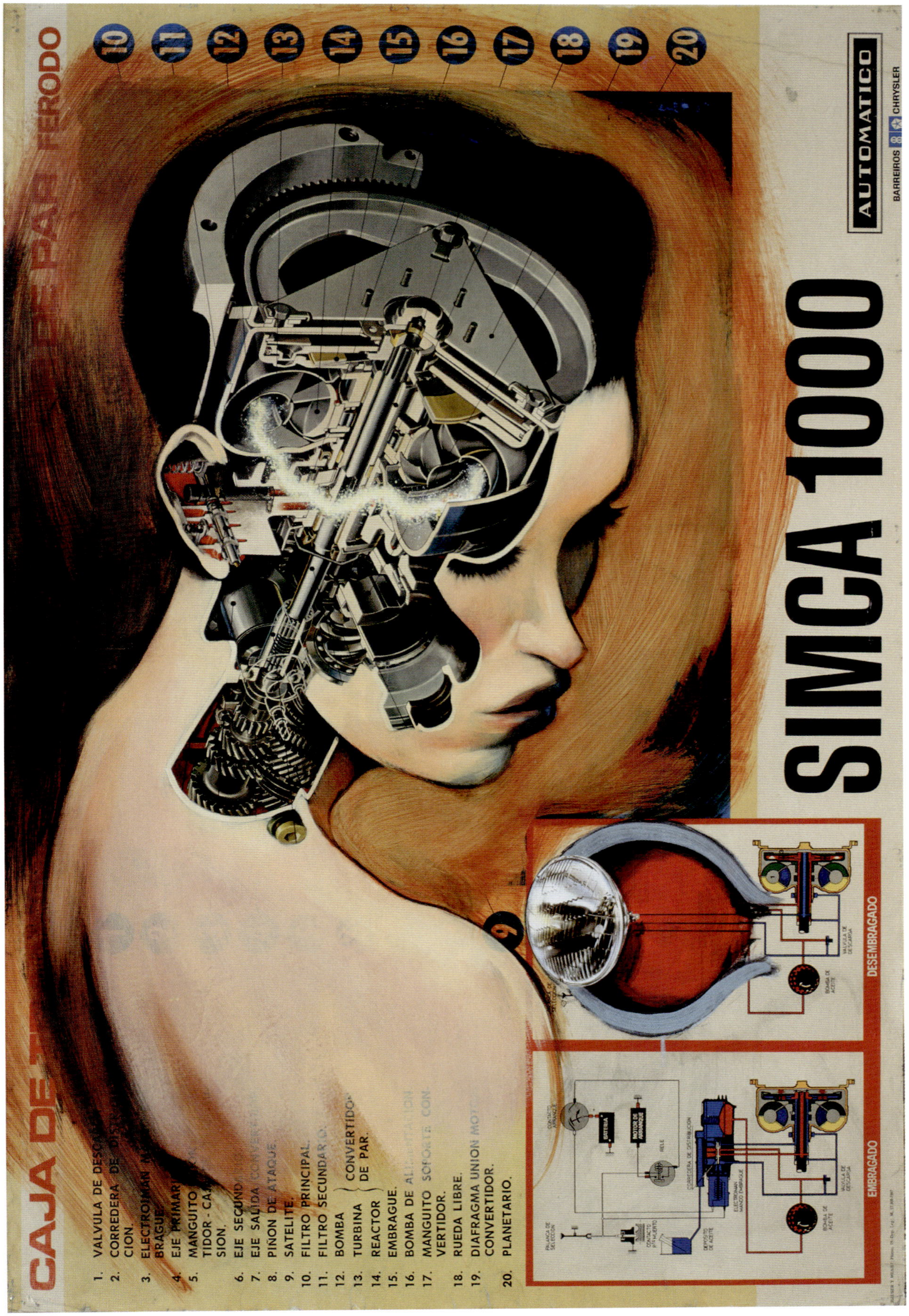

CAJA DE
DE PAR FERODO
1. VALVULA DE DESCA
2. CORREDERA DE DIST
CION.
3. ELECTROIMAN M
BRAGUE.
4. EJE PRIMARI
5. MANGUITO
TIDOR - CA
SION.
6. EJE SECUND
7. EJE SALIDA CONVERT
8. PIÑON DE ATAQUE.
9. SATELITE.
10. FILTRO PRINCIPAL.
11. FILTRO SECUNDARIO.
12. BOMBA
13. TURBINA
14. REACTOR
CONVERTIDOR DE PAR.
15. EMBRAGUE.
16. BOMBA DE AL
17. MANGUITO SOPORTE CON-VERTIDOR.
18. RUEDA LIBRE.
19. DIAFRAGMA UNION MOT
CONVERTIDOR.
20. PLANETARIO.
EMBRAGADO
DESEMBRAGADO
SIMCA 1000
AUTOMATICO
BARREIROS CHRYSLER

24

Belleza interior (2000), 92 × 60cm
Acrylic on paper mounted on panel
Acrílico sobre papel encolado a tabla

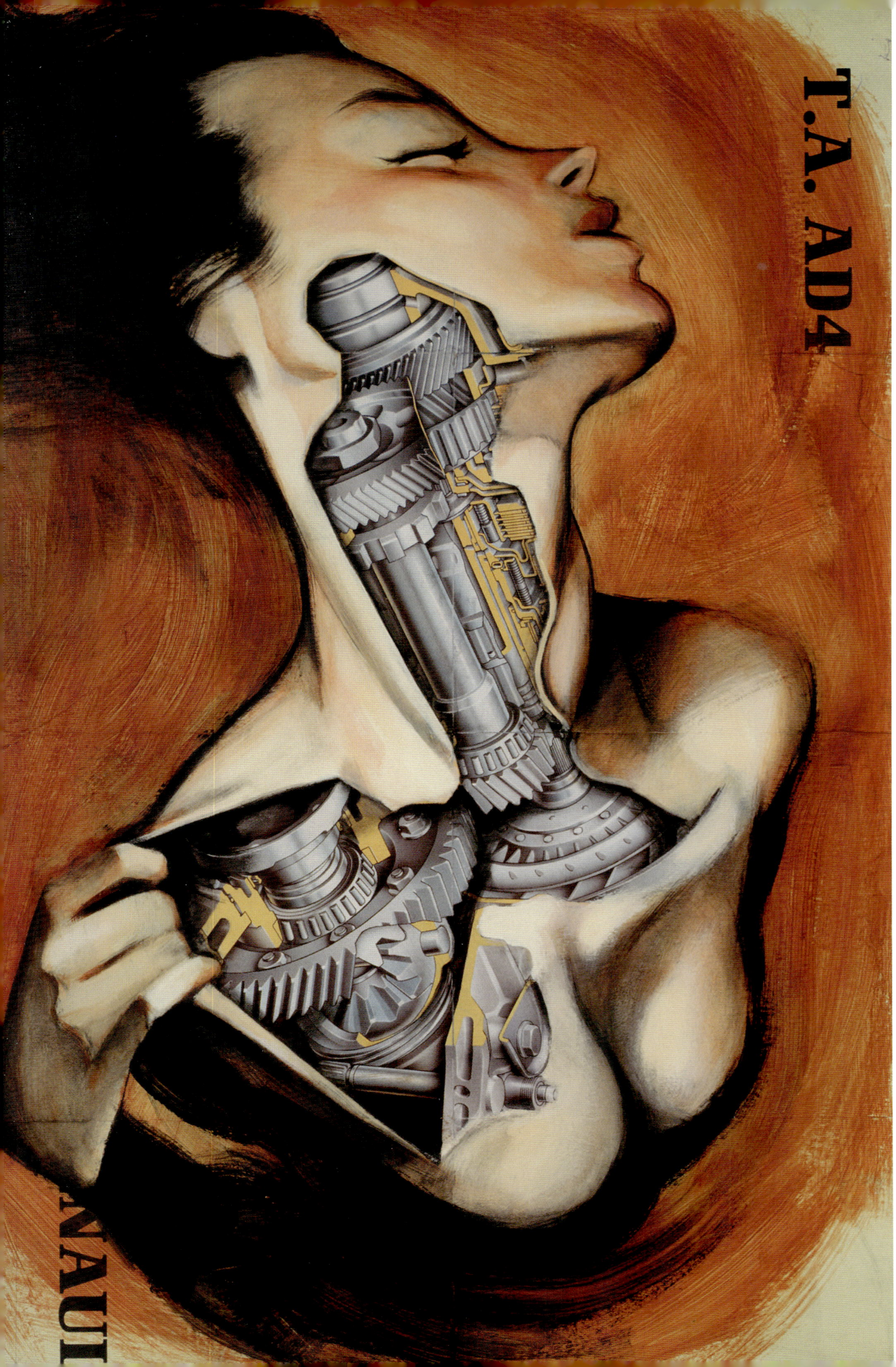
T.A. AD4

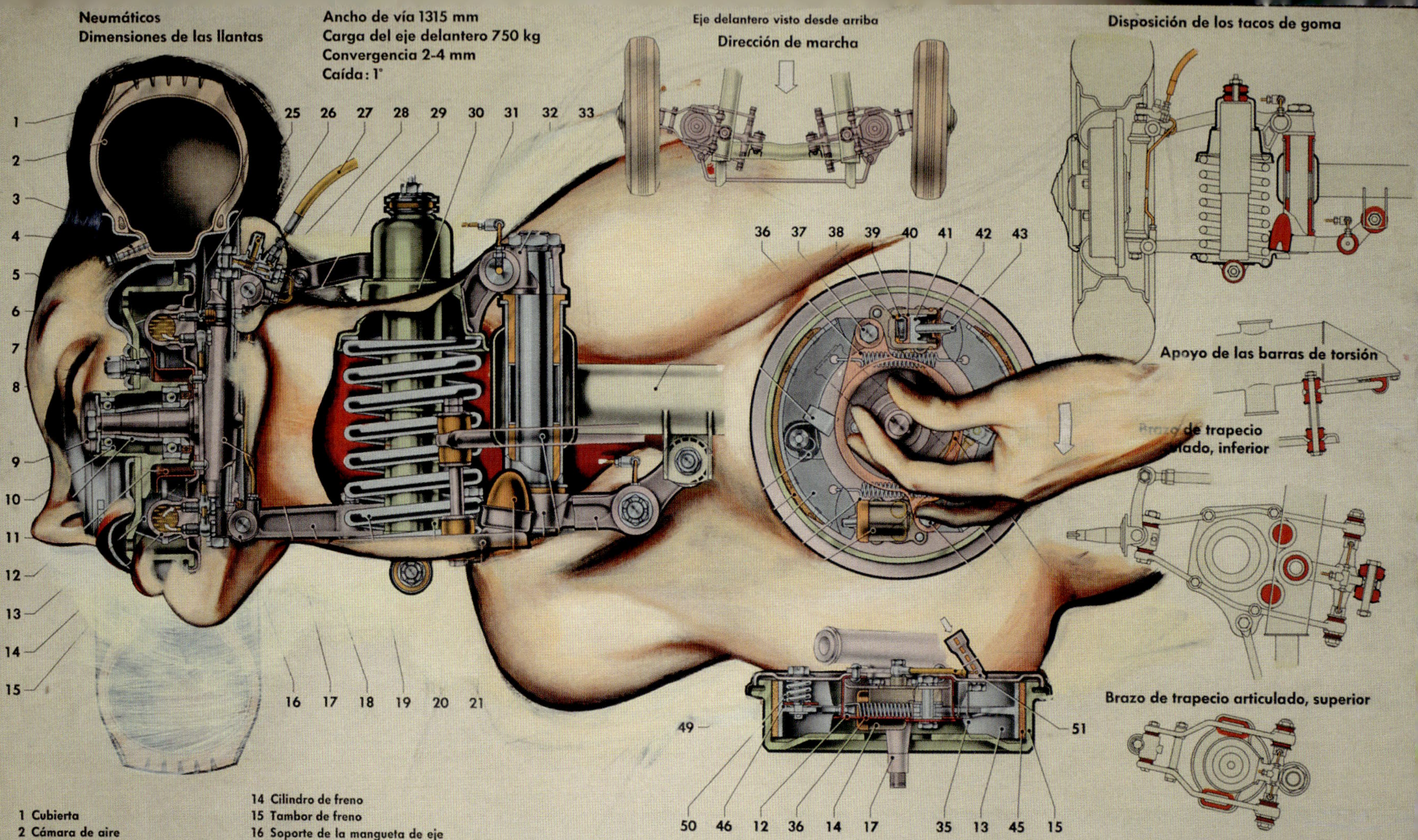

1 Cubierta
2 Cámara de aire
3 Rueda de disco
4 Válvula
5 Rueda — bulón de fijación
6 Tuerca con pestaña esférica
7 Cubo de rueda delantera
8 Embellecedor de rueda
9 Tapacubos
10 Rodamiento radial a bolas, rígido
11 Casquillo de separación
12 Pote de refuerzo
13 Zapata de freno
14 Cilindro de freno
15 Tambor de freno
16 Soporte de la mangueta de eje
17 Mangueta de eje
18 Brazo de trapecio articulado, inferior
19 Muelle helicoidal
20 Amortiguador
21 Platillo de muelle, inferior
22 Taco de goma
23 Cuerpo de apoyo, inferior
24 Barra de torsió
25 Válvula de sa ía
26 Cámara de aire
27 Tubo flexible
28 Distribuidor de aceite
29 Tubo de aceite
30 Platillo de muelle, superior
31 Brazo de trapecio articulado, superior
32 Pieza de distribución
33 Cuerpo de apoyo, superior
34 Bastidor
35 Abrazadera de ballesta
36 Muelle de retroceso
37 Bulón roscado
38 Muelle de tope
39 Pieza de llenado
40 Manguito de estanqueidad
41 Pistón, émbolo
42 Caperuza de protección
43 Espiga de presión
44 Tubo de aceite
45 Forro de freno
46 Excéntrica de reajuste
47 Bulón de reajuste
48 Placa de soporte de freno
49 Anillo de protección
50 Muelle de presión
51 Pieza de distribución
52 Tubería de aceite

MERCEDES-BENZ
TYP 220
Eje delantero con freno

DAIMLER-BENZ A.-G.
STUTTGART-UNTERTÜRKHEIM

DBL 206

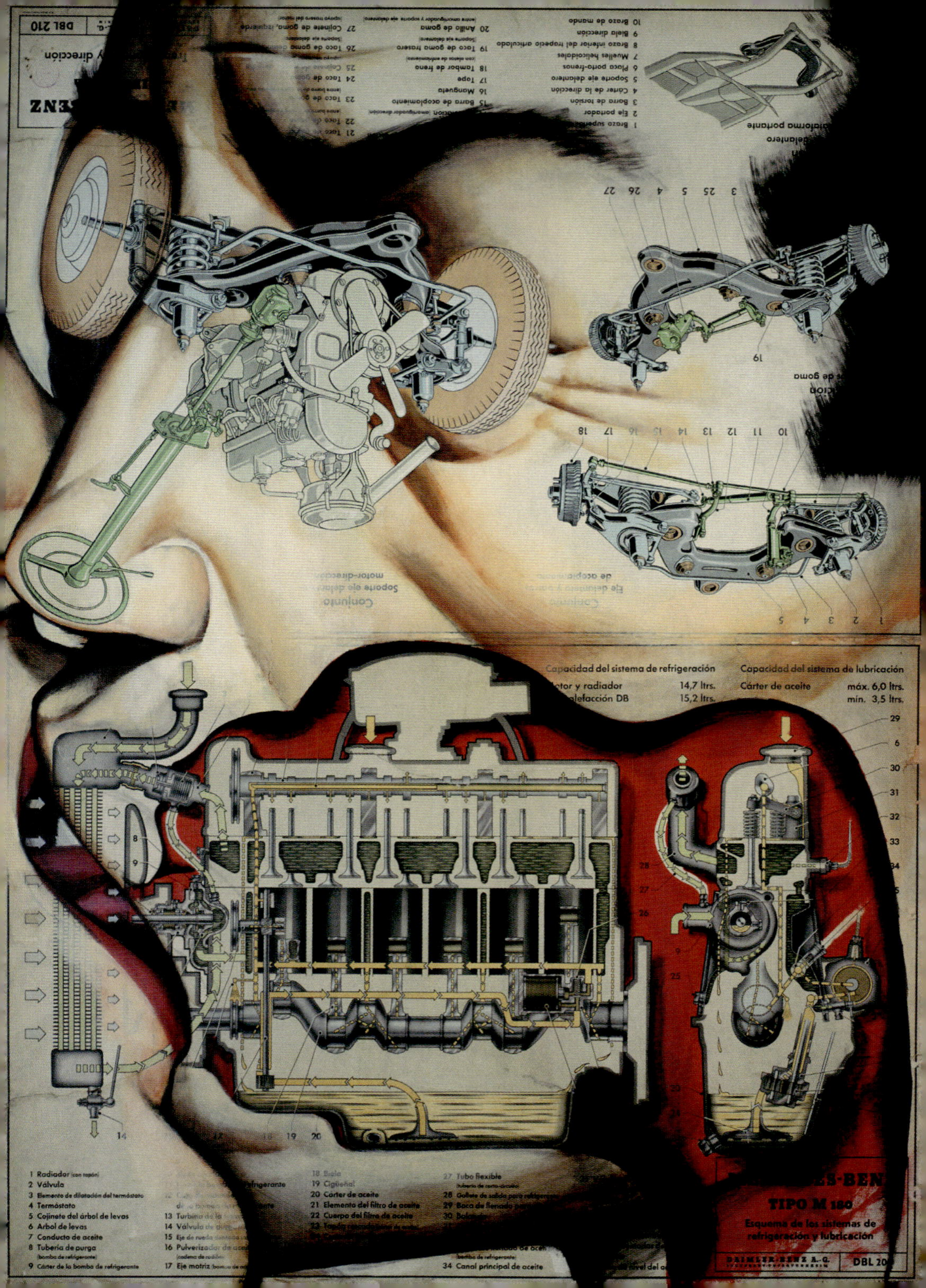
Capacidad del sistema de refrigeración
14,7 ltrs.
15,2 ltrs.
Capacidad del sistema de lubricación
Cárter de aceite máx. 6,0 ltrs.
min. 3,5 ltrs.
1 Radiador
2 Válvula
3 Elemento de dilatación del termóstato
4 Termóstato
5 Cojinete del árbol de levas
6 Arbol de levas
7 Conducto de aceite
8 Tubería de purga
9 Cárter de la bomba de refrigerante
13 Turbina
14 Válvula
15 Eje de rueda
16 Pulverizador
17 Eje motriz
19 Cigüeñal
20 Cárter de aceite
21 Elemento del filtro de aceite
22 Cuerpo del filtro de aceite
27 Tubo flexible
34 Canal principal de aceite
TIPO M 180
Esquema de los sistemas de refrigeración y lubricación
DBL 210

S NORMAL, FRUTAL Y VIÑEDO

RANSVERSAL DE MOTOR

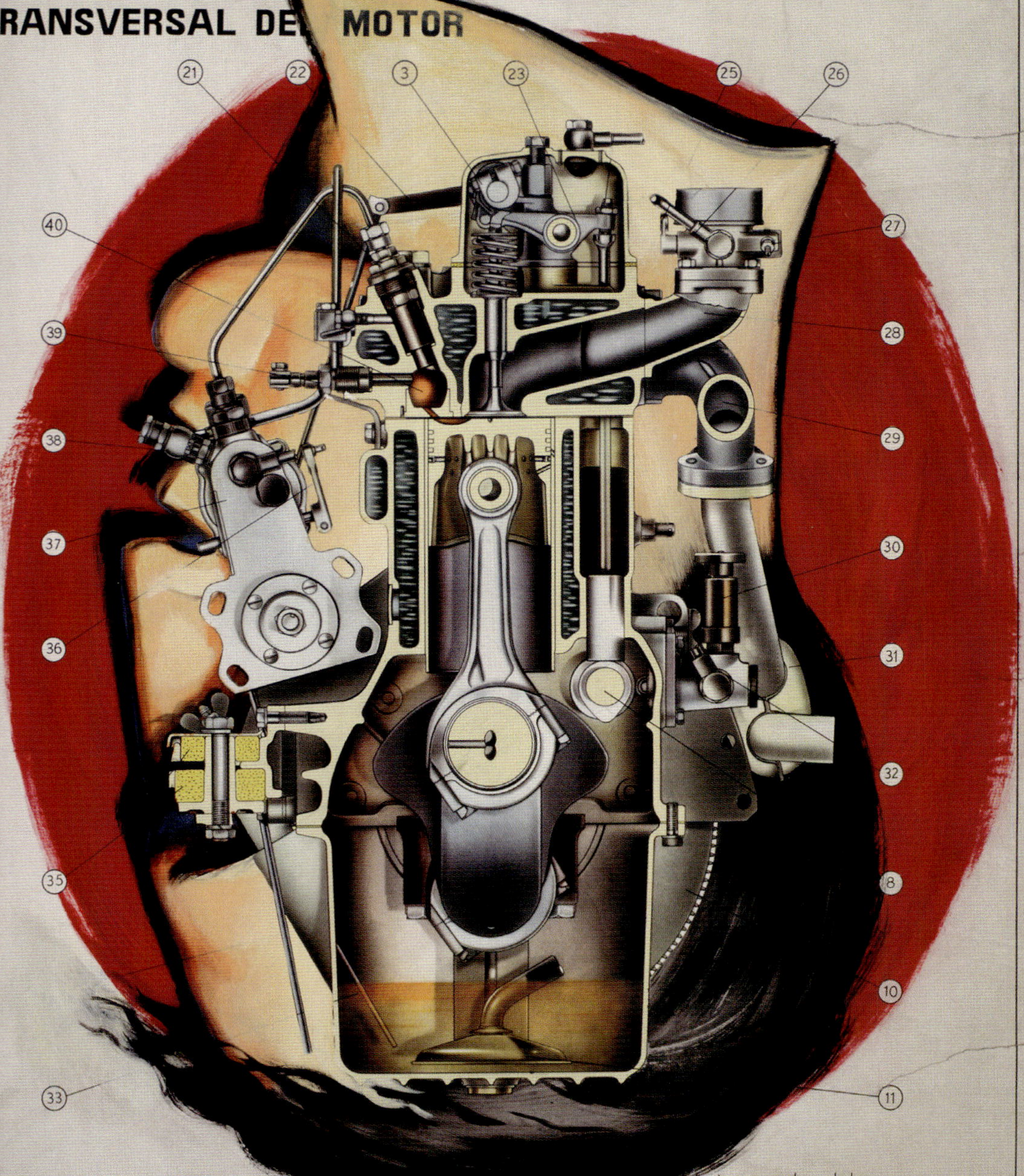

cines - **24**. Tornillos reglaje juego taques … plamiento con el regulador velocidad motor - **27** Difusor con mariposa y … del motor - **28**. Conducto de admisión - **29**. Colector de escape - **30**. Bomba de cebar para arranque en frío - **31**. Silenciador escape - **32**. Bomba alimentación - **33**. Varilla verificación nivel aceite - **34**. Tubito descarga sobrante aceite bomba de inyección - **35**. Taco elástico soporte motor - **36**. Mando enriquecimiento mezcla inyección para arranque en frío y parada del motor - **37**. Bomba de inyección - **38**. Válvula de descarga sobrante gas-oil - **39**. Bujía de calentamiento - **40**. Antecámara de combustión

Stab. Poligr. ROGGERO & TORTIA - Torino

FIAT tractores

TRACTOR TIPO 211-R. MODELO

SECCION LONGITUDINAL Y

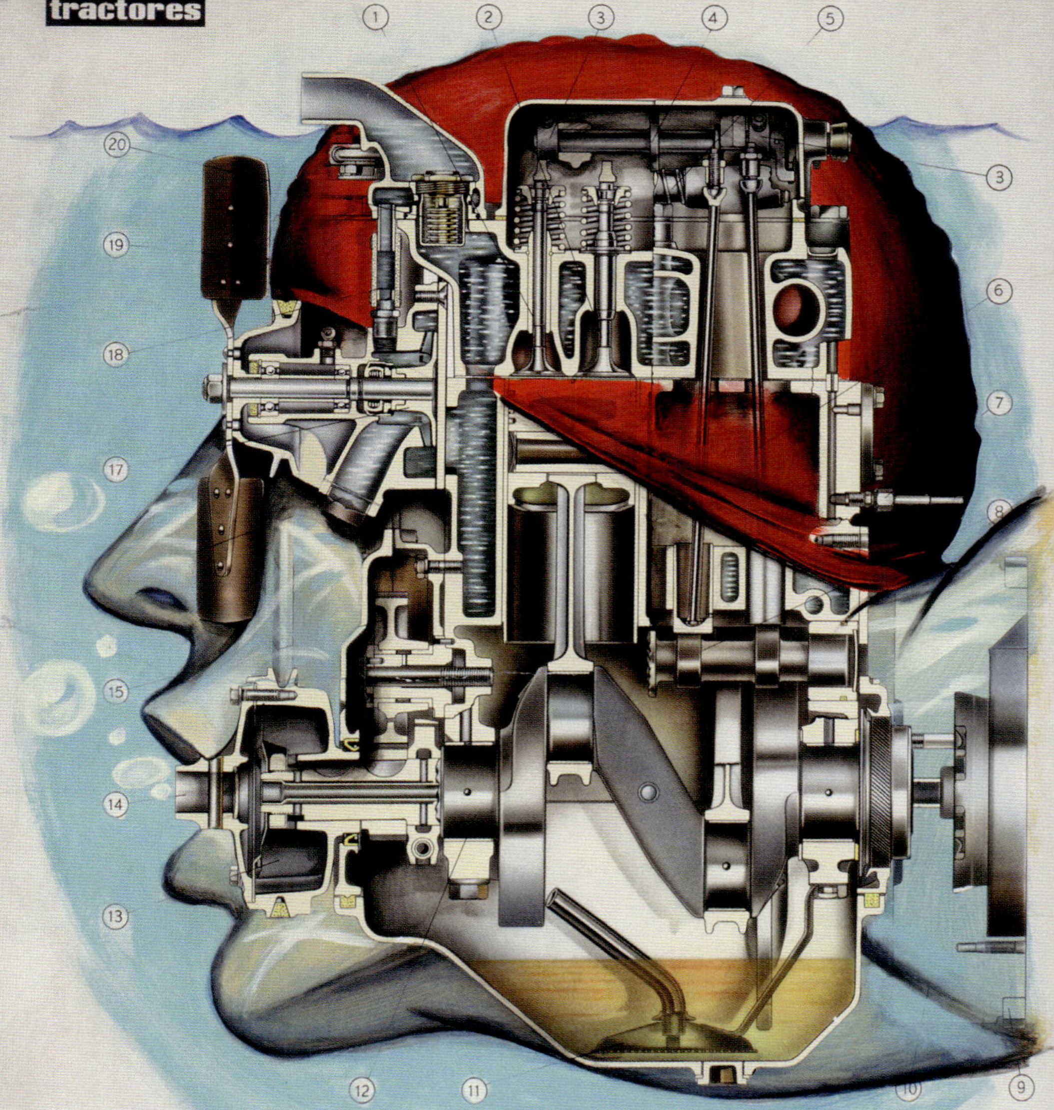

1. Válvula de escape del cilindro n° 1 - **2**. Válvula de admisión del cilindro n° 1 - **3**. Excéntricas del dispositivo levantaválvulas - **4**. Trinquete fin de carrera mando levantaválvulas - **5**. Eje porta-balancines - **6**. Varillas mando balancines - **7**. Racor para manómetro aceite - **8**. Arbol de distribución - **9**. Corona dentada arranque - **10**. Volante motor. - **11**. Filtro de aspiración del aceite - **12**. Cigüeñal - **13**. Filtro centrífugo aceite - **14**. Acoplamiento manivela para rotación cigüeñal - **15**. Engranaje de reenvío mando distribución - **16**. Manguito salida agua radiador - **17**. Bomba agua - **18**. Manguito circulación agua motor en frío - **19**. Filtro gas-oil - **20**. Termostato - **21**. Inyector - **22**. Palanca mando levantaválvulas - **23**. Balan-

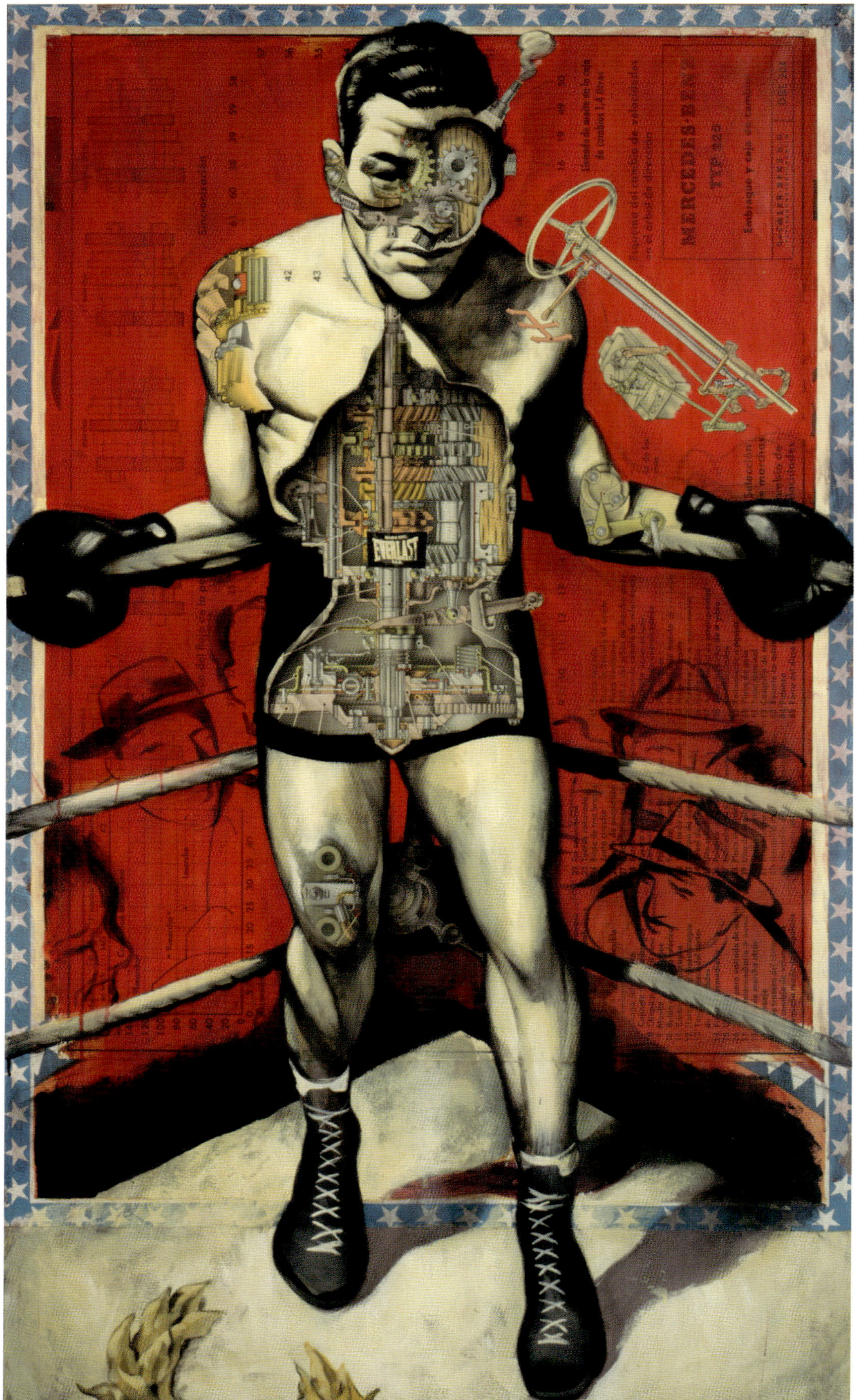
EVERLAST

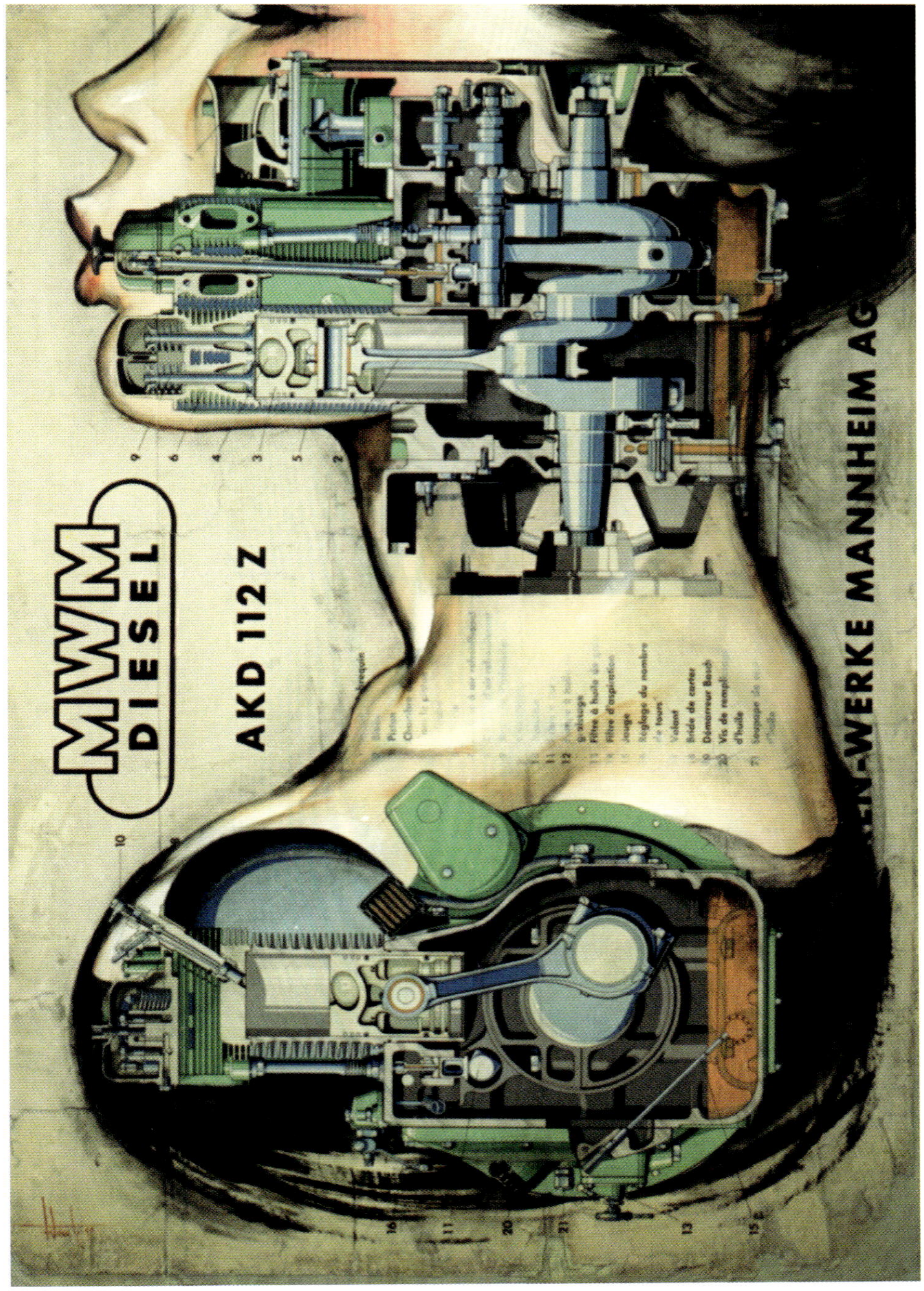

'La Máquina' (2000), 162 × 97cm ‹‹—
Busto diesel MWM (2000), 100 × 70cm
Acrylic on paper mounted on panel
Acrílico sobre papel encolado a tabla

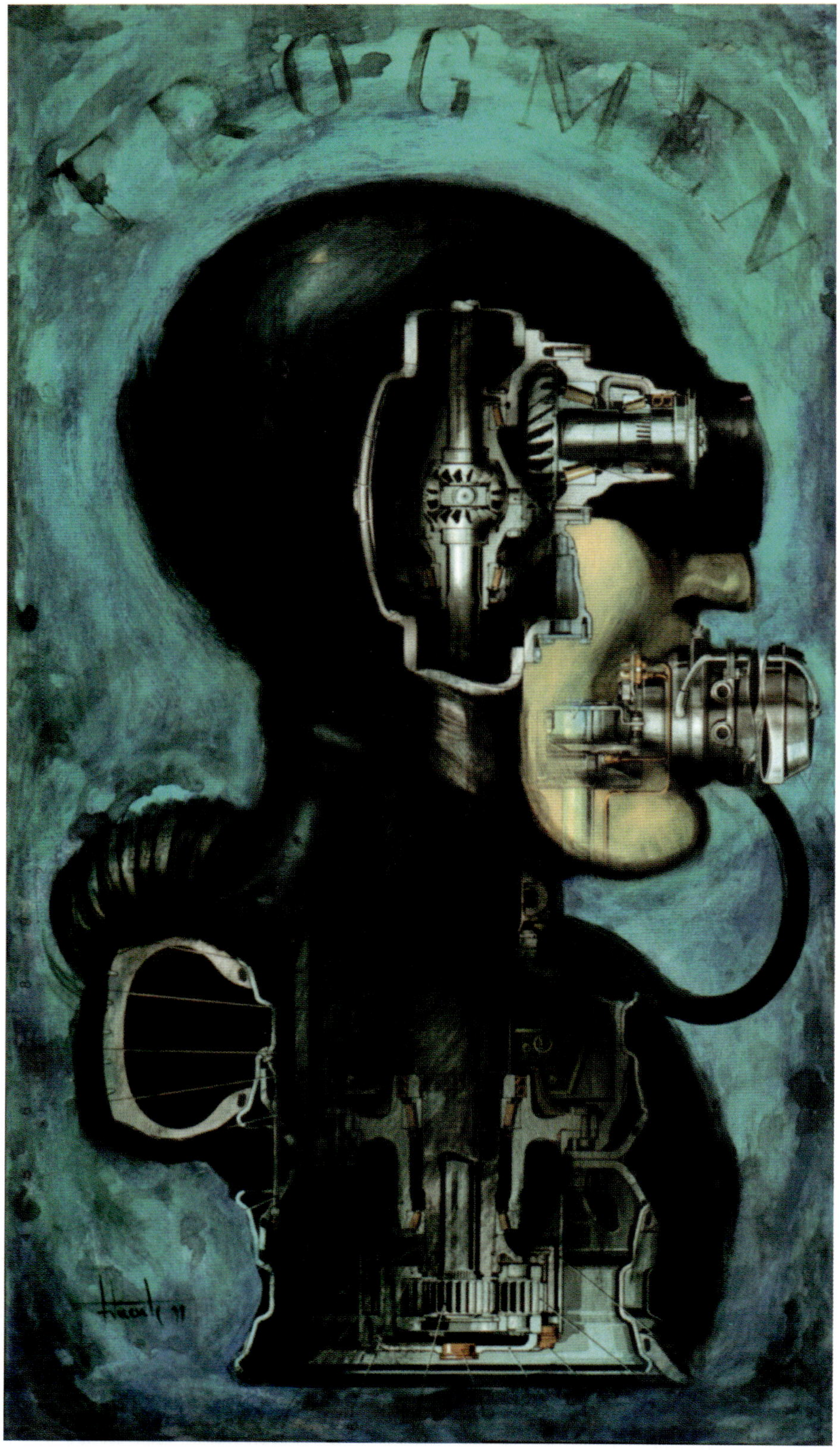

Frogmen (2000), 81 × 46cm
Linterna (2000), 55 × 41cm —››
Acrylic on paper mounted on panel
Acrílico sobre papel encolado a tabla

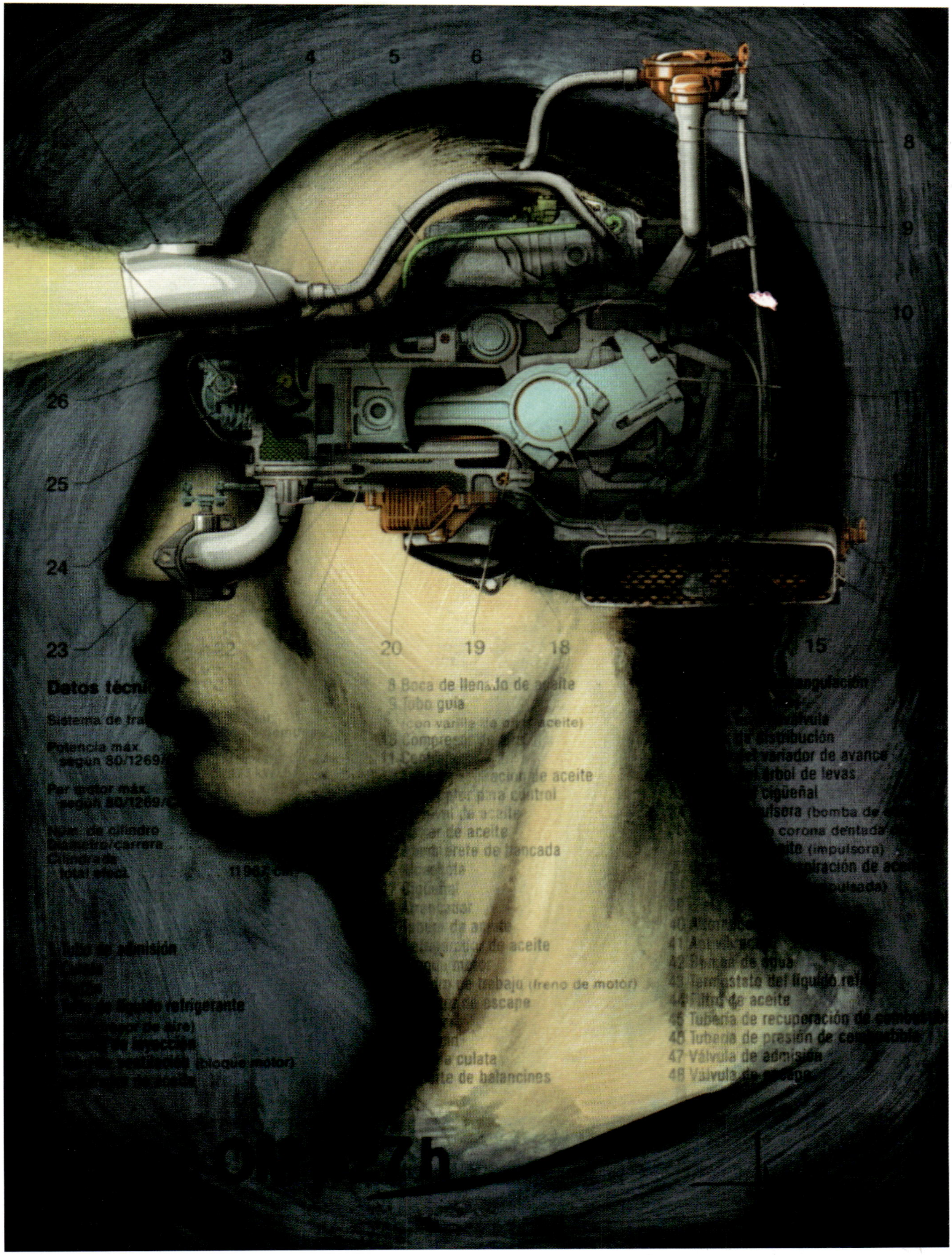
3
4
5
6
8
9
10
26
25
24
23
22
20
19
18
15
Datos técni
8 Boca de llenado de aceite
9 Tubo guía
Sistema de tra
Potencia máx.
según 80/1269/
Per motor máx.
según 80/1269/C
Núm. de cilindro
Diámetro/carrera
Cilindrada
total efect.
árbol de levas
corona dentada
(impulsora)
40
41
42 Bomba de agua
43 Termostato del líquido ref
44 Filtro de aceite
45 Tubería de recuperación de combus
46 Tubería de presión de combustible
47 Válvula de admisión
48 Válvula de escape
Tubo de admisión
(bloque motor)
trabajo (freno de motor)
culata
de balancines

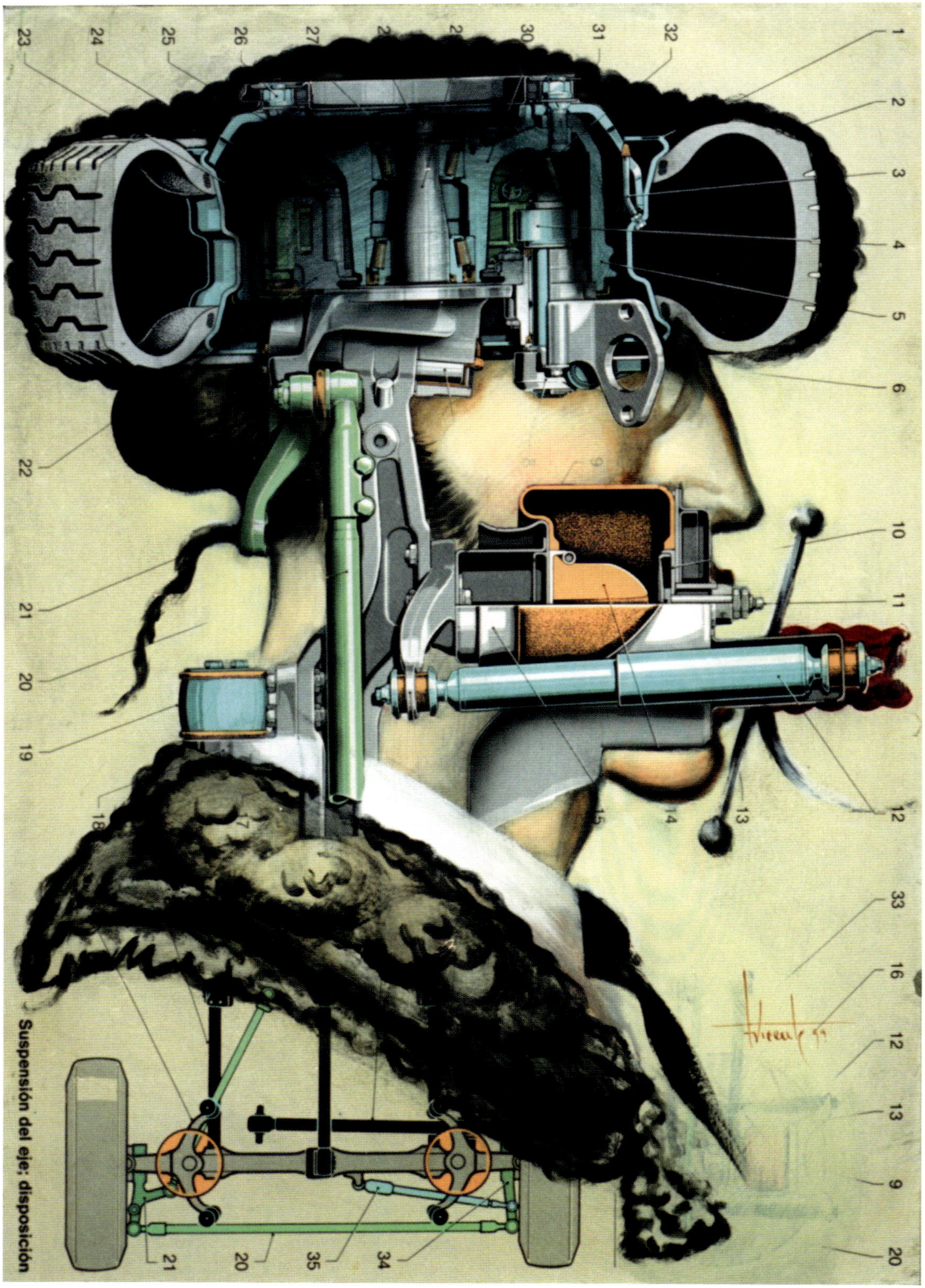

Toreador (2000), 65 × 46cm
Acrylic on paper mounted on panel
Acrílico sobre papel encolado a tabla

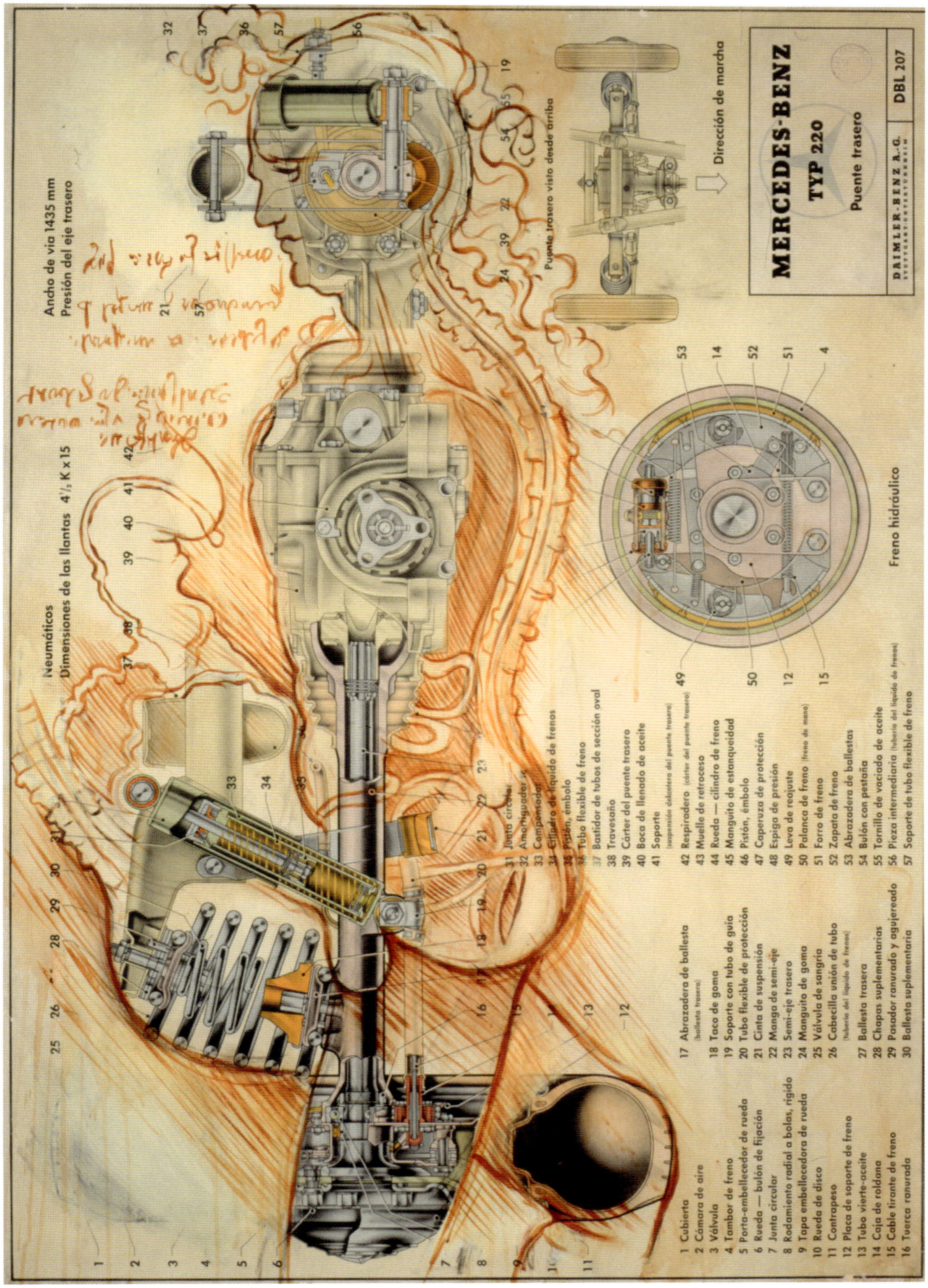

Da Vinci (2000), 118.5 × 84cm
Acrylic on paper mounted on panel
Acrílico sobre papel encolado a tabla

At

II

las

The World is a Fictive Place

Reality is just an arbitrary convention whose contents move with the times. In these days in which manipulation and pretence have emerged as instruments of power, one of the most sensible ways to interpret the world and to try to explain it is through art.

Artists thus no longer become original out of affectation but out of a desire to go back to the origins of an art whose works initially intended to evoke the threats of reality. Fernando Vicente's glaring reality of the world is not only geographical but anthropological. In the artist's current works, the pictorial substance constituting his representation of the planet comes undone and through a technical study of stereoscopic substrate his vision of the world is revealed to us.

The territories which we all learned in school, with their maps, orography, disasters and so on, abandon the natural order to which they belong and suddenly acquire unthinkable dimensions which are sometimes beautiful and sometimes puzzling. The maps that Fernando Vicente creates with his brushes cease to be geographic representations and become canvases that serve a higher artistic reality. Oceans and continents thus become metaphors for the reality from which they emerge. The result is an evocative, unusual oeuvre, which uses a very personal language that disregards those for whom the paintings contain the trace of a joke, demiurgic criticism, cosmological satire, or universal sarcasm.

Faced with these cartographic challenges that Vicente presents, a number of questions immediately hit us. What will the flora be like in these worlds that he foresees? Who will be the inhabitants of those territories that are yet to be invented? Will there be fantastic creatures, beings with three heads, and raging seas that empty into the throats of the end of the world? Will there be harmony in these lands of the imagination? Will death prevail in them?

Beauty is never the result of the order of the universe, but the ultimate expression of its disorder. Everything is rocked by chaos and, in Vicente's vision, Pangaea, that once evolved to be the planet we know, gives way to delirium. The world is not as it seems, but as he wants us to see it.

In this sense, Vicente's oeuvre is one that shows a truly baroque taste for the unstable and displays an aesthetic style in which serene and restful forms are replaced by other troubling and twisted ones, which are much more useful for explaining our environment. His paintings show virtuosity in which pictorial truth gives way to artifice, a technical viewing and the profoundness of true art.

Art shows that truth is always wrong. Life goes in another direction and the world, whether we like it or not, continues spinning incognito through the spiral of time. In times to come, the future continental drift will render our current world geography unrecognisable. I would like to think that when nothing remains on earth of the presence of man, in that remote time yet to come, the shapes of the planet will be as now imagined by Fernando Vicente. It will be the irrefutable proof that art is the only reality worth existing for.

—Fernando Royuela

El mundo es un lugar ficticio

La realidad es tan solo una convención arbitraria cuyo contenido muda con las épocas. En los tiempos que corren en los que la manipulación y el fingimiento se han erigido en instrumentos al servicio del poder, una de las más sensatas de interpretar el mundo, de intentar explicarlo, es a través del arte.

Los artistas se tornan pues originales no ya para inventarse extravagancias sino por querer volver a los orígenes de lo que supuso en un principio conjurar con sus obras las amenazas de la realidad. En Fernando Vicente la realidad del mundo –salta a la vista– no solo es geográfica sino antropológica. En las obras que ahora se nos presentan, la representación del planeta se deshace en sustancia pictórica y, mediante un tratamiento técnico de sustrato estereoscópico, el mundo nos va siendo revelado tal y como el artista lo ve.

Los territorios que todos aprendimos en la escuela, con sus cartografías, sus orografías, sus accidentes, abandonan el orden natural al que que pertenecen y adquieren de repente, dimensiones impensables, a veces hermosas, a veces desconcertantes. Los mapas que Fernando Vicente levanta con sus pinceles dejan de ser representaciones geográficas para convertirse en lienzos al servicio de una realidad artística superior. Los océanos y los continentes se erigen así en metáforas de la realidad de la que surgen. El resultado es una obra sugestiva, insólita, elaborada con un lenguaje muy personal que abandona en los de quienes la contemplan un poso de broma, de crítica demiúrgica, de sátira cosmológica, de ironía universal.

Ante estos desafíos cartográficos que Fernando Vicente propone, varias incógnitas nos asaltan de inmediato. ¿Como será la flora de esos mundos que él intuye? ¿Quienes serán los habitantes de aquellos territorios todavía pendientes de inventar? ¿Habrá animales fabulosos, seres con tres cabezas, mares vivos que vuelquen sus aguas en las gargantas del fin del mundo? ¿Existirá la armonía en esas tierras salidas de la imaginación? ¿Imperará en ellas la muerte?

La belleza nunca es fruto del orden del universo sino la máxima expresión de su desorden. El caos todo lo mece y la Pangea que una vez diera forma al planeta, bajo la mirada de Fernando, se convierte en uno que se deshace hasta el delirio. El mundo ya no es el que parece, sino el que él quiere hacernos ver.

En este sentido, la de Fernando es una obra que muestra cierto gusto barroco por lo inestable y evidencia una estética en la que las formas serenas y reposadas han sido sustituidas por otras desazonadoras y retorcidas mucho mas útiles para explicarnos nuestro entorno. Sus cuadros evidencian un virtuosismo en el que la verdad pictórica deja paso al artificio, a la audiencia técnica, a la profundidad del arte verdadero.

Que la verdad siempre es equívoca, el arte lo demuestra. La vida transcurre por otros derroteros y el mundo, mal que nos pese, sigue girando incógnito por la espiral del tiempo. Alguna vez la deriva futura de los continentes hará irreconocible la geografía actual del mundo. Me gustaría pensar que cuando de la presencia del hombre en la tierra no queden vestigios, en ese tiempo remoto aún por venir, las formas del planeta serán las ahora imaginadas por Fernando. Será la prueba irrefutable de que el arte es la única realidad por la que merece la pena existir.

—Fernando Royuela

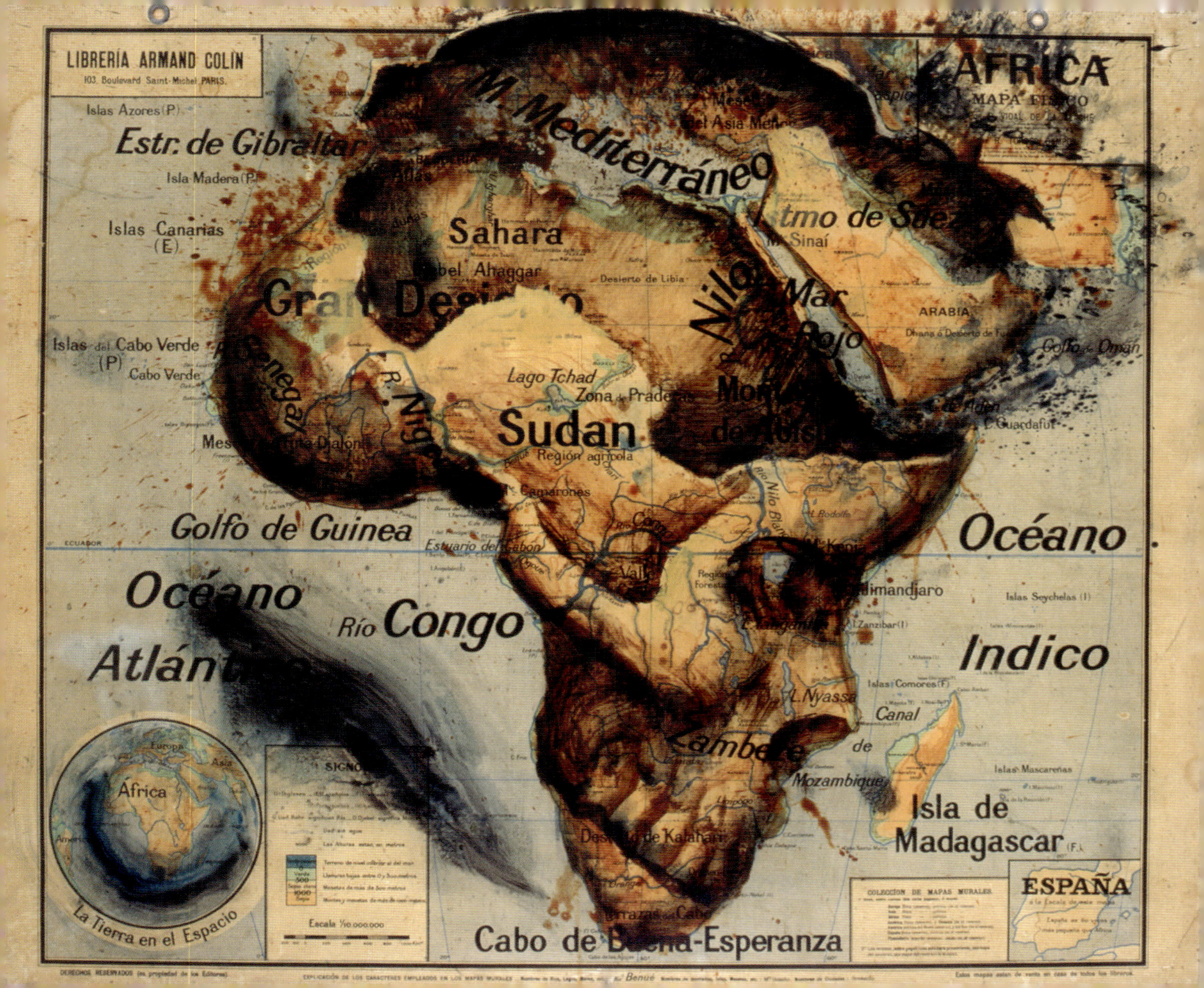
LIBRERÍA ARMAND COLIN
103, Boulevard Saint-Michel PARIS
AFRICA
MAPA FISICO
Islas Azores (P.)
Estr. de Gibraltar
Isla Madera (P.)
Islas Canarias (E)
M. Mediterráneo
Istmo de Suez
M. Sinaí
Sahara
Desierto de Libia
Nilo
Mar Rojo
ARABIA
Golfo de Omán
Islas del Cabo Verde (P)
Cabo Verde
Lago Tchad
Zona de Praderas
Sudan
Región agrícola
C. Guardafui
Golfo de Guinea
Estuario del Gabón
Océano
Océano
Río Congo
Atlántico
Kilimandjaro
Islas Seychelas (I)
Indico
L. Nyassa
Islas Comores (F)
Canal de Mozambique
Zambeze
Isla de Madagascar (F.)
Islas Mascareñas
Desierto de Kalahari
Cabo de Buena-Esperanza
África
Europa
Asia
La Tierra en el Espacio
Escala 1/10.000.000
COLECCIÓN DE MAPAS MURALES
ESPAÑA
DERECHOS RESERVADOS

Vanitas Europa (2004), 117.5 × 97.5cm
Acrylic on canvas glued to maps
Acrílico sobre mapas encolados a lienzo

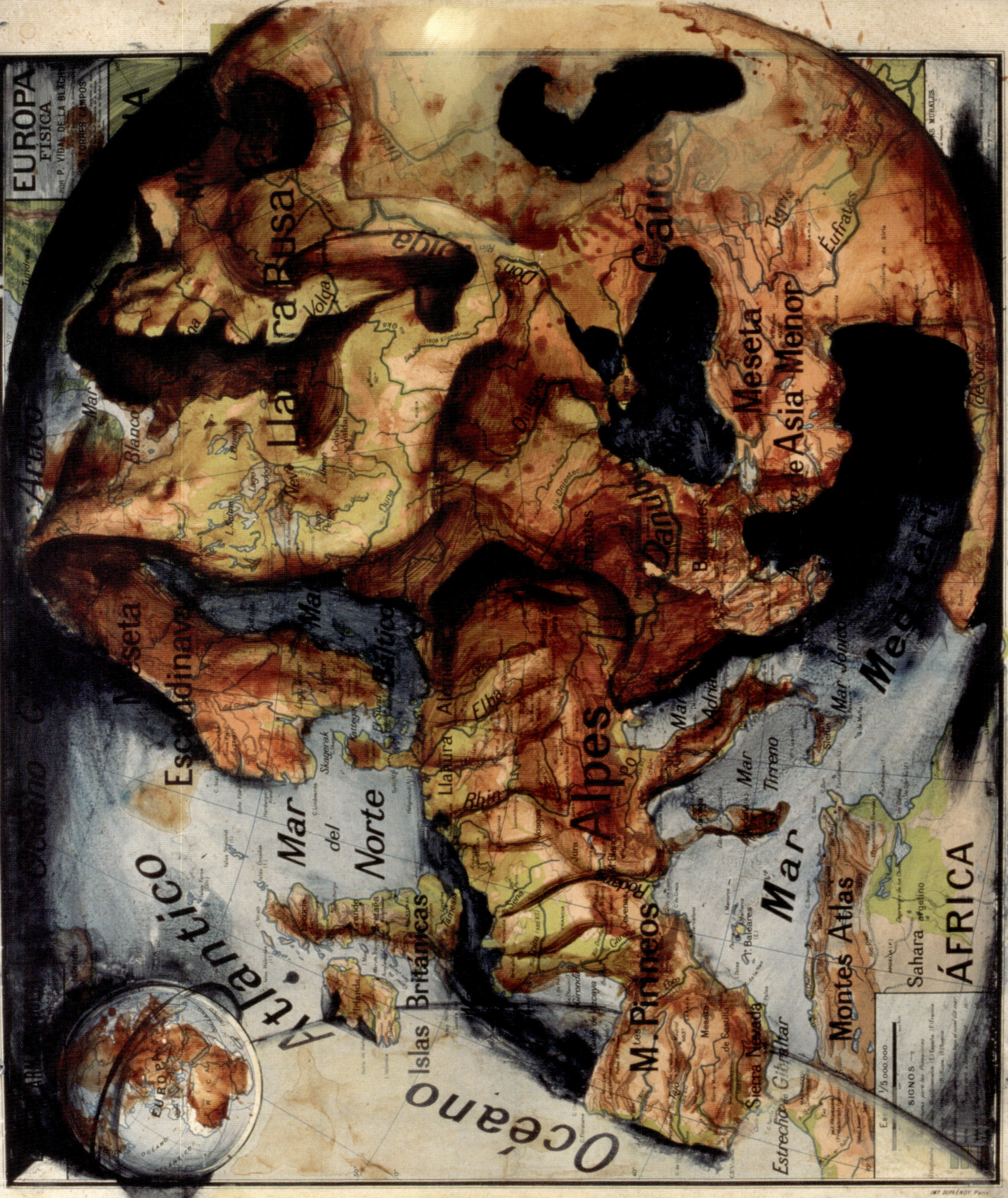
EUROPA
FÍSICA
Océano
Atlántico
Mar
del
Norte
Islas Británicas
Meseta
Escandinava
Llanura Rusa
Volga
Alpes
Rhin
Elba
M. Pirineos
Sierra Nevada
Estrecho de Gibraltar
Mar
Tirreno
Mar Jónico
Montes Atlas
Sahara argelino
ÁFRICA
Meseta
de Asia Menor
Danubio
Balcanes
Tigris
Éufrates
Don

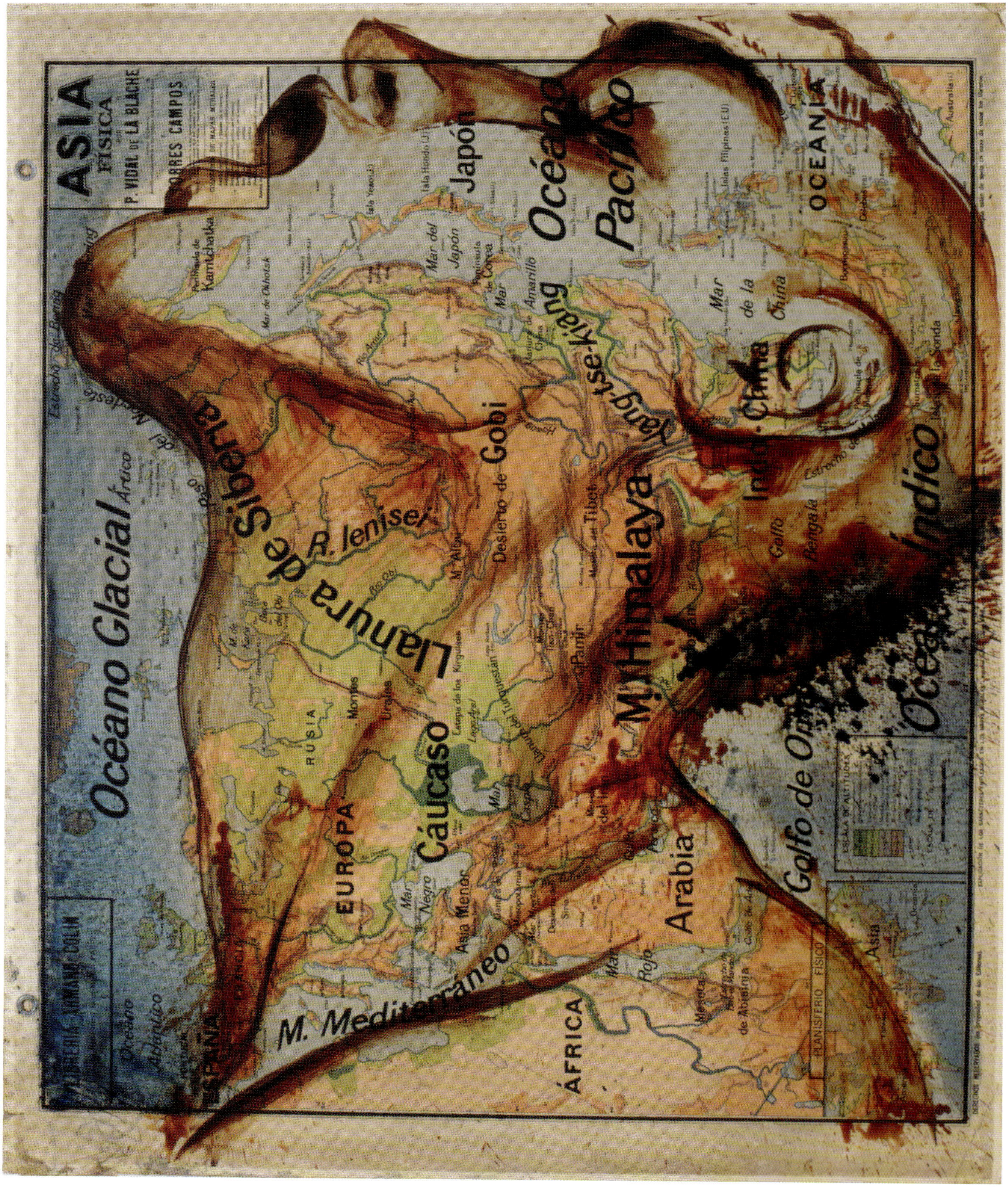
ASIA
FÍSICA
P. VIDAL DE LA BLACHE
TORRES CAMPOS
Océano Glacial Ártico
Llanura de Siberia
R. Ienisei
Desierto de Gobi
Mte. Himalaya
Yang-tse-Kiang
Océano Pacífico
Japón
Mar del Japón
Mar de la China
China
India
OCEANÍA
Océano Índico
Golfo de Omán
Golfo de Bengala
Arabia
Cáucaso
EUROPA
RUSIA
Montes Urales
Mar Negro
Asia Menor
M. Mediterráneo
ÁFRICA
ESPAÑA
Océano Atlántico
Mar Rojo
Mar Caspio
Estrecho de Bering
Península de Kamtchatka
PLANISFERIO FÍSICO

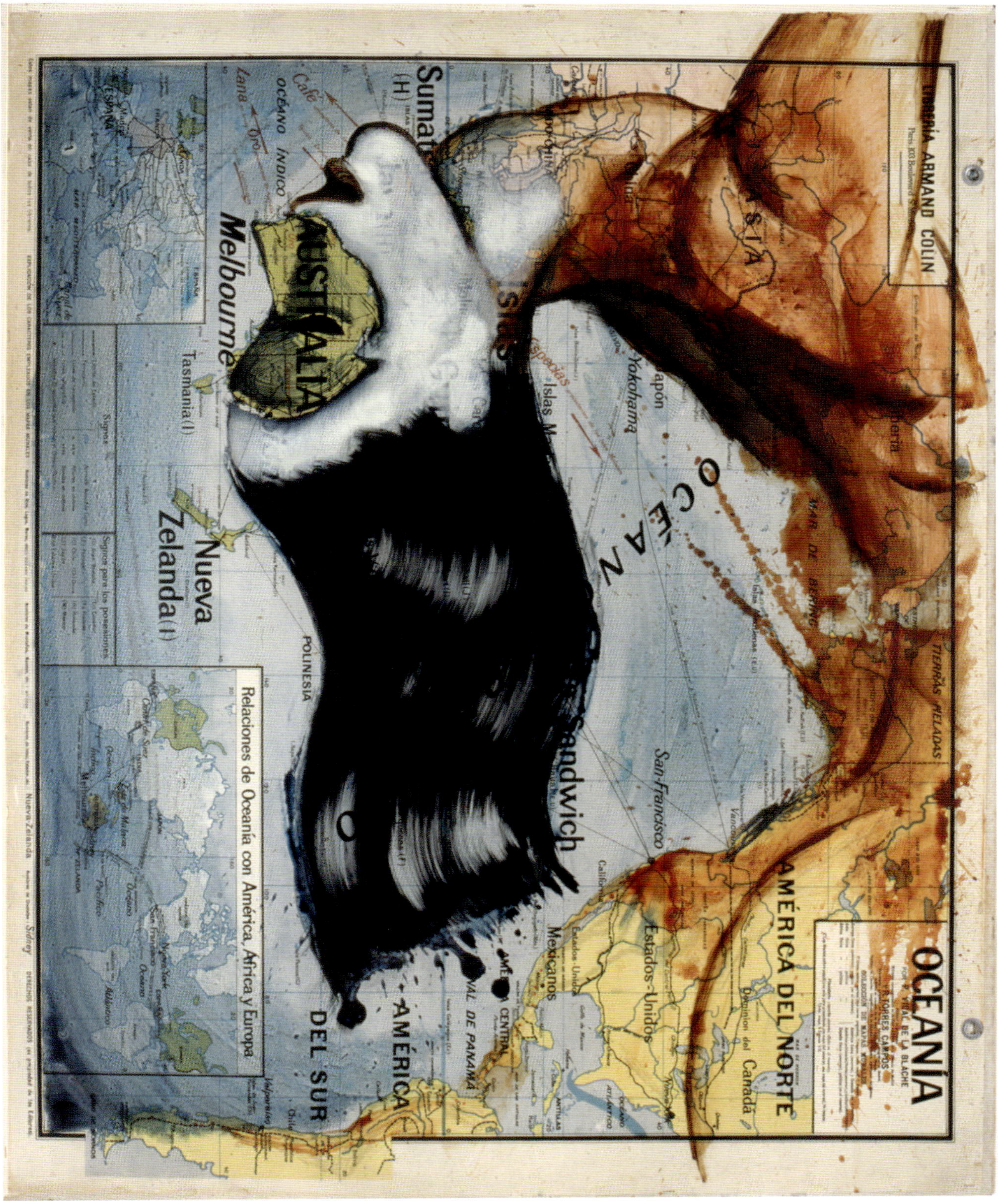

Éxtasis (2004), 117.5 × 97.5cm «—
Oceania (2004), 117.5 × 97.5cm
Acrylic on canvas glued to maps
Acrílico sobre mapas encolados a lienzo

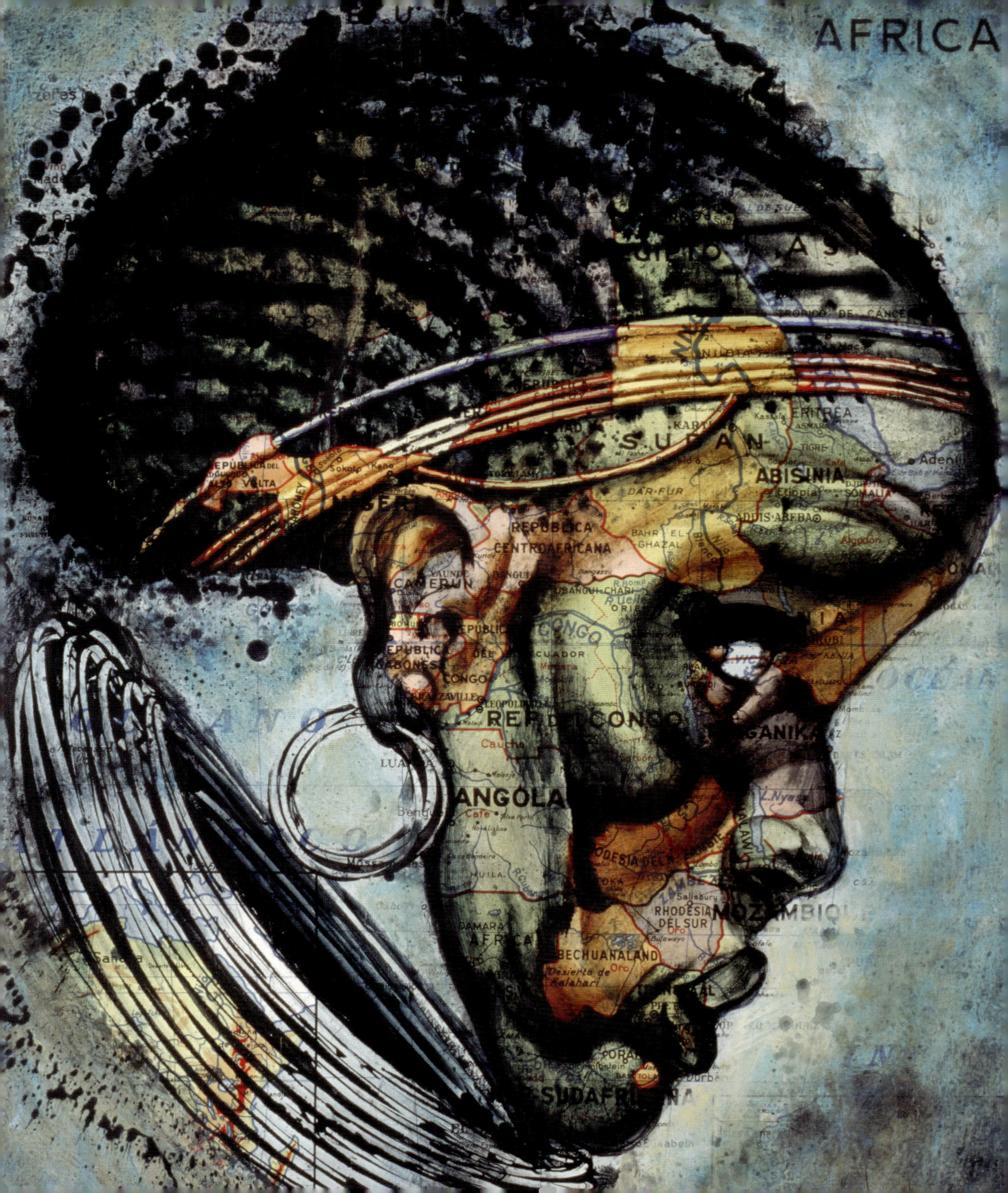
AFRICA
ERITREA
ABISINIA
SOMALIA
REPUBLICA CENTROAFRICANA
CAMERUN
CONGO
ANGOLA
HUILA
BECHUANALAND
RHODESIA DEL SUR
Salisbury
Bulawayo
Desierto de Kalahari

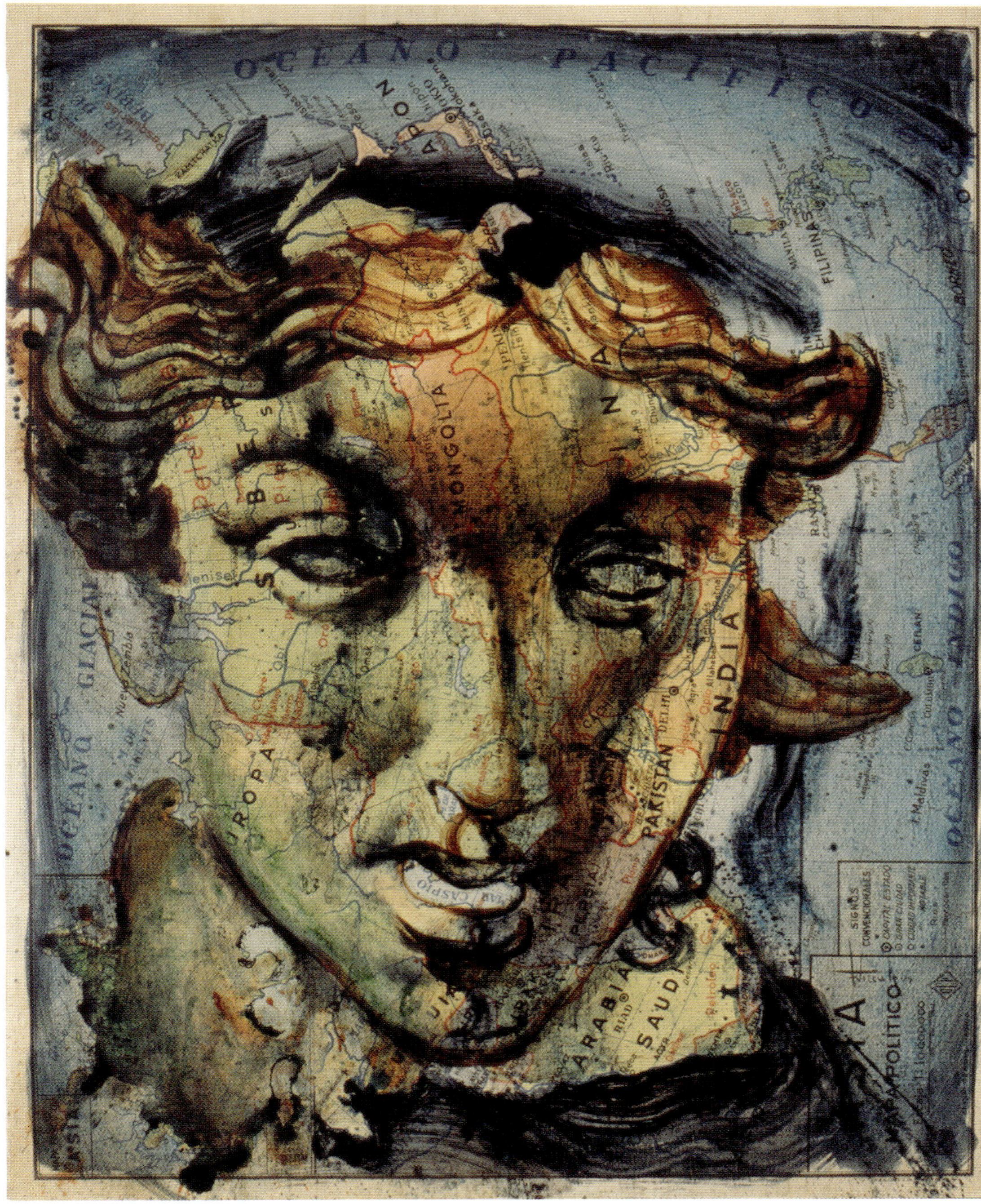

Maasai (2004), 116 × 93.5cm «—
Afrodita (2004), 116 × 93.5cm
Acrylic on canvas glued to maps
Acrílico sobre mapas encolados a lienzo

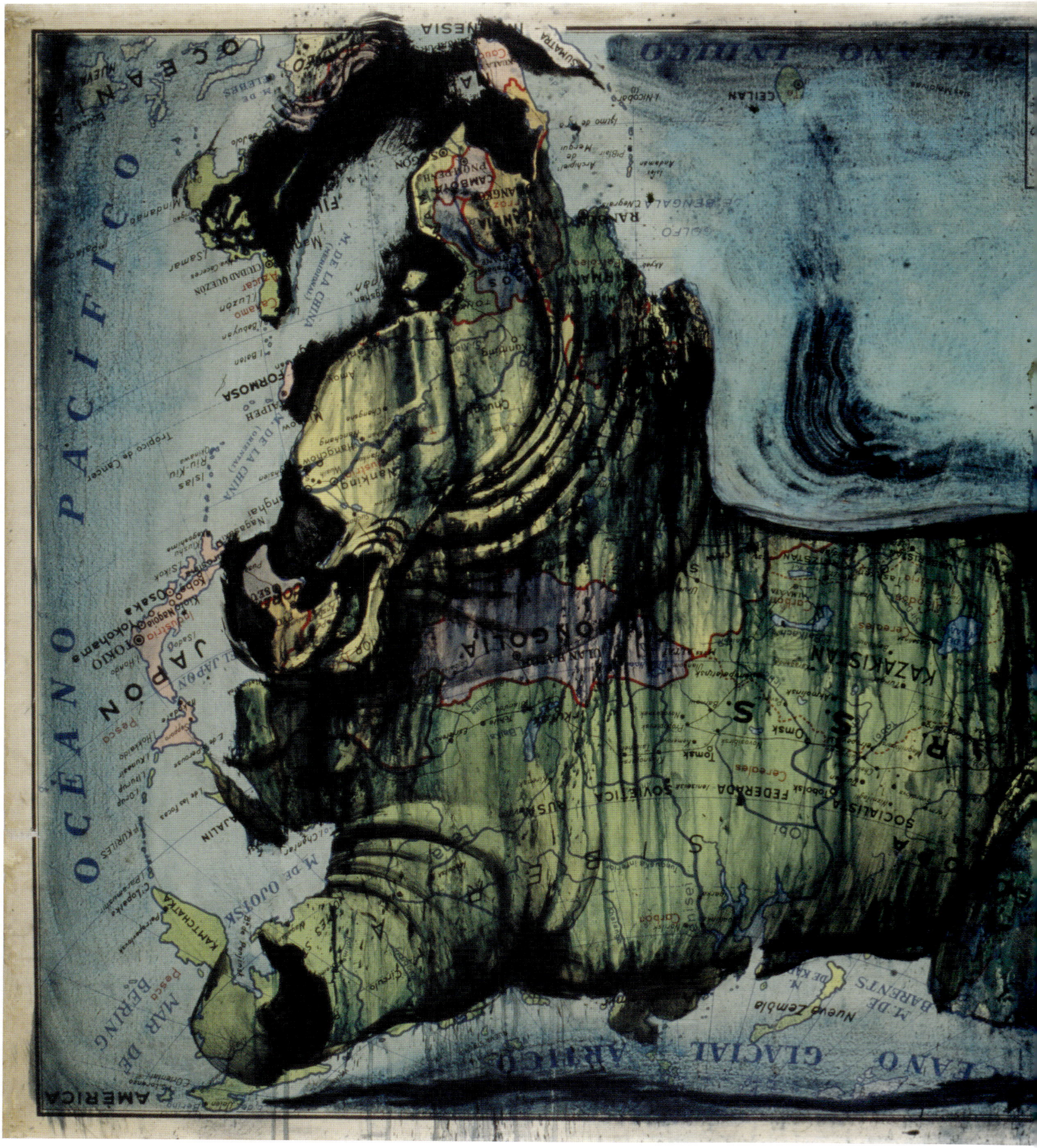
OCÉANO PACÍFICO
JAPÓN
TOKIO
Osaka
FORMOSA
MONGOLIA
KAZAKISTAN
Tomsk
Omsk
MAR DE BERING
KAMTCHATKA
AMÉRICA
M. DE OJOTSK
Nueva Zembla
M. DE BARENTS
OCÉANO GLACIAL ÁRTICO
CEILAN
CAMBOYA
Luzón
Trópico de Cáncer

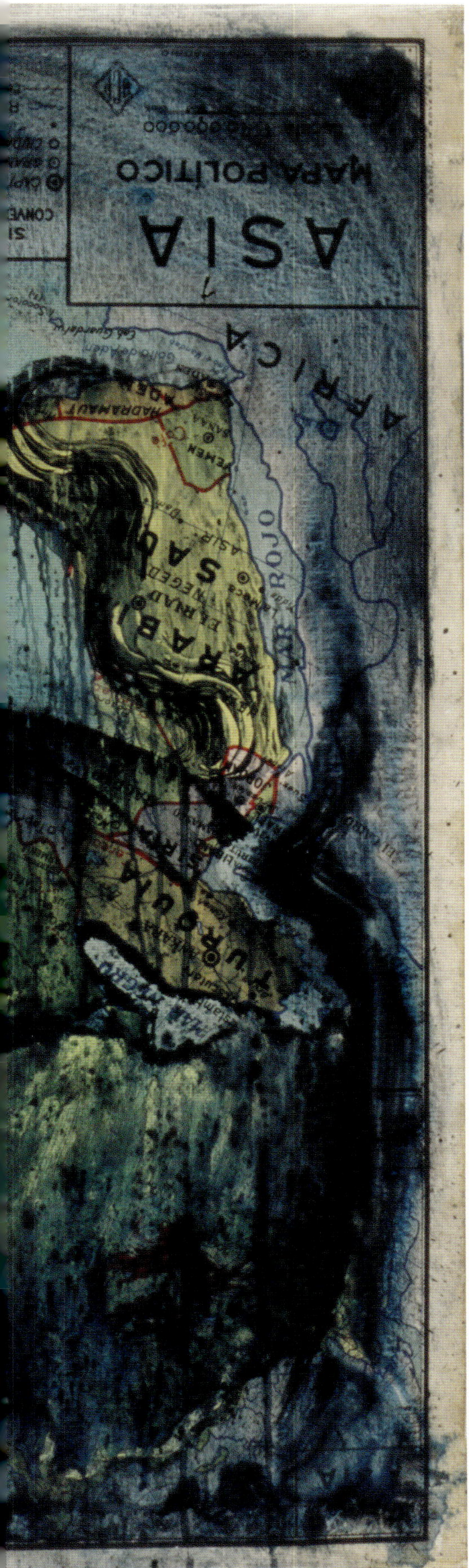

Caballo bronce (2004), 93.5 × 116cm
Acrylic on canvas glued to maps
Acrílico sobre mapas encolados a lienzo

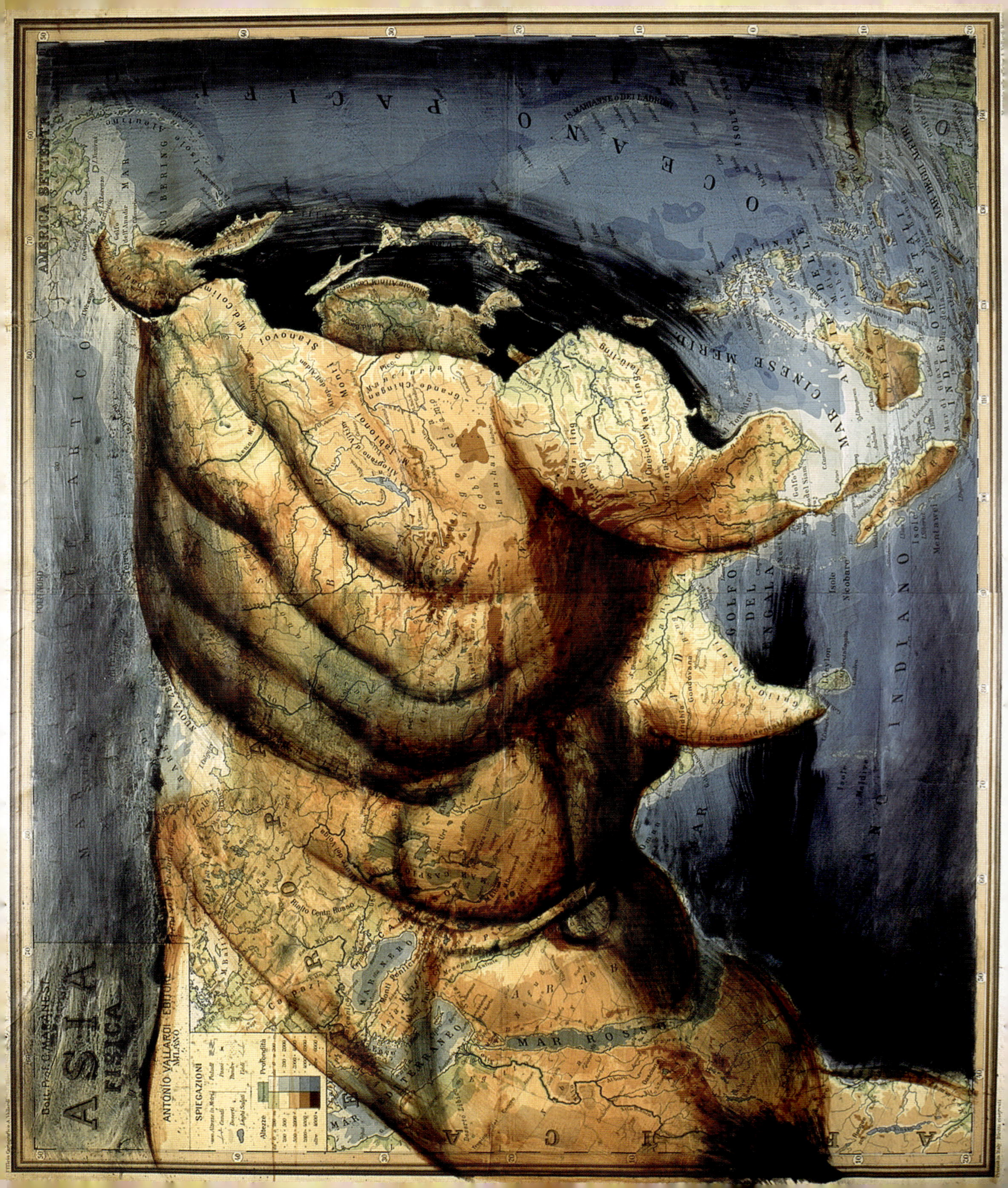
ASIA
FISICA
Dott. Prof. G. MARINELLI
ANTONIO VALLARDI EDITORE
MILANO
SPIEGAZIONI
Altezze
Profondità
AMERICA SETTENTR
MAR ROSSO
GOLFO DEL BENGALA
OCEANO INDIANO

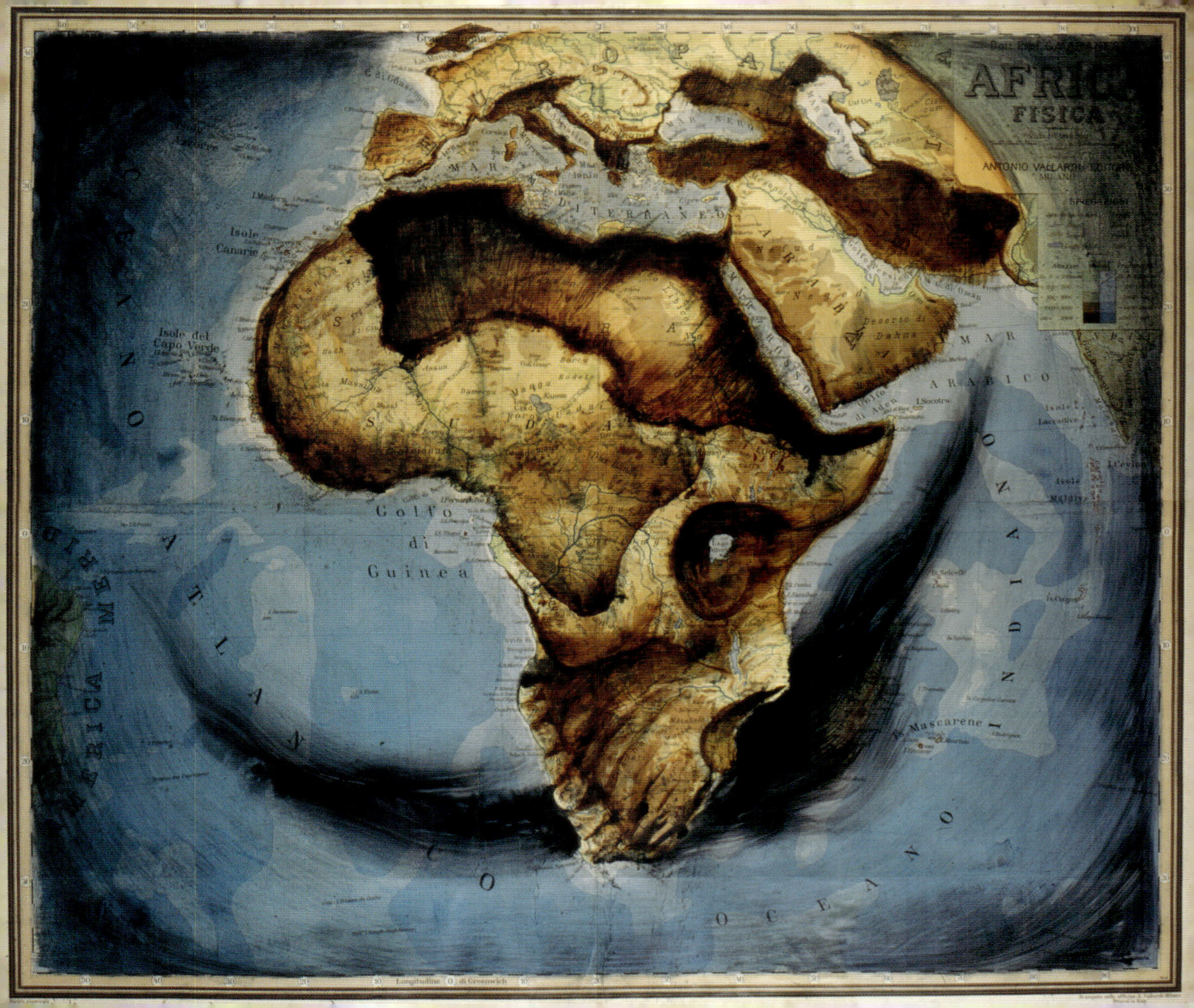

AFRIC
FISICA
ANTONIO VALLARDI EDITORE
Isole Canarie
I. Madeira
Isole del Capo Verde
Golfo di Guinea
Deserto di Dahna
MAR ARABICO
Golfo di Aden
I. Socotra
Isole Laccadive
I. Ceylan
Isole Maldive
I. Mascarene
ATLANTICO
OCEANO INDIANO
AMERICA MERID
Longitudine 0 di Greenwich

50

Prometeo (2004), 170 × 156.5cm
Acrylic on canvas glued to maps
Acrílico sobre mapas encolados a lienzo

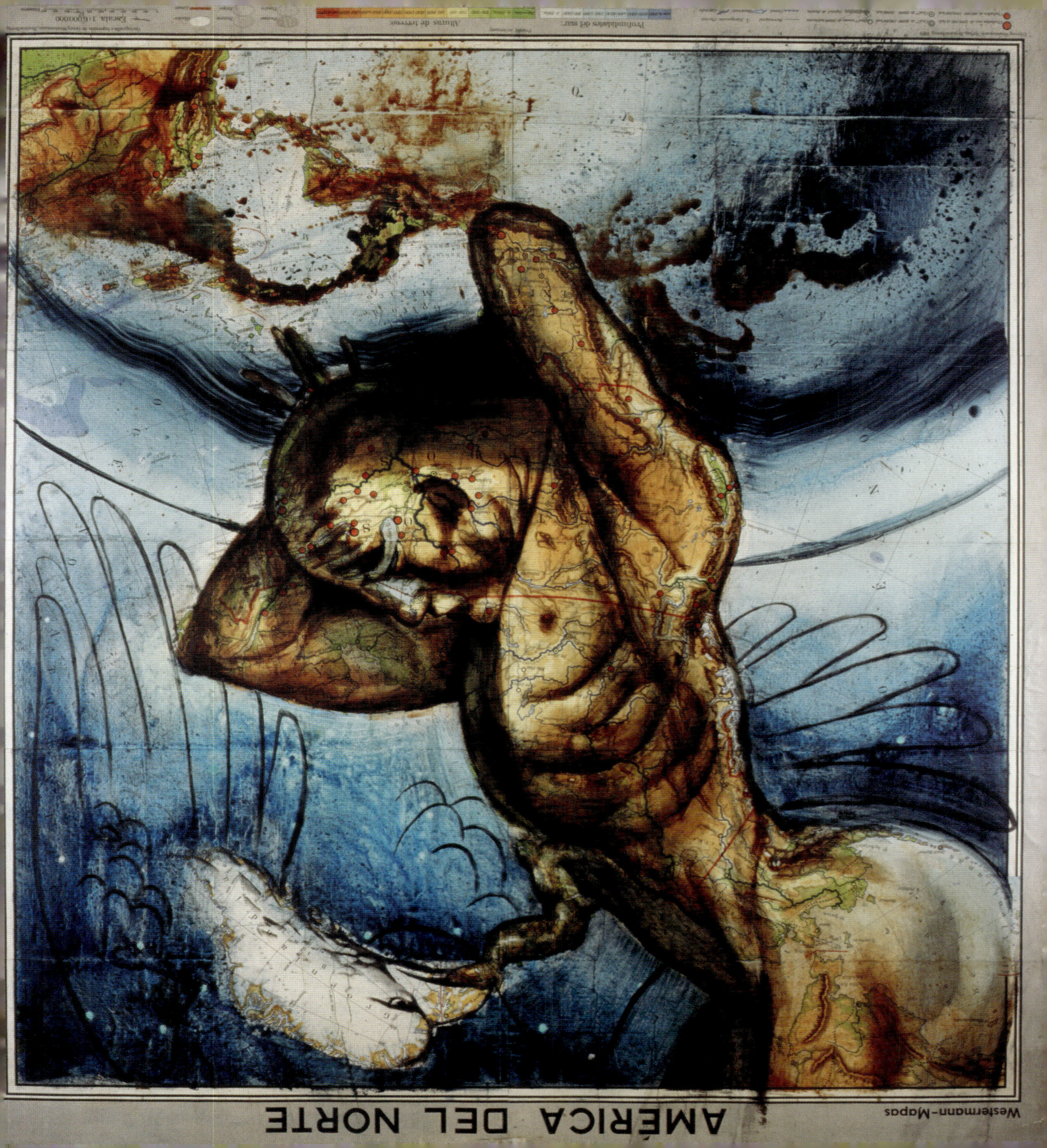
AMÉRICA DEL NORTE
Westermann-Mapas

52

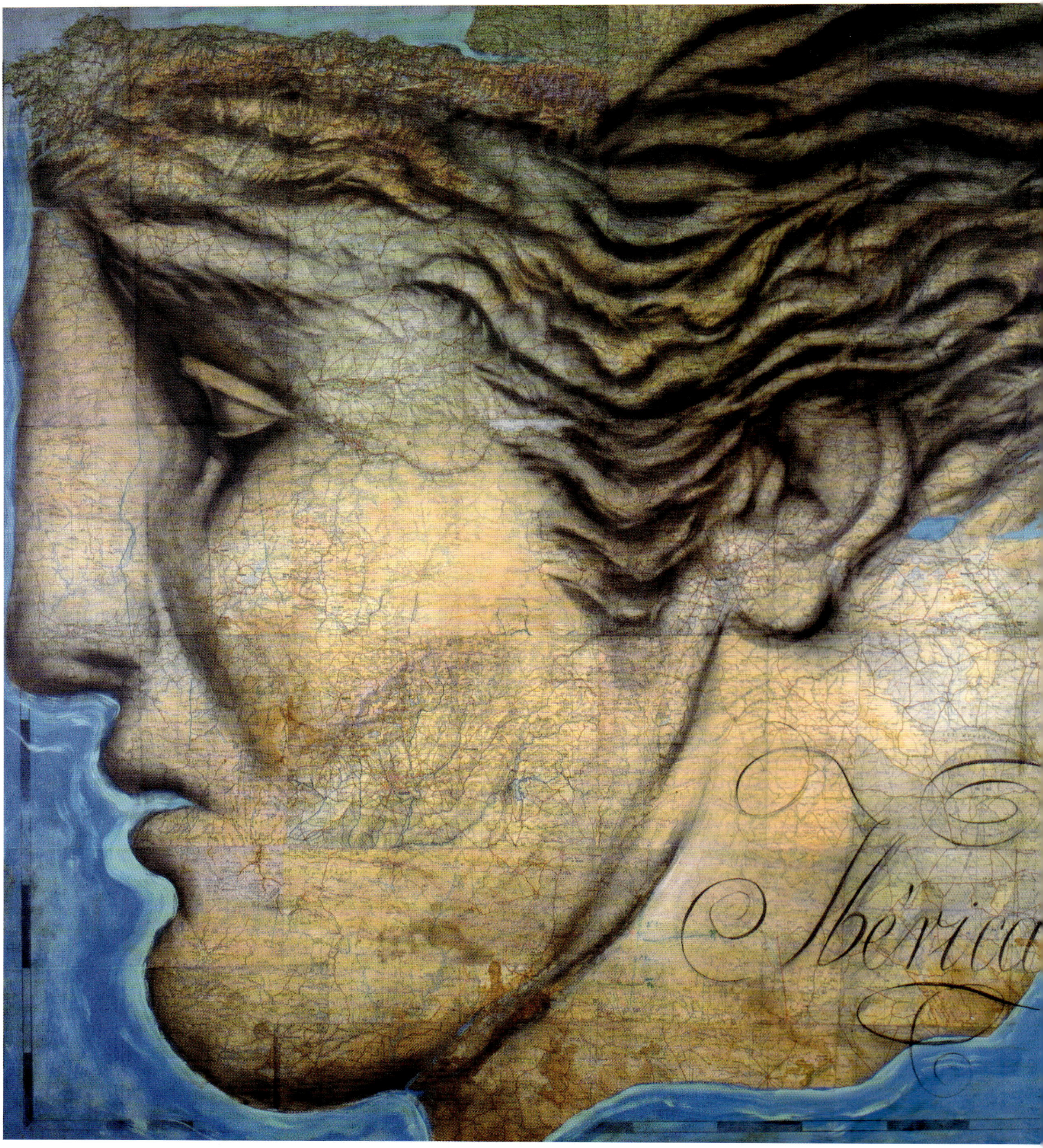

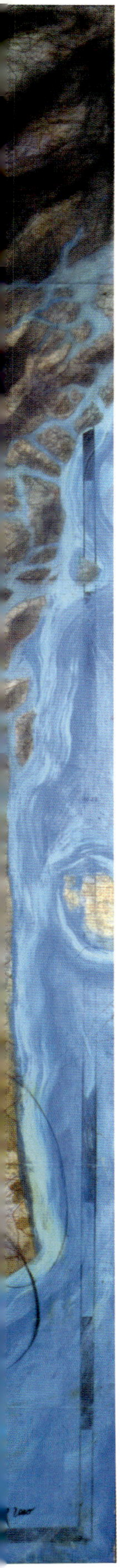

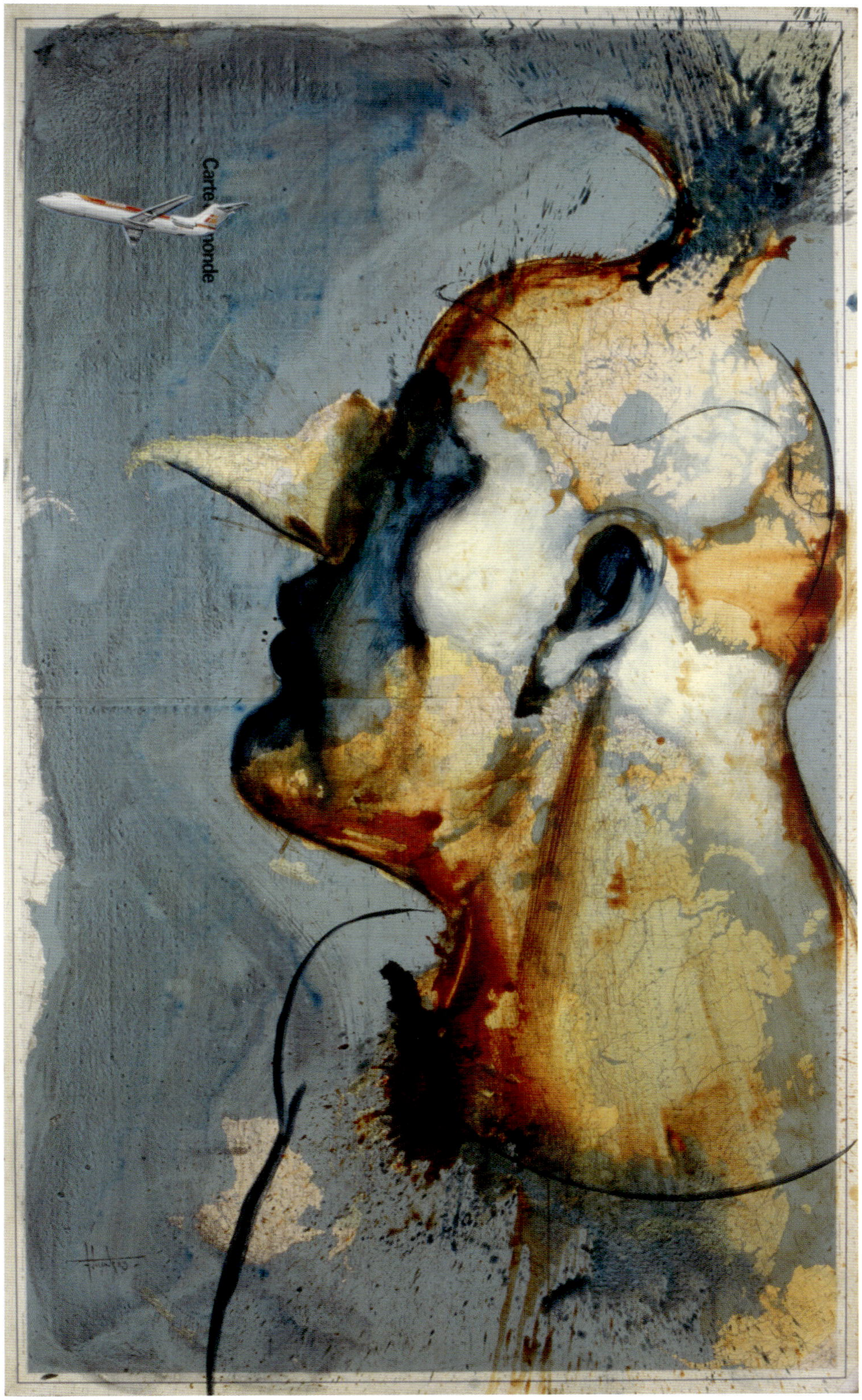

Ibérica (2004), 200 × 200cm ‹‹—
Arlequín (2004), 182.5 × 111cm
Acrylic on canvas glued to maps
Acrílico sobre mapas encolados a lienzo

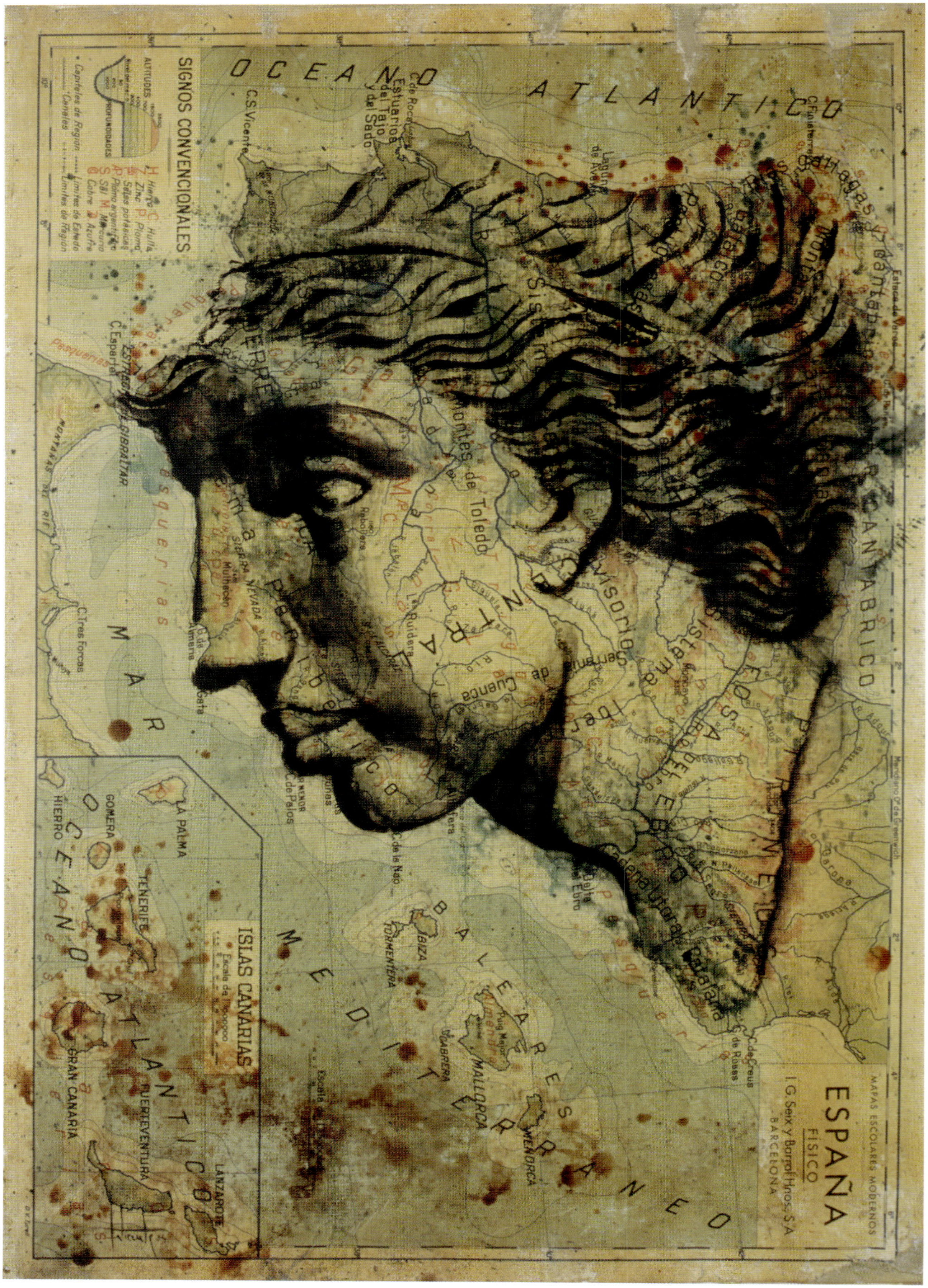
OCEANO ATLANTICO
SIGNOS CONVENCIONALES
ISLAS CANARIAS
MAR MEDITERRANEO
MAPAS ESCOLARES MODERNOS
ESPAÑA
FÍSICO
I. G. Seix y Barral Hnos. S.A
BARCELONA

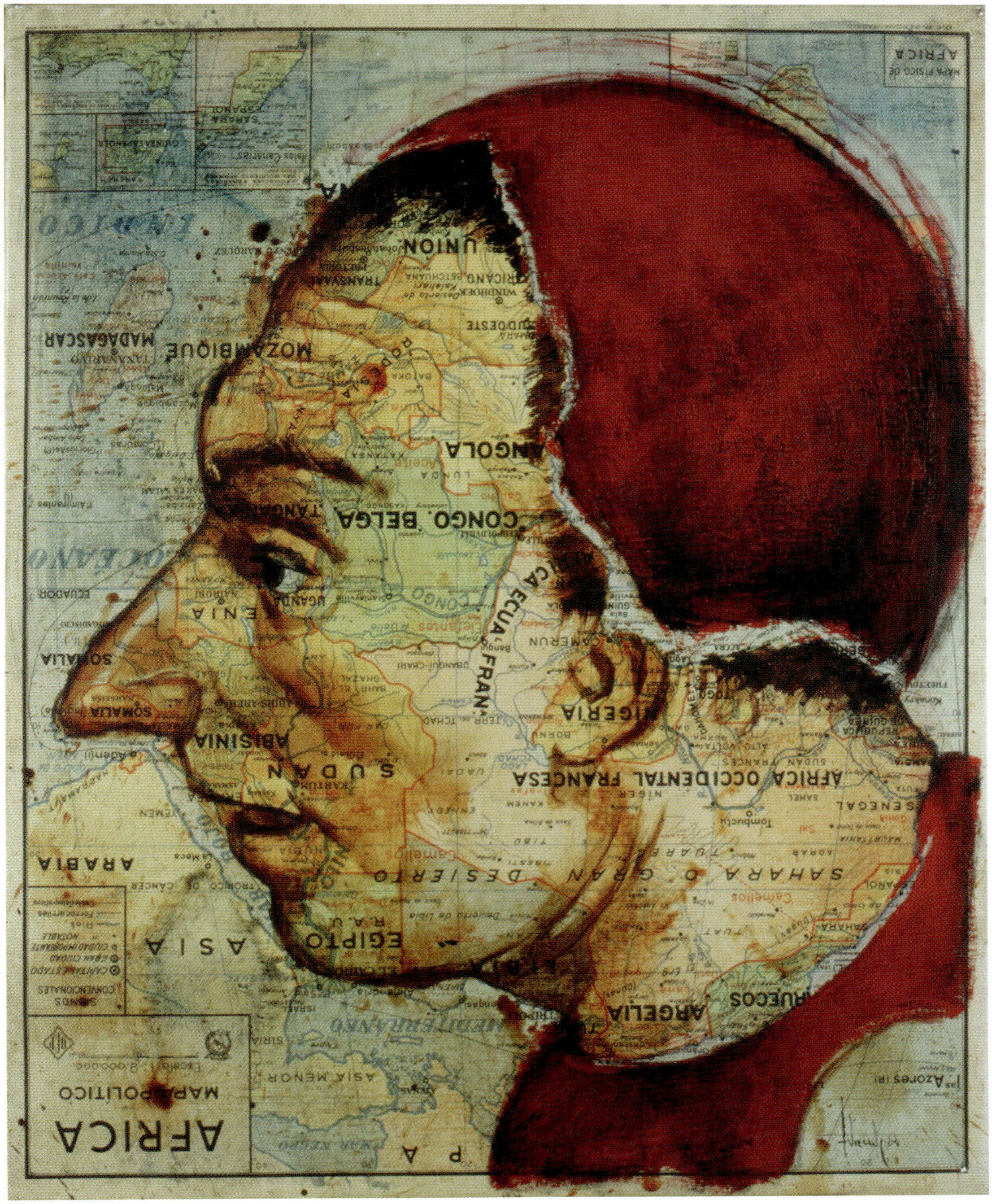

Atlántica (2004), 116 × 82cm ‹‹—
Holbein África cabeza (2004), 116 × 93.5cm
Acrylic on canvas glued to maps
Acrílico sobre mapas encolados a lienzo

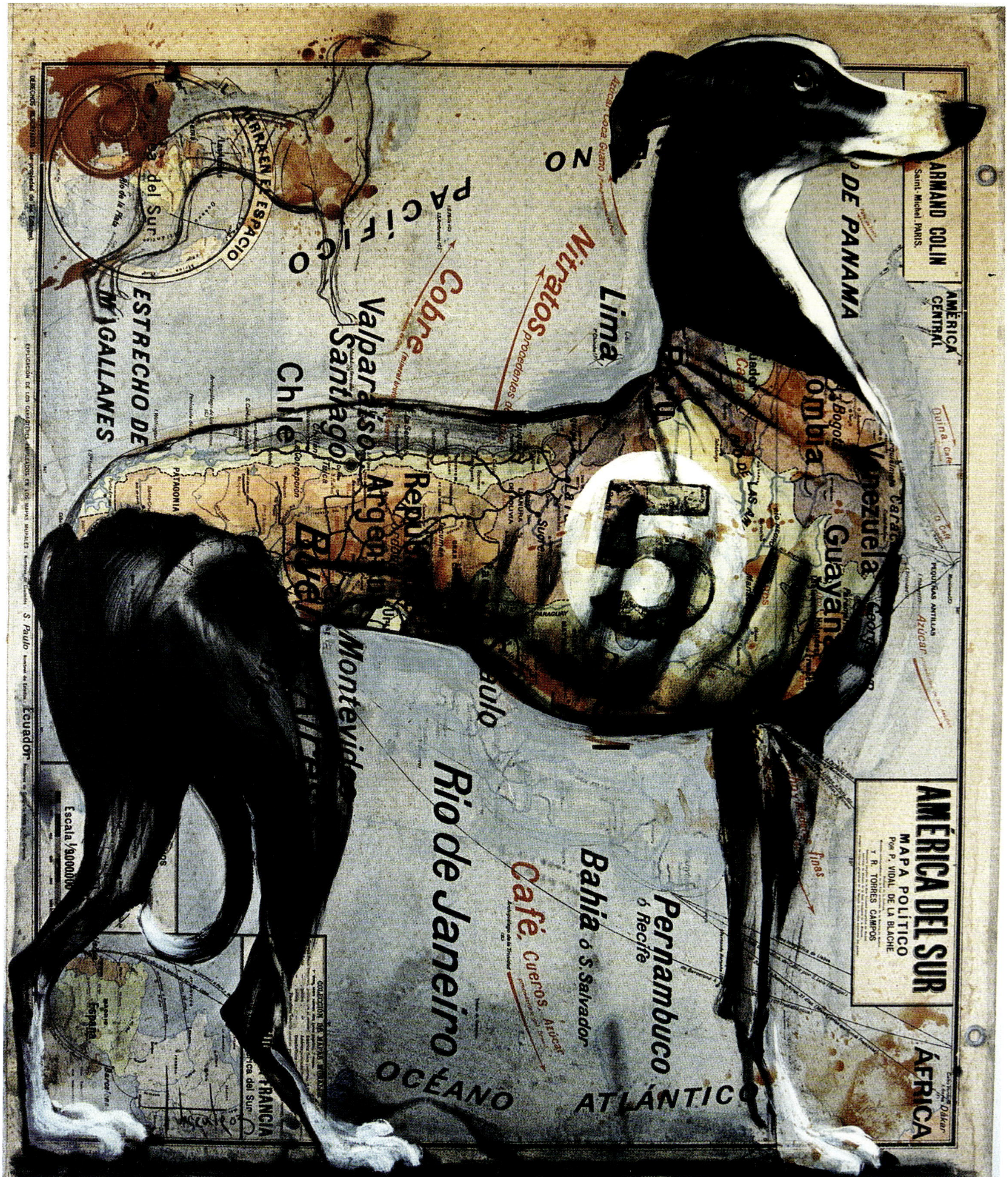

AMÉRICA DEL SUR
MAPA POLÍTICO
ARMAND COLIN
AMÉRICA CENTRAL
DE PANAMA
Lima
Nitratos
Cobre
PACÍFICO
Valparaíso
Santiago
Chile
ESTRECHO DE MAGALLANES
Montevideo
Río de Janeiro
Bahía ó S.Salvador
Pernambuco ó Recife
Café
OCÉANO
ATLÁNTICO
ÁFRICA
Ecuador

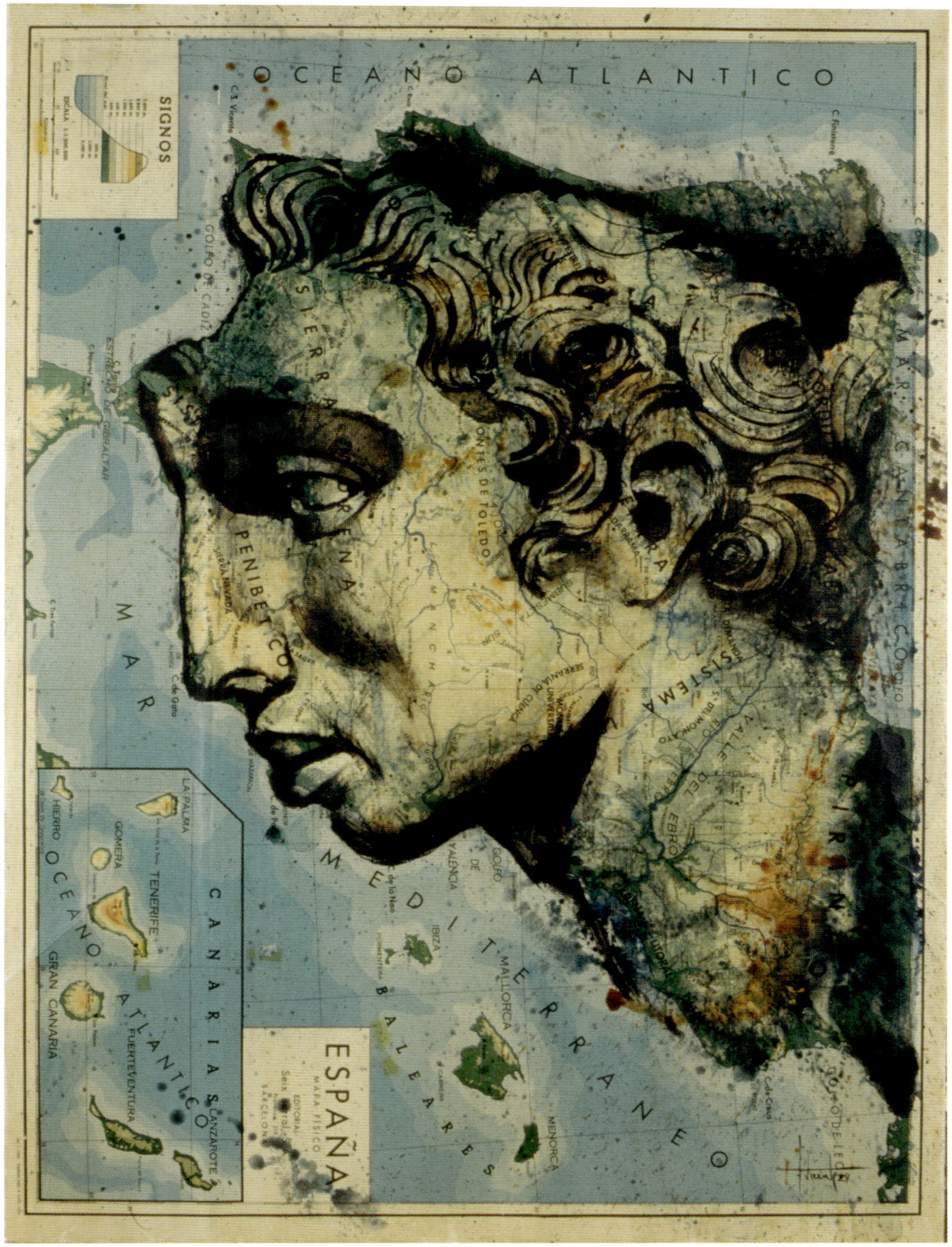

Greyhound (2004), 117.5 × 97.5cm ‹‹—
Penibético (2004), 115 × 85.5cm
Acrylic on canvas glued to maps
Acrilico sobre mapas encolados a lienzo

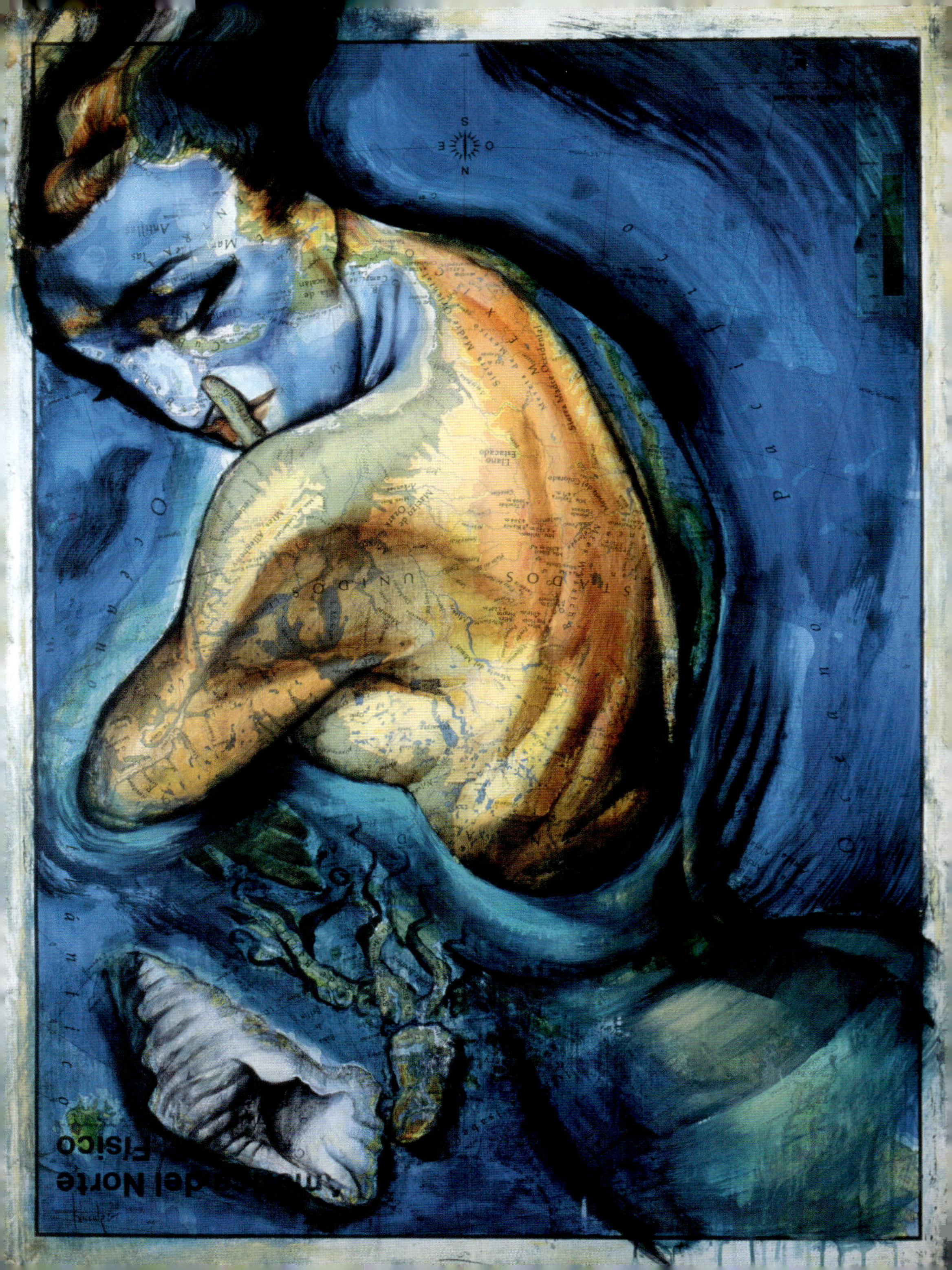

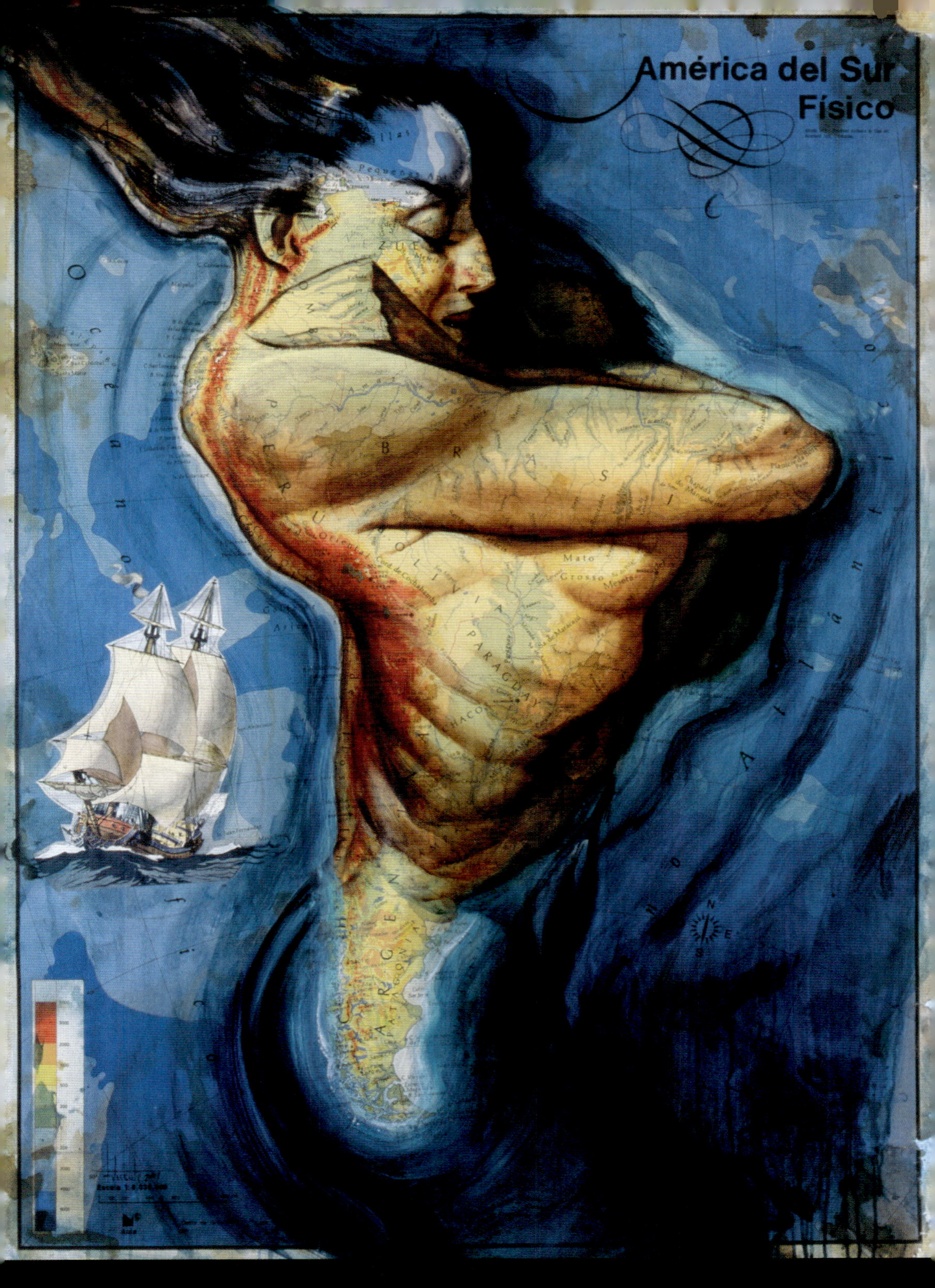

Bañista América del Sur (2004), 116 × 93.5cm
Acrylic on canvas glued to maps
Acrílico sobre mapas encolados a lienzo

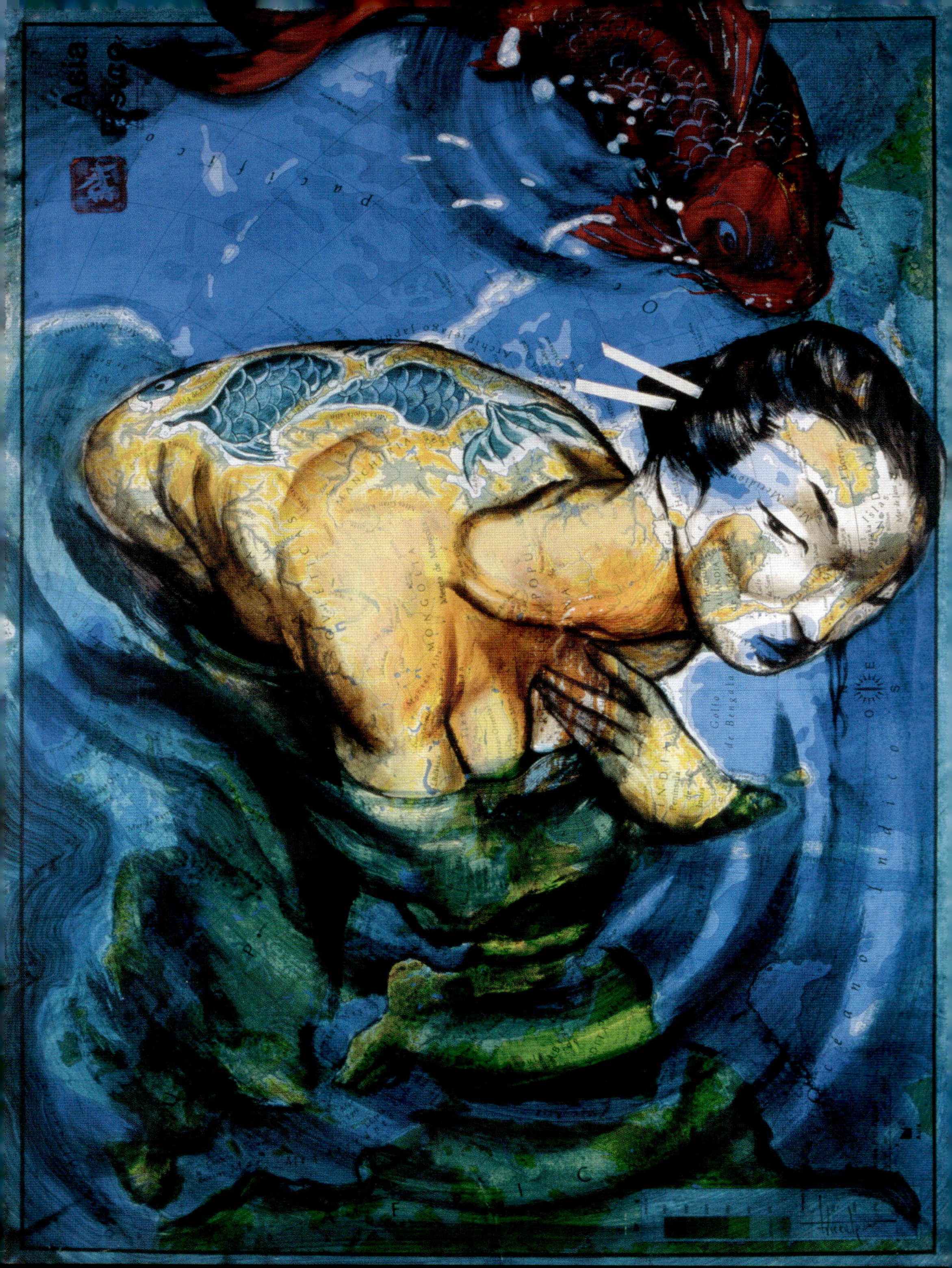

Bañista Geisha (2004), 116 × 93.5cm
Bañista Continente Americano (2004), 116 × 93.5cm —»
Acrylic on canvas glued to maps
Acrílico sobre mapas encolados a lienzo

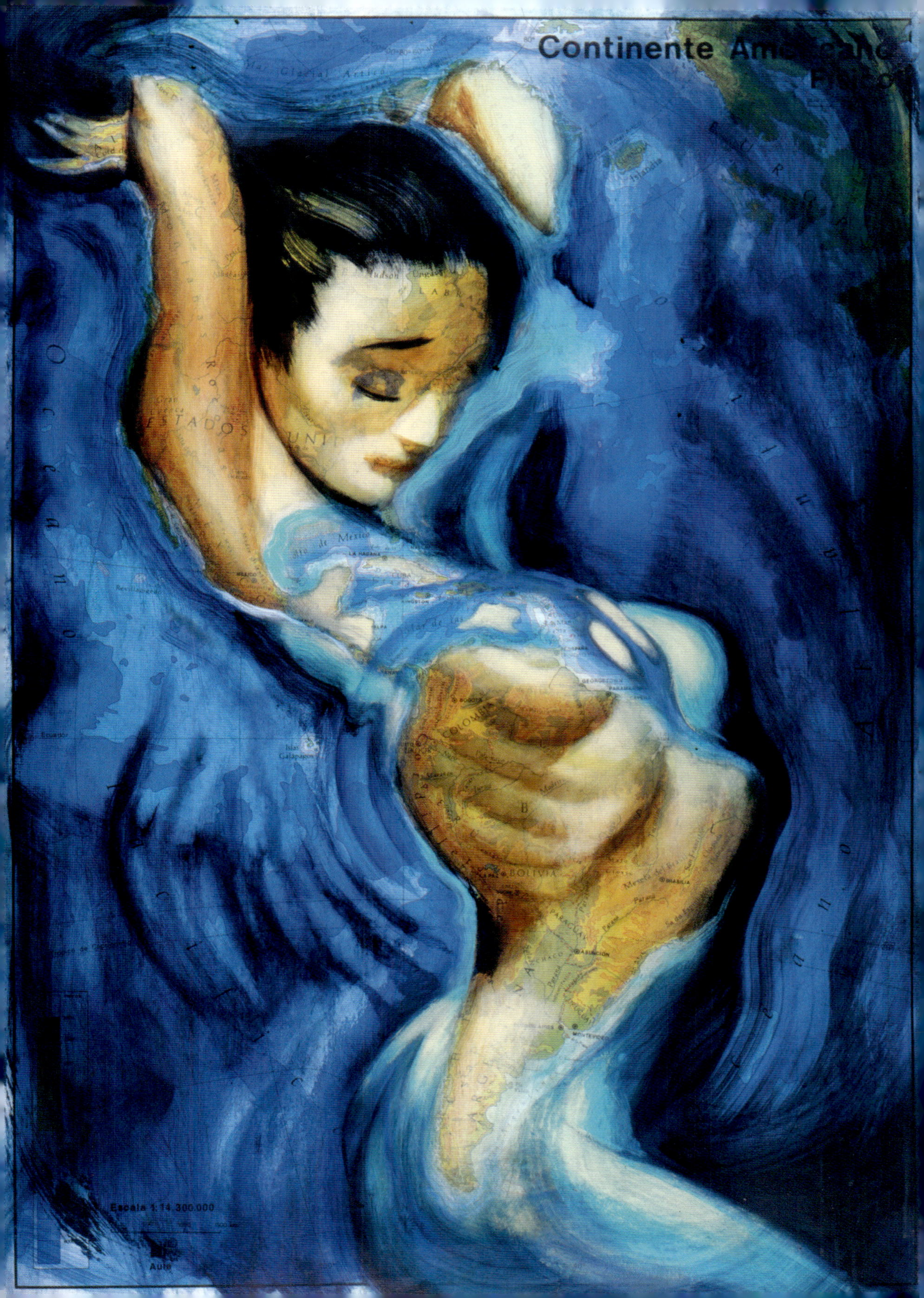
Continente
Escala 1:14.300.000
COLOMBIA
BOLIVIA

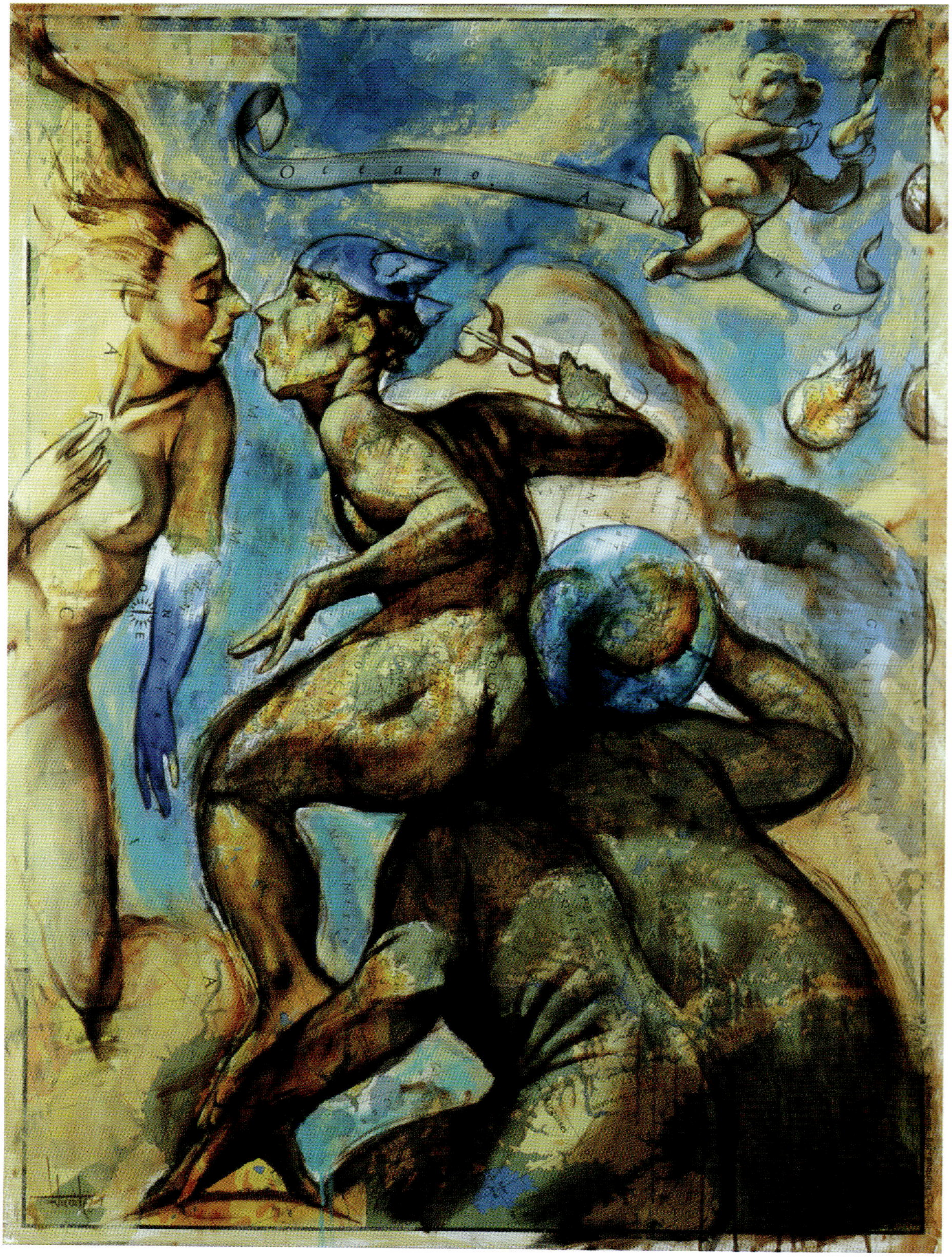

Rapto de Europa (2004), 132 × 97cm
Holbein (2004), 116 × 93.5cm —»
Acrylic on canvas glued to maps
Acrílico sobre mapas encolados a lienzo

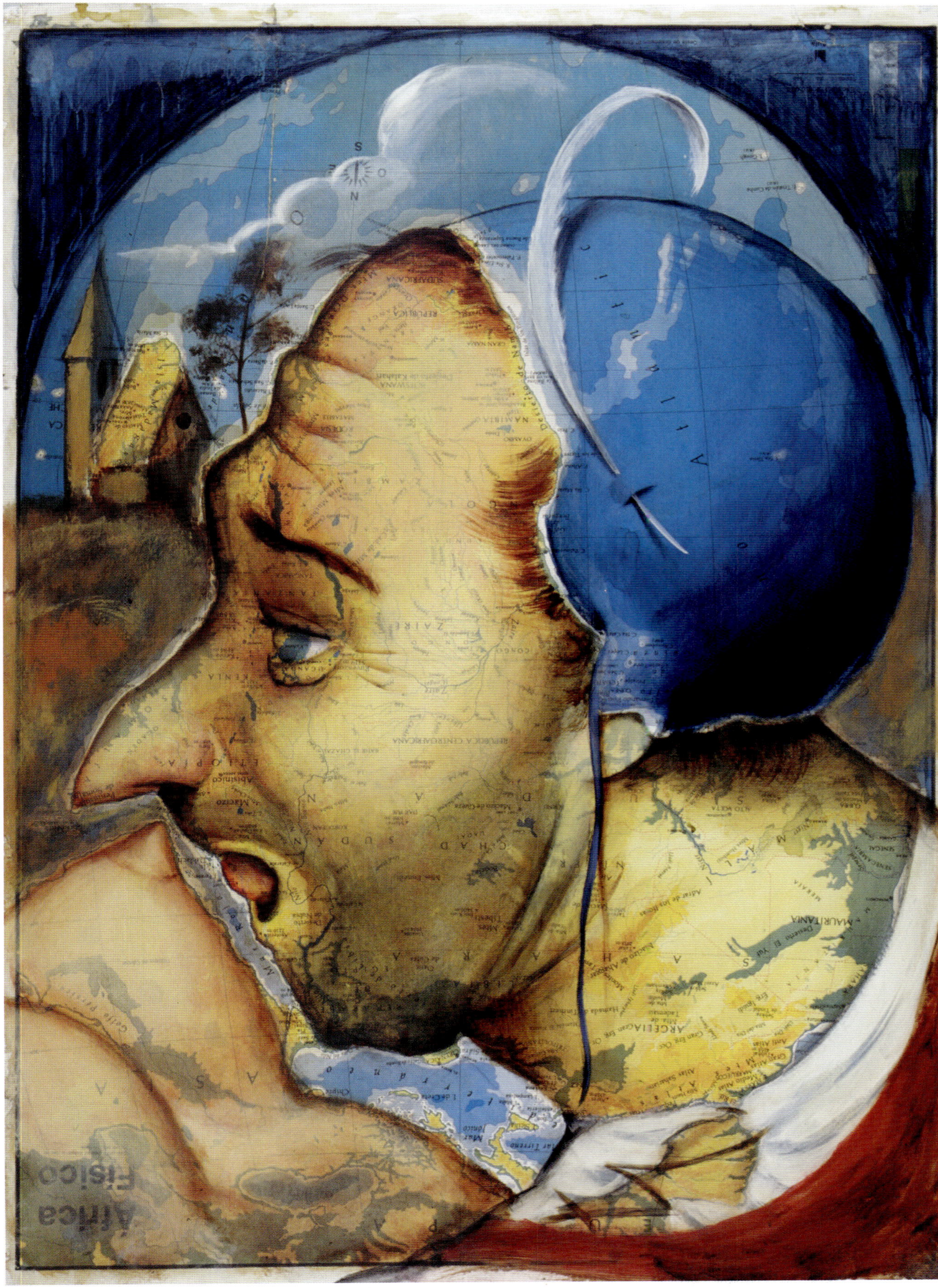

64

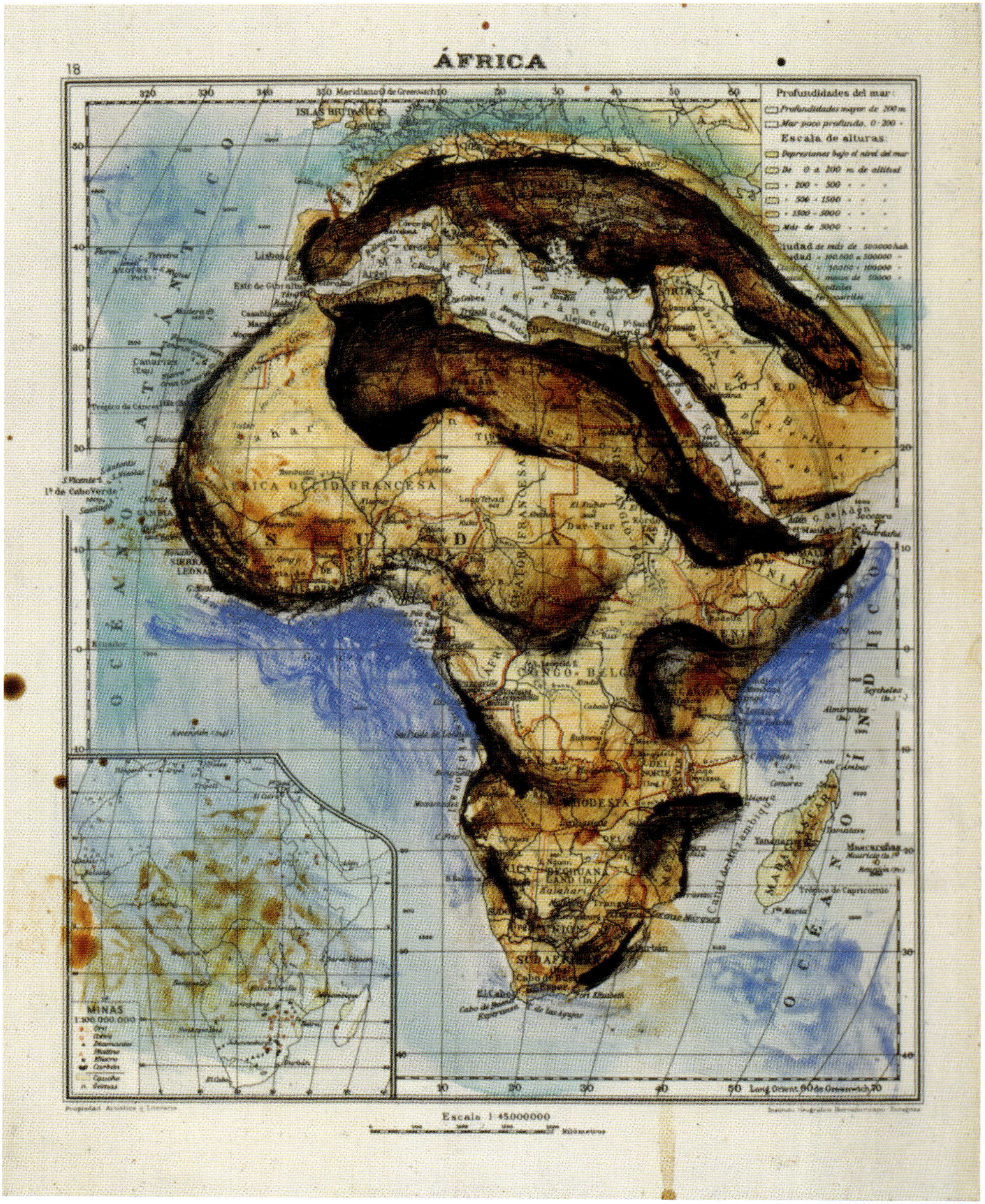

África cabeza pequeña (2004), 30 × 24cm
Acrylic on canvas glued to maps
Acrílico sobre mapas encolados a lienzo

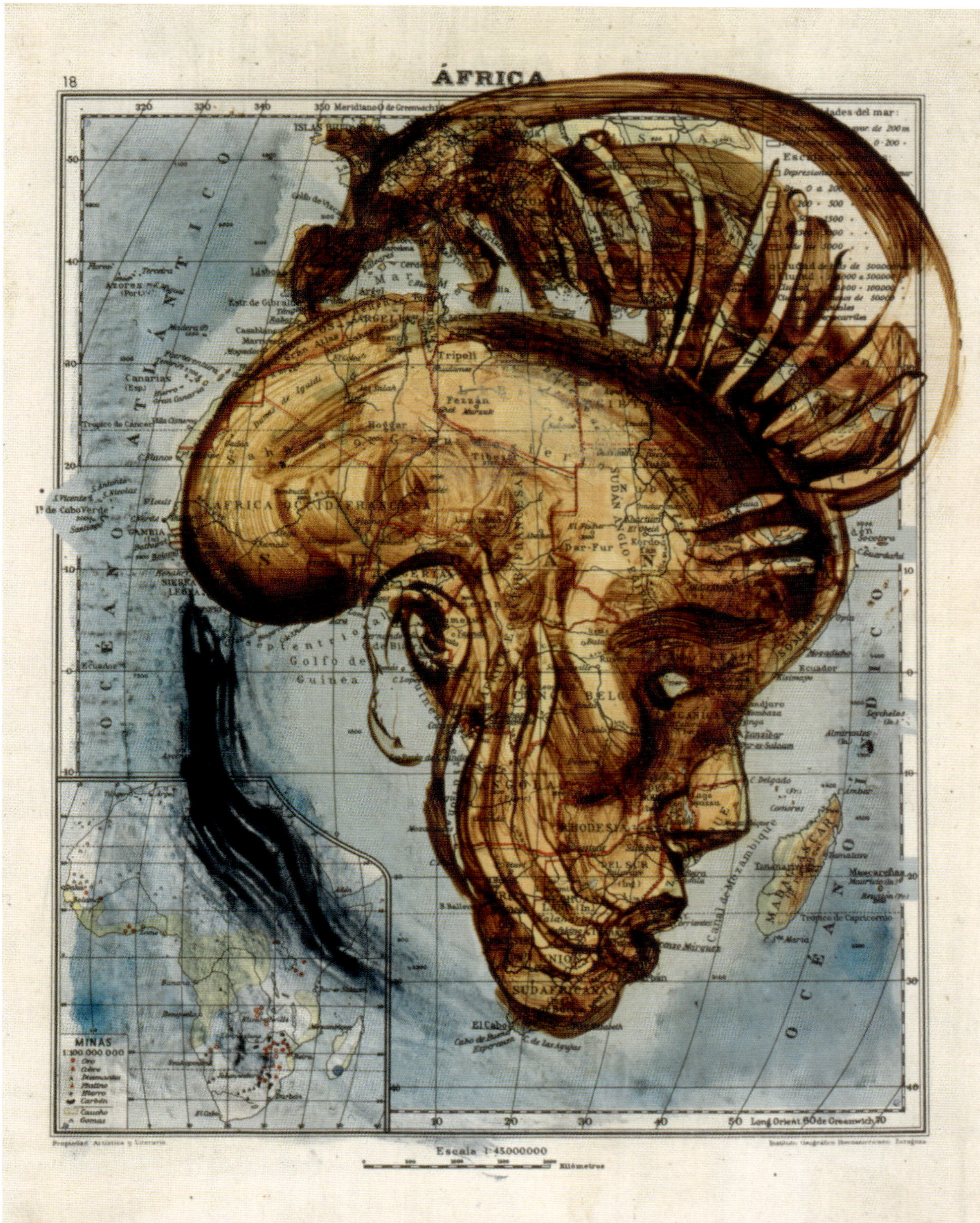

África máscara (2004), 30 × 24cm
Acrylic on canvas glued to maps
Acrílico sobre mapas encolados a lienzo

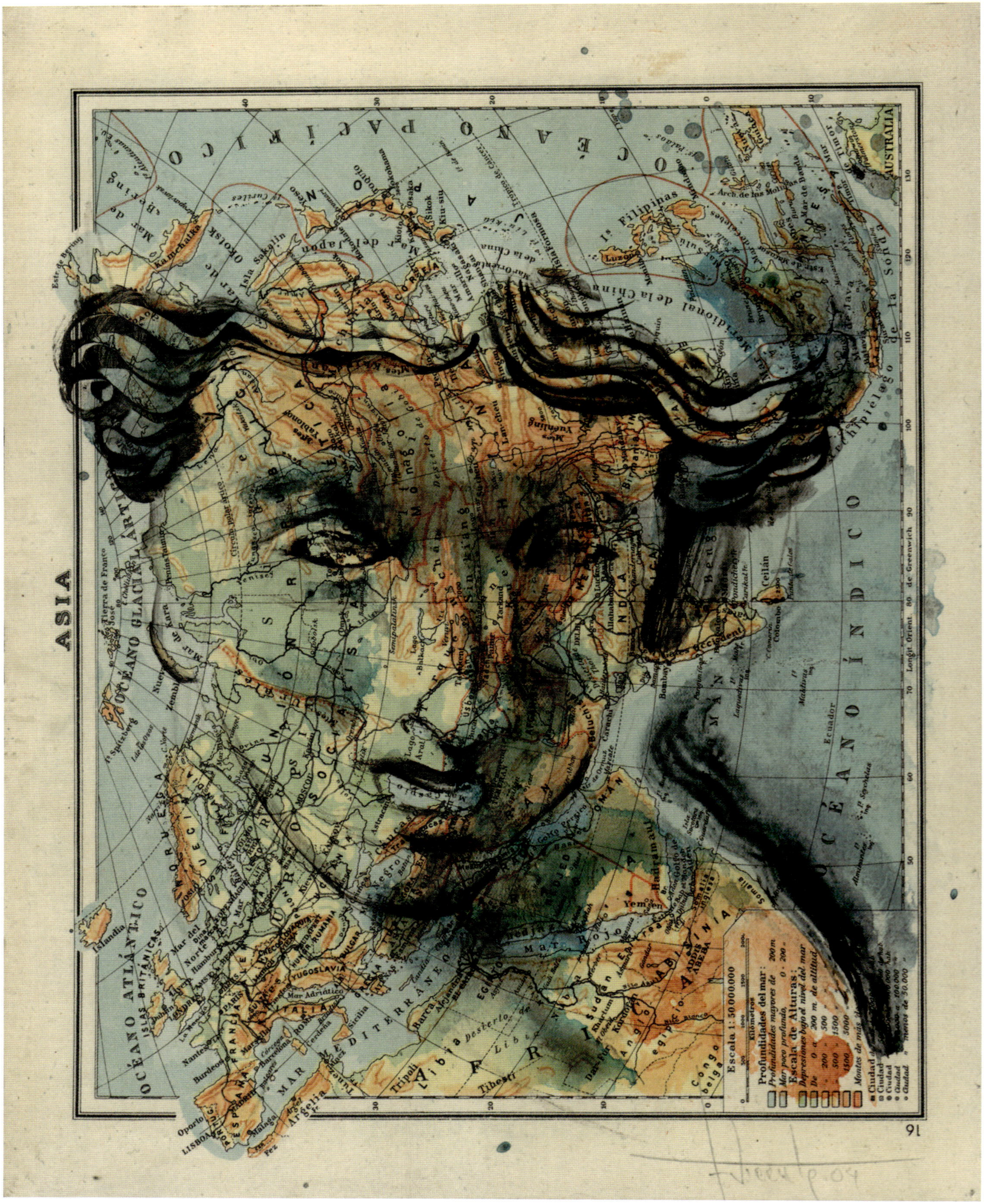
ASIA

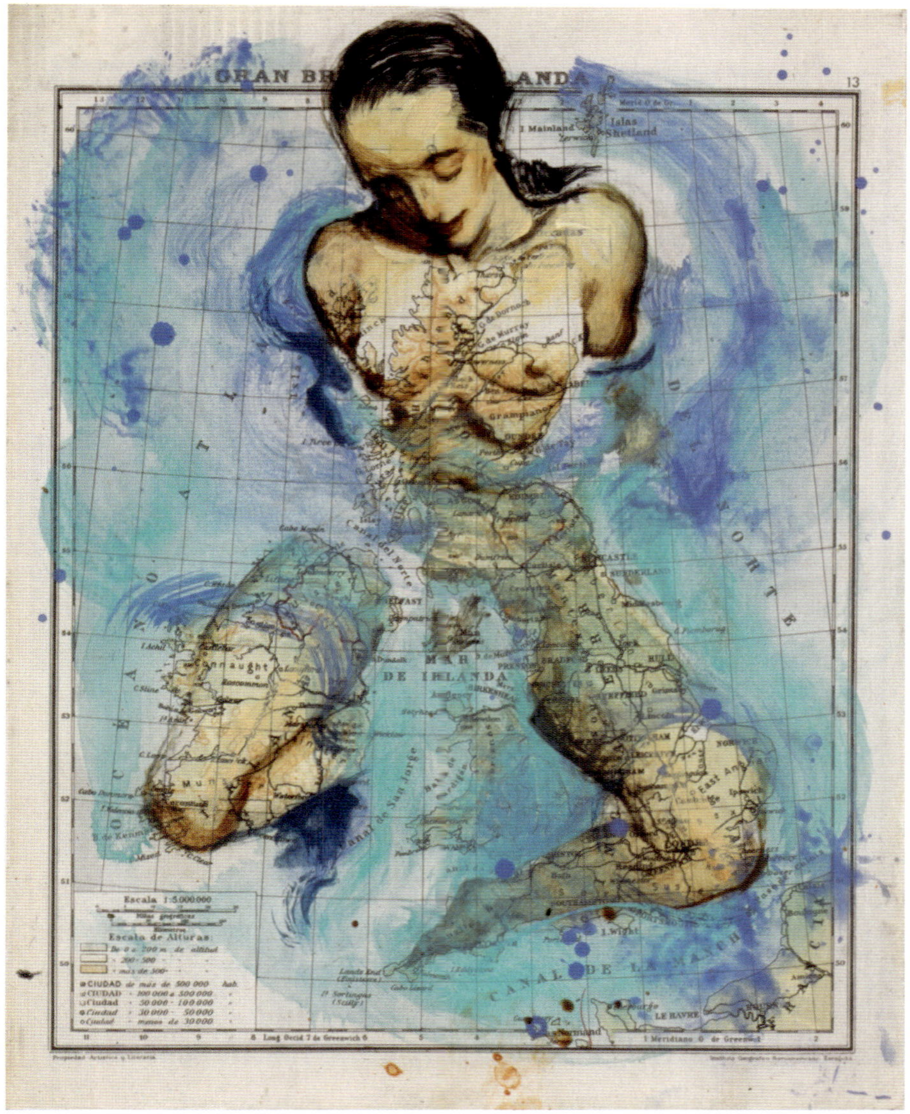

Afrodita pequeño (2004), 30 × 24cm ‹‹—
Baño Británico (2004), 61 × 49cm
Acrylic on canvas glued to maps
Acrílico sobre mapas encolados a lienzo

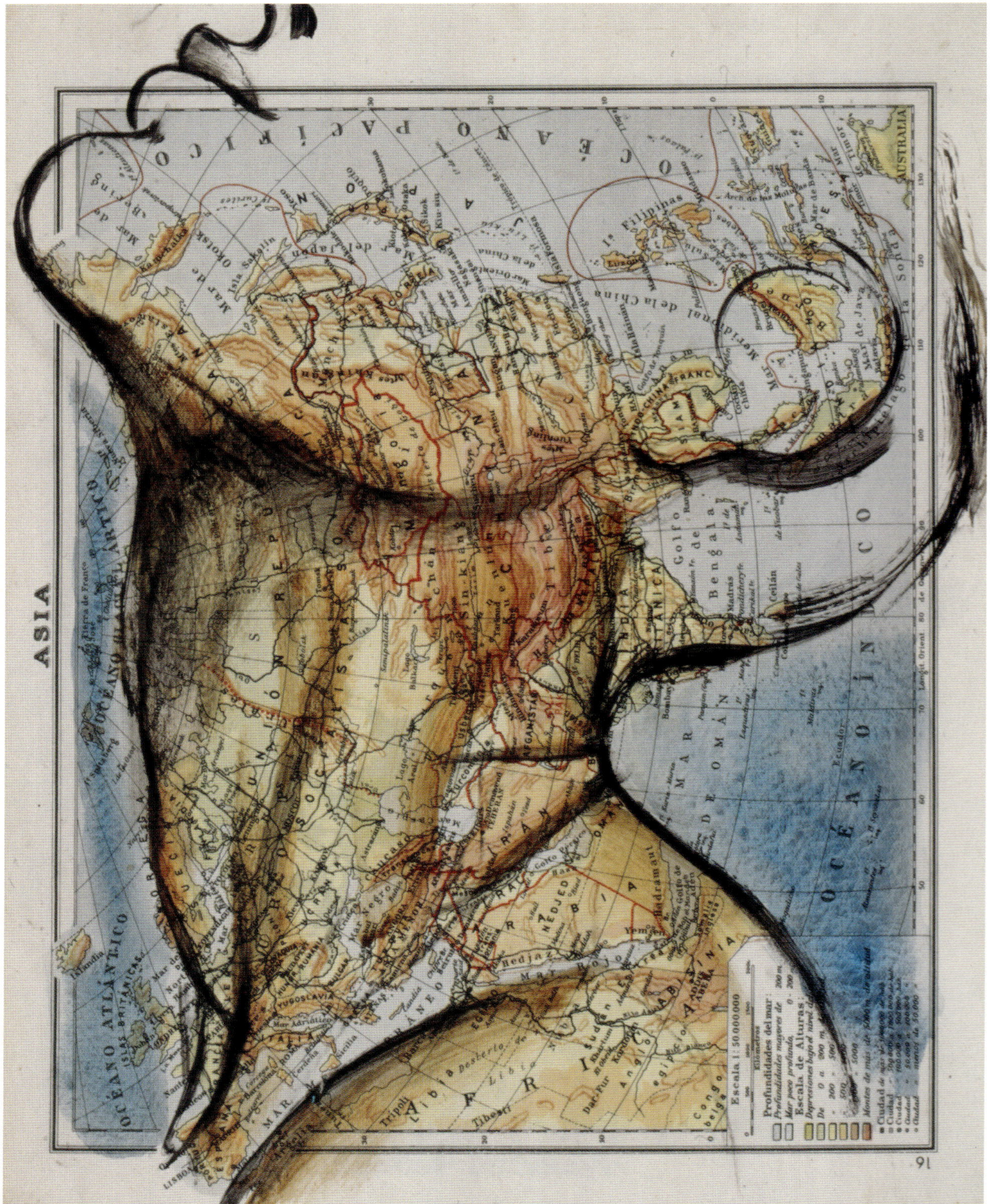

Boceto éxtasis (2004), 30 × 24cm
Caballito de mar (2004), 36 × 27cm —›
Acrylic on canvas glued to maps
Acrílico sobre mapas encolados a lienzo

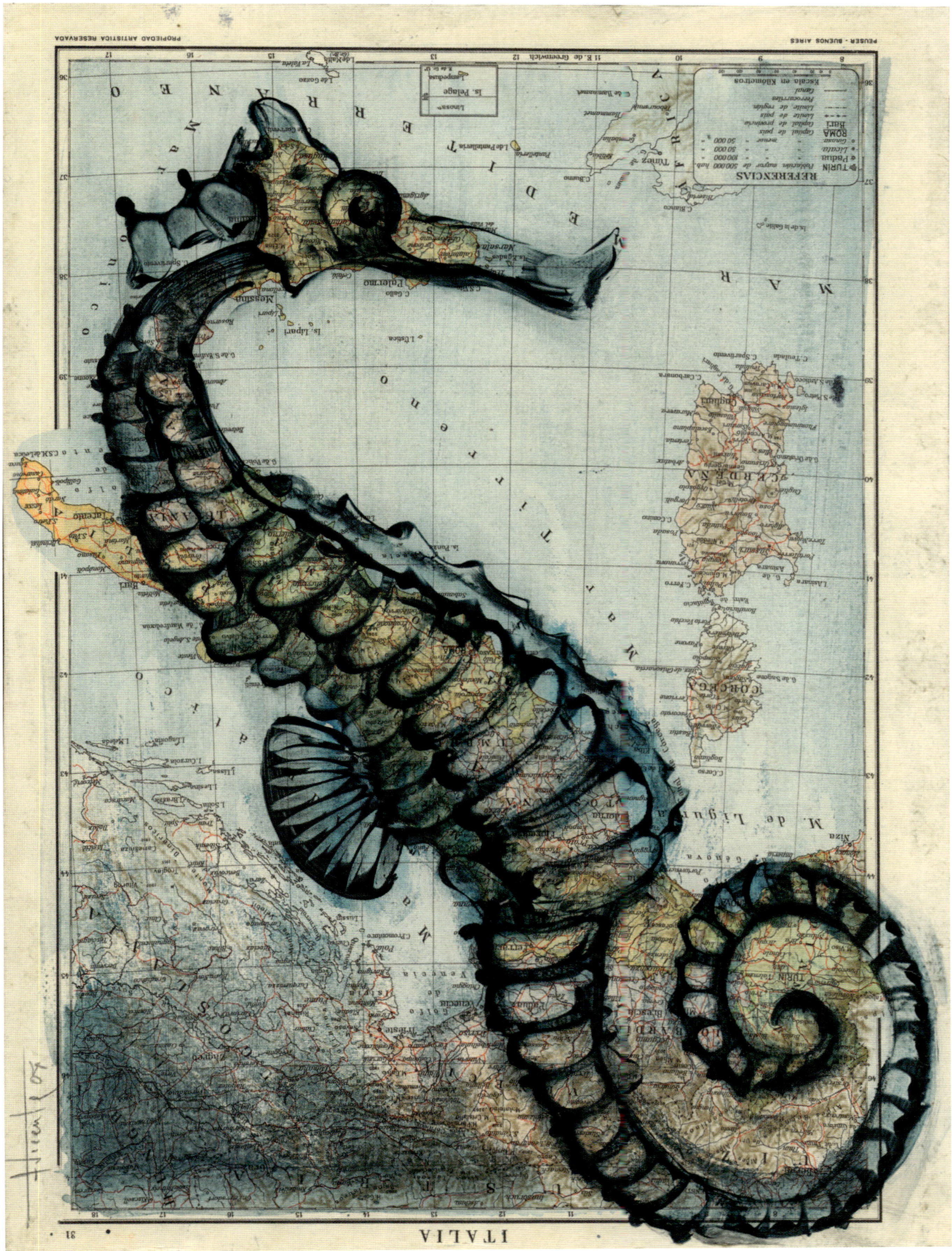

PROPIEDAD ARTISTICA RESERVADA
PEUSER - BUENOS AIRES
REFERENCIAS
ITALIA

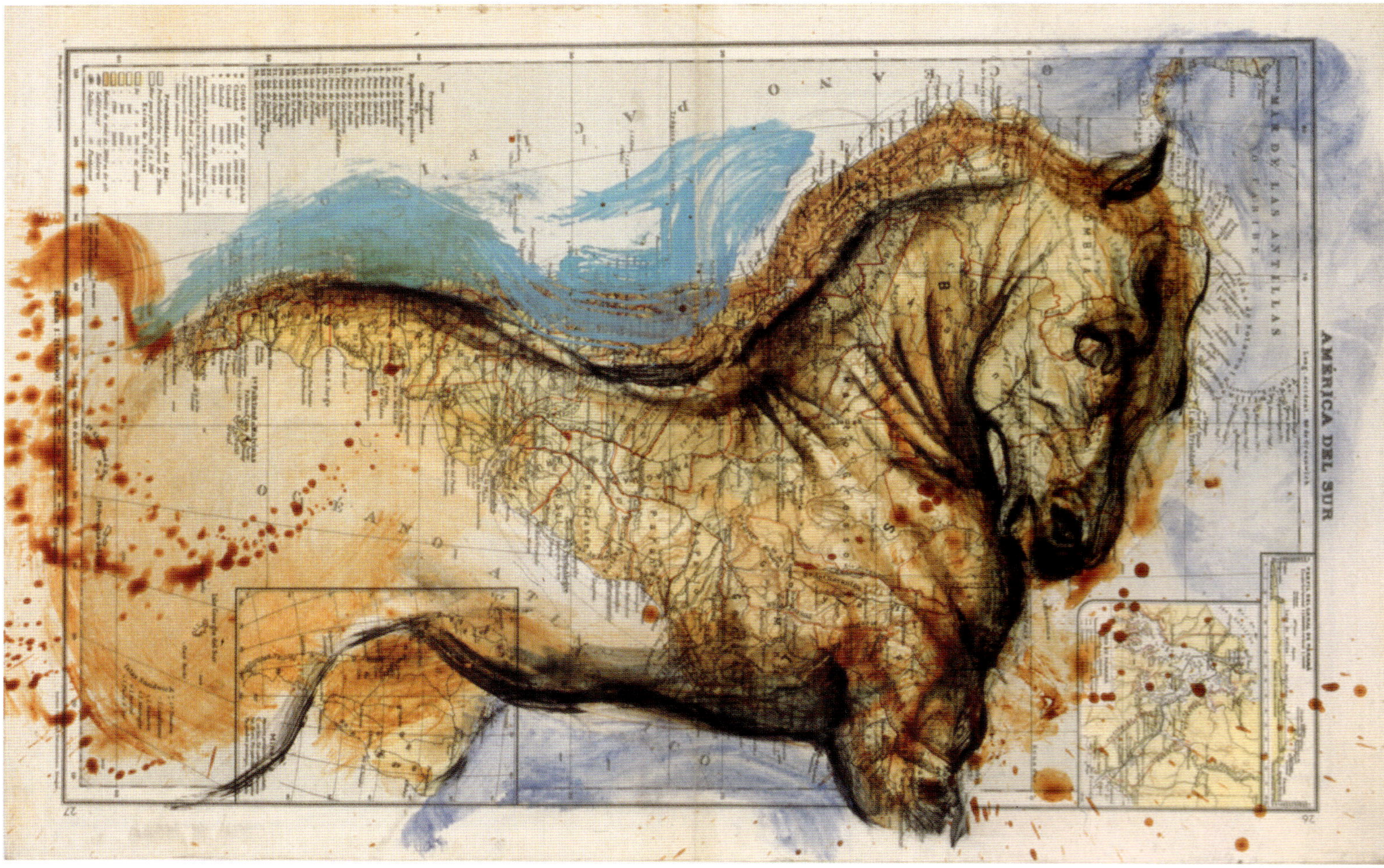

Caballo (2004), 30 × 49cm
Cocodrilos (2004), 27 × 36cm —››
Acrylic on canvas glued to maps
Acrílico sobre mapas encolados a lienzo

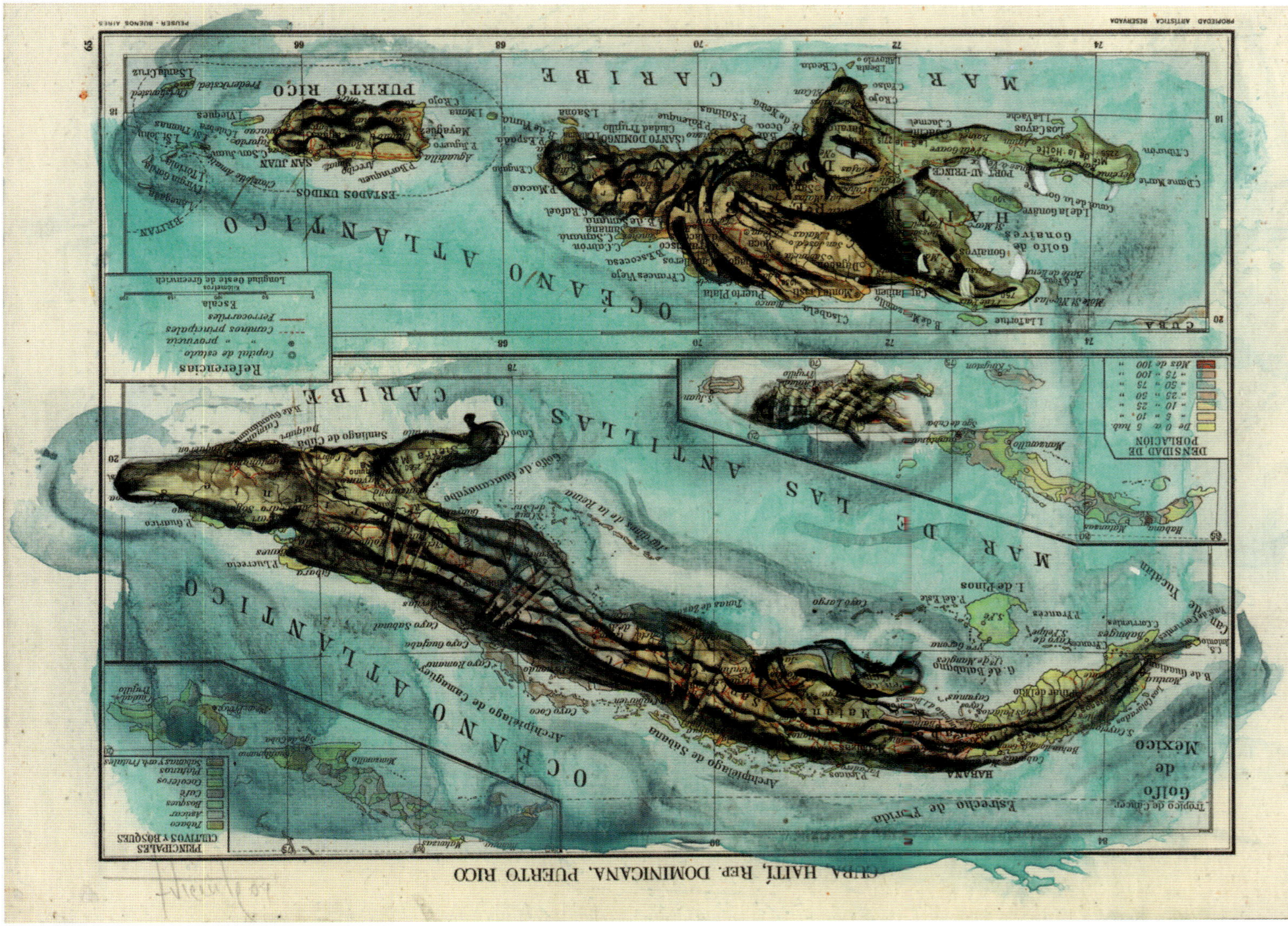
CUBA, HAITÍ, REP. DOMINICANA, PUERTO RICO

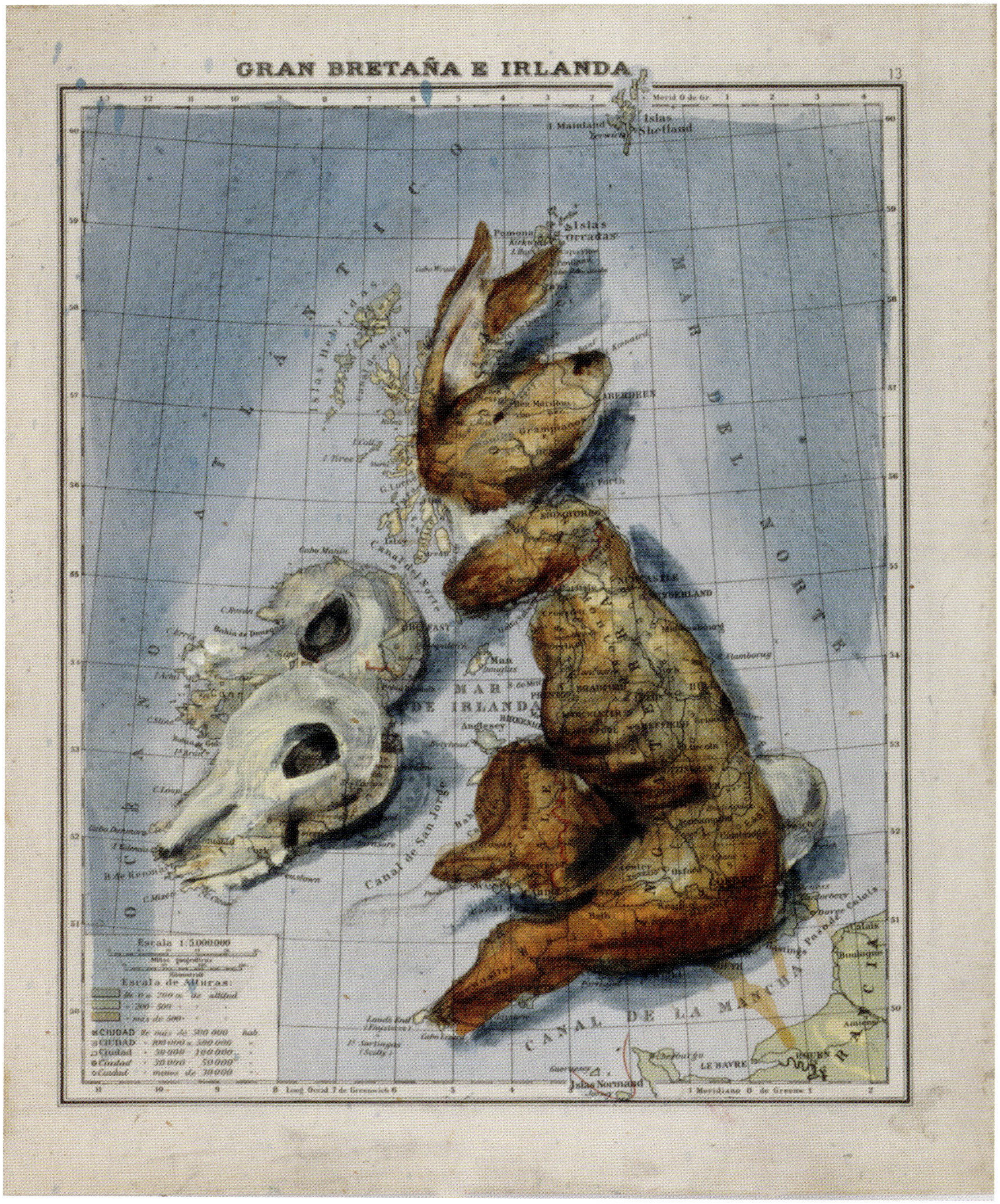

Conejo (2004), 30 × 24cm
Dolphin (2004), 36 × 27cm —›
Acrylic on canvas glued to maps
Acrílico sobre mapas encolados a lienzo

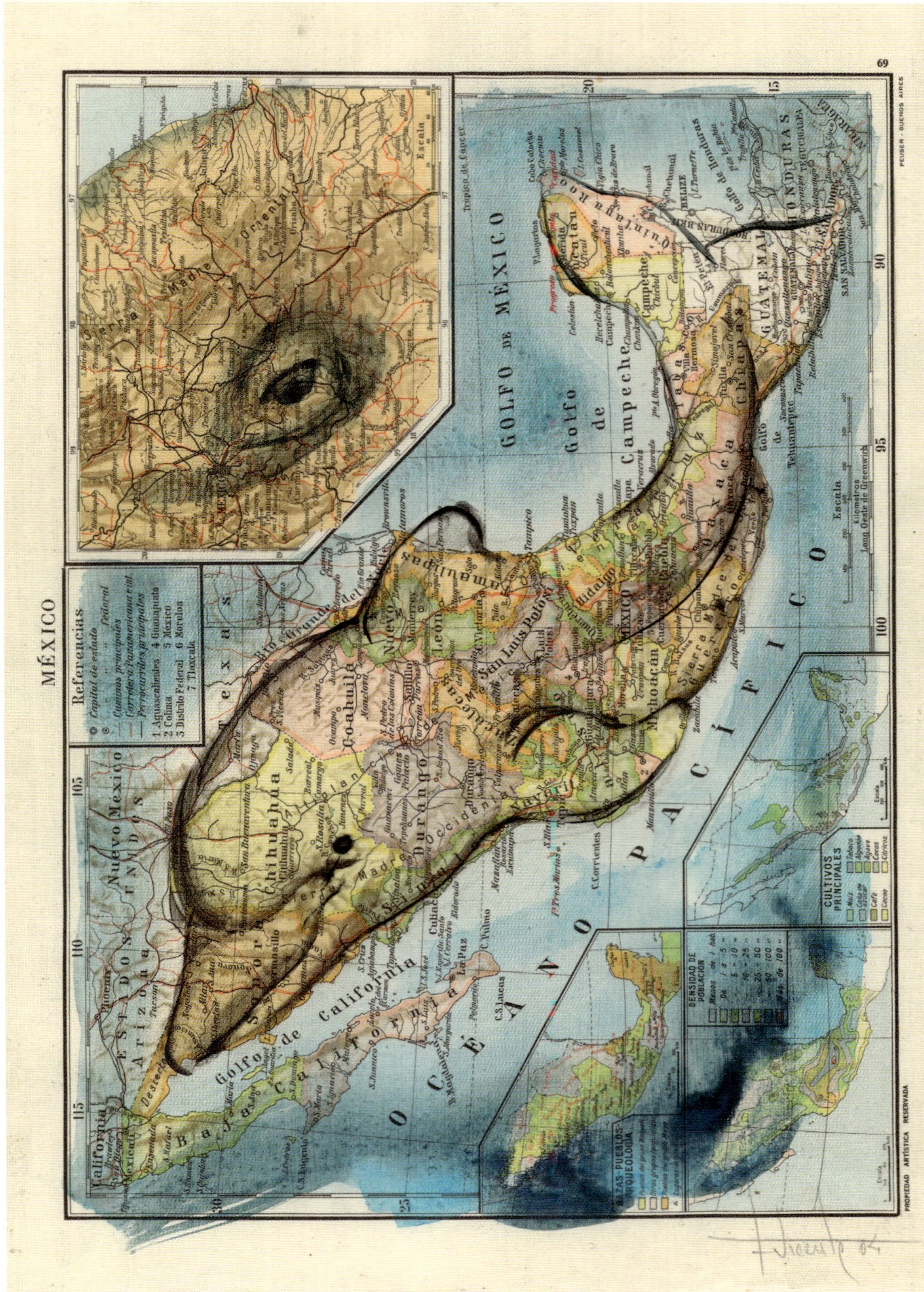
69
MÉXICO
GOLFO DE MÉXICO
Golfo de Campeche
Golfo de California
OCÉANO PACÍFICO
PEUSER - BUENOS AIRES
PROPIEDAD ARTÍSTICA RESERVADA

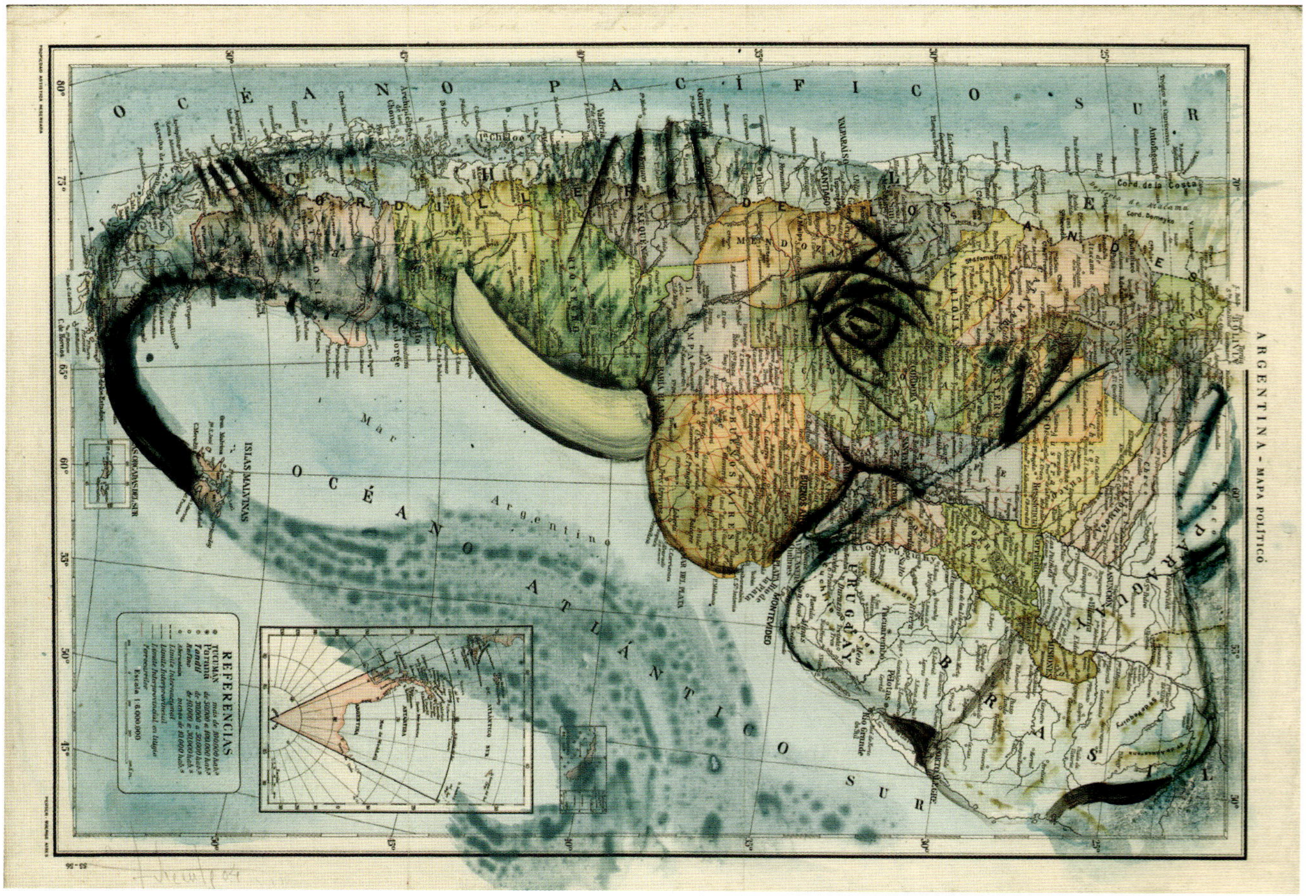

Elephant (2004), 37 × 53cm
Gallo (2004), 30 × 24cm —››
Acrylic on canvas glued to maps
Acrílico sobre mapas encolados a lienzo

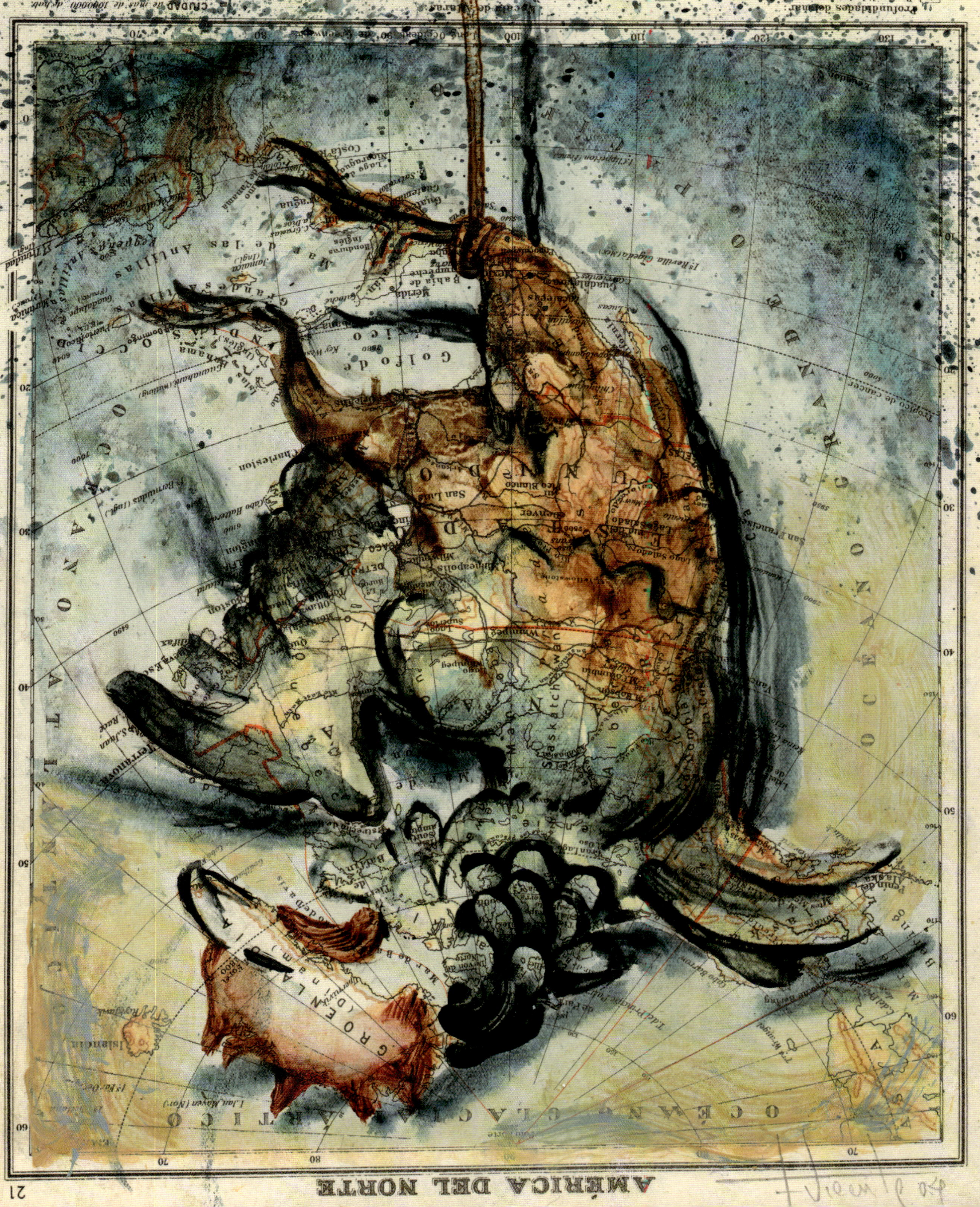
AMÉRICA DEL NORTE
21

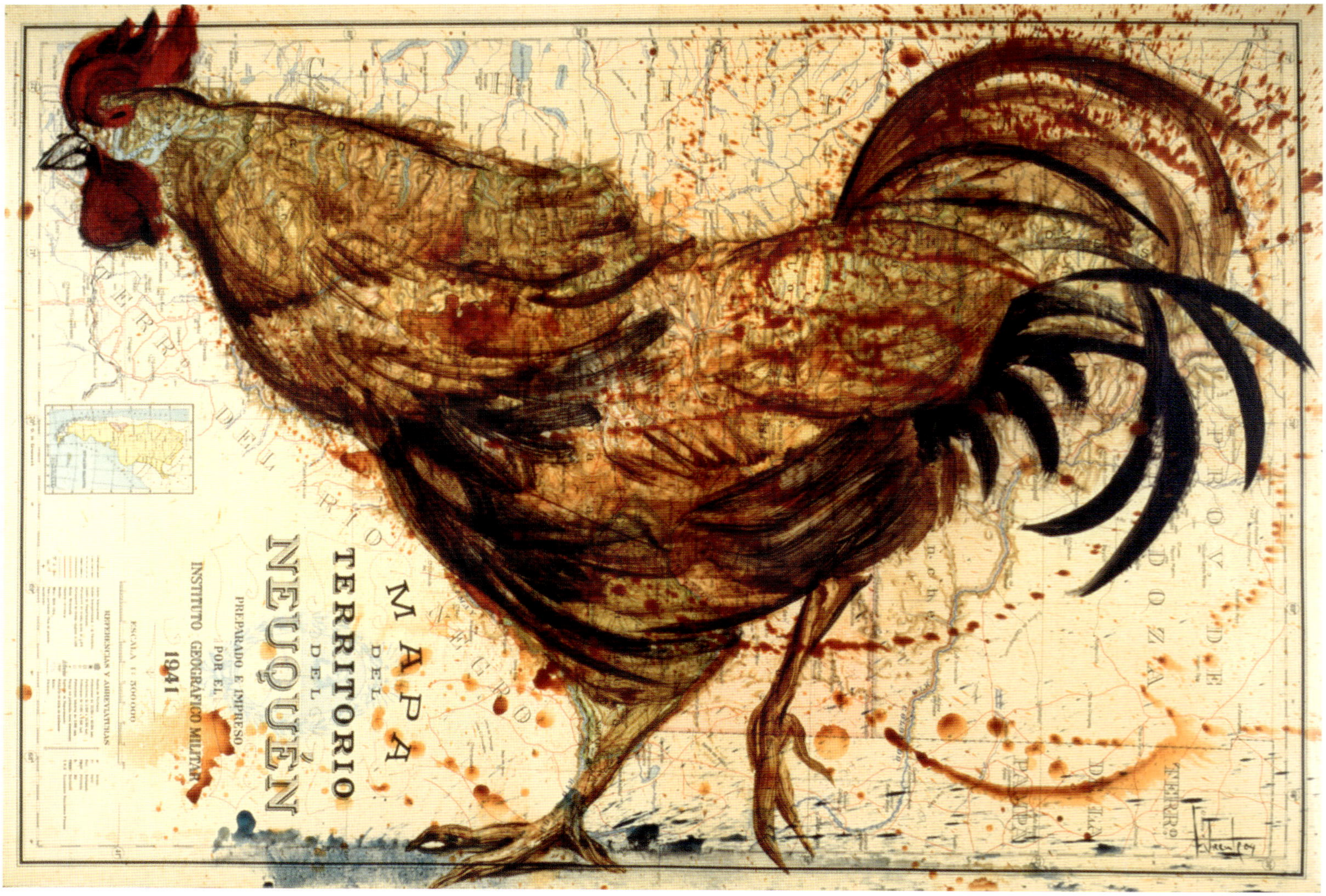

Gallo Territoria Neuquén (2004), 88 × 130cm
Jabalí (2004), 27 × 36cm —›
Acrylic on canvas glued to maps
Acrílico sobre mapas encolados a lienzo

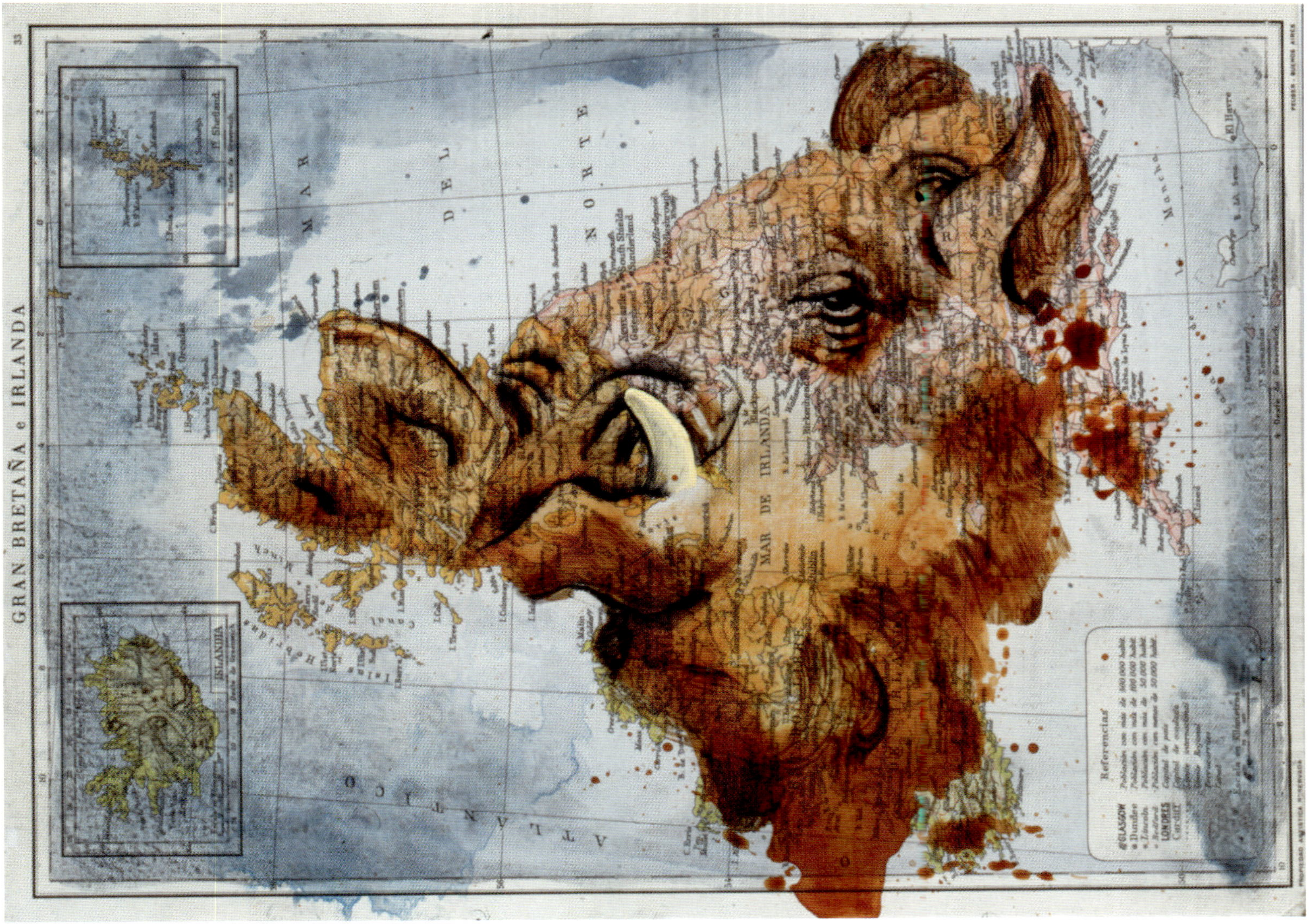
GRAN BRETAÑA e IRLANDA
MAR DEL NORTE
MAR DE IRLANDA
ATLANTICO
ISLANDIA
Referencias

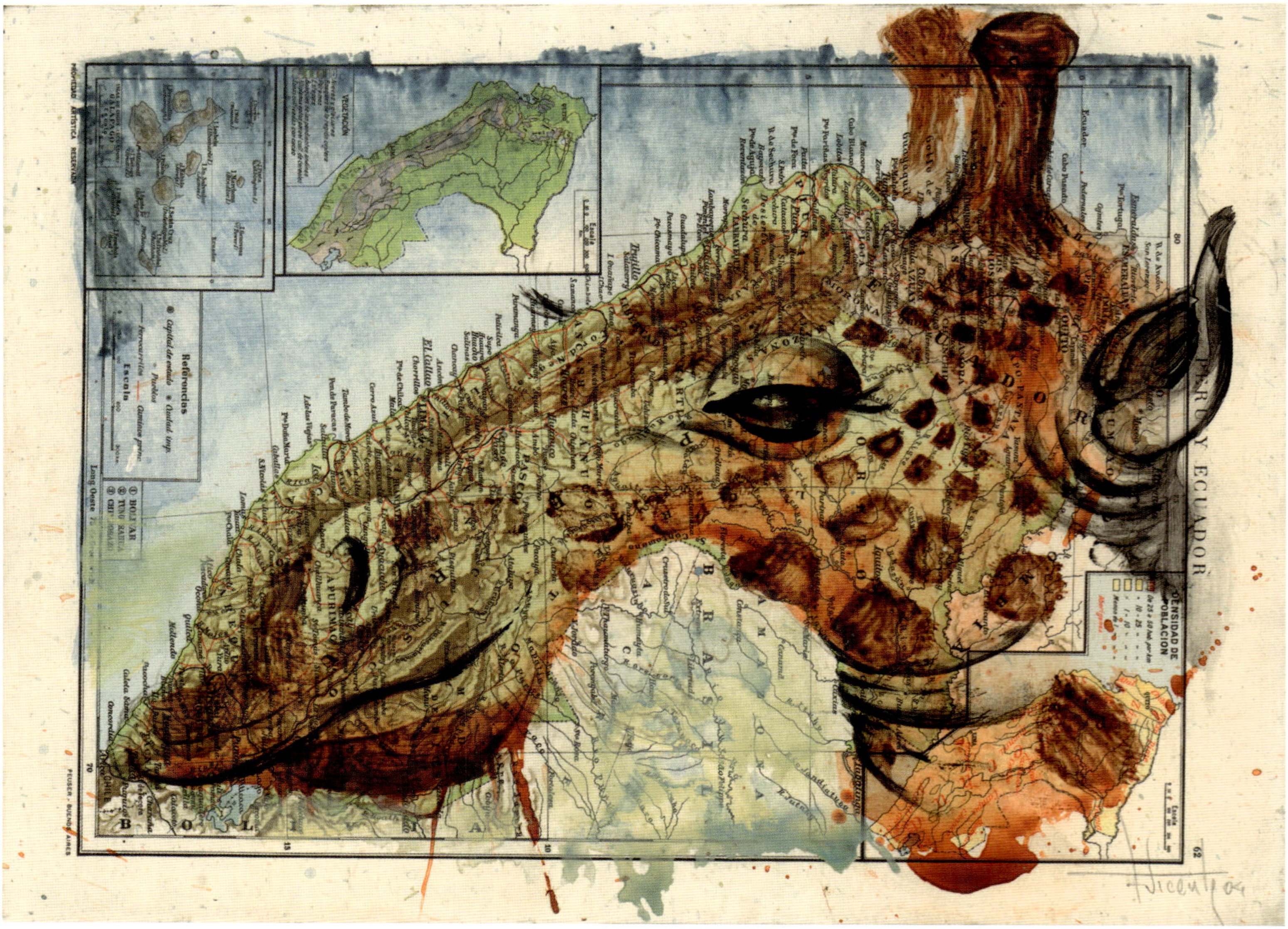

Jirafa (2004), 27 × 36cm
Mono (2004), 36 × 27cm —››
Acrylic on canvas glued to maps
Acrílico sobre mapas encolados a lienzo

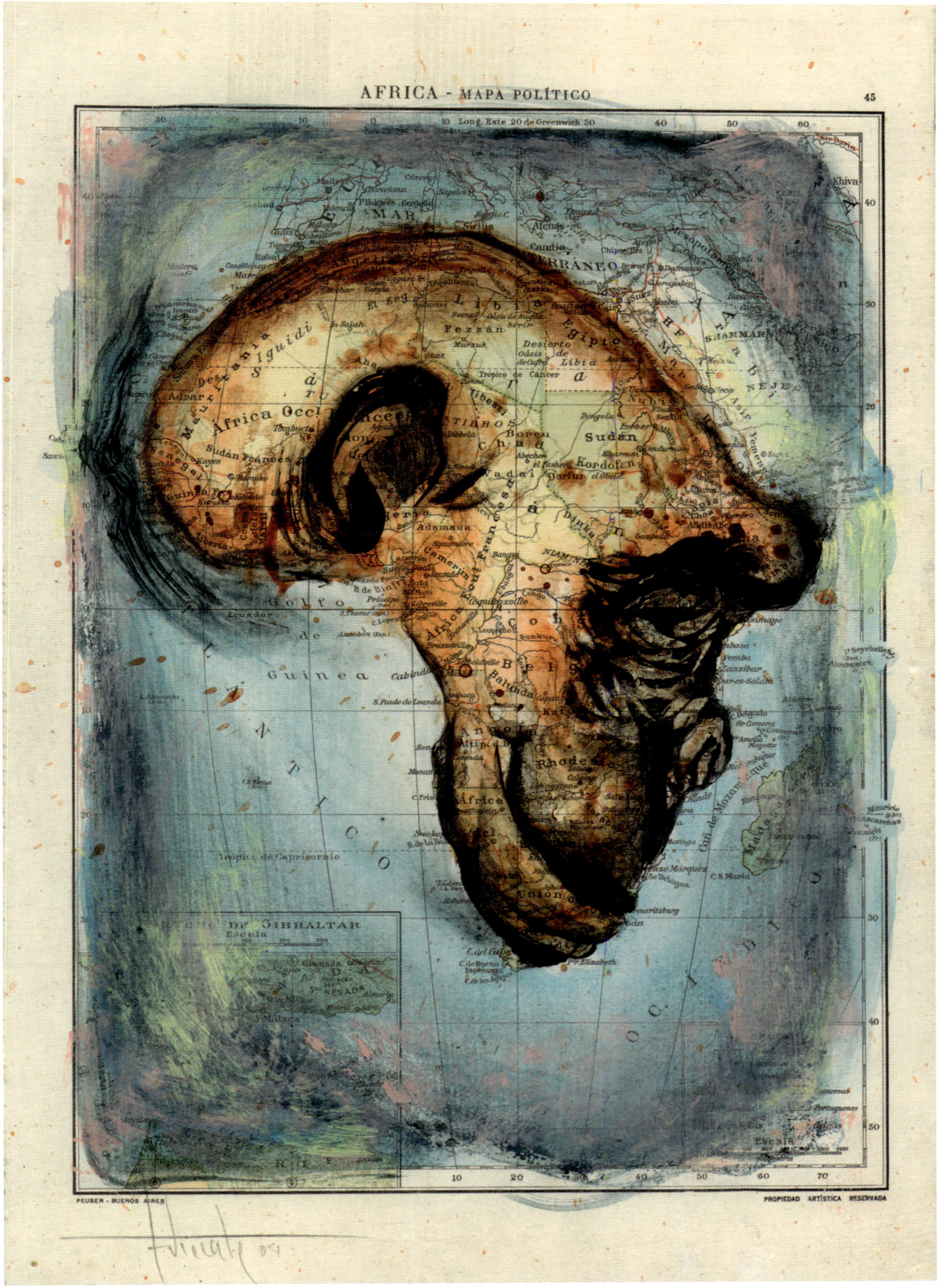
AFRICA - MAPA POLÍTICO
PEUSER - BUENOS AIRES
PROPIEDAD ARTÍSTICA RESERVADA

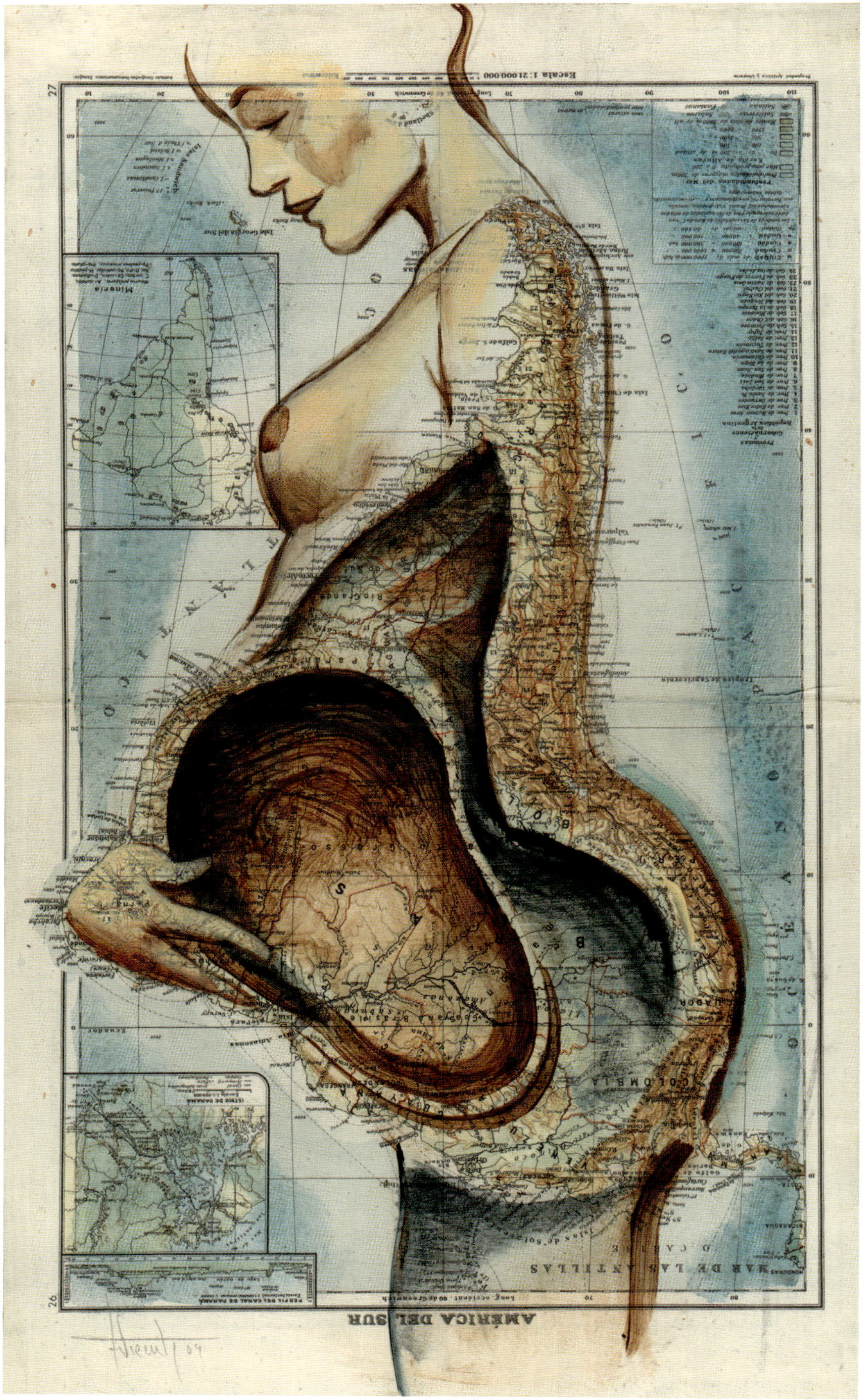
AMÉRICA DEL SUR
MAR DE LAS ANTILLAS
COLOMBIA
Escala 1:21000000

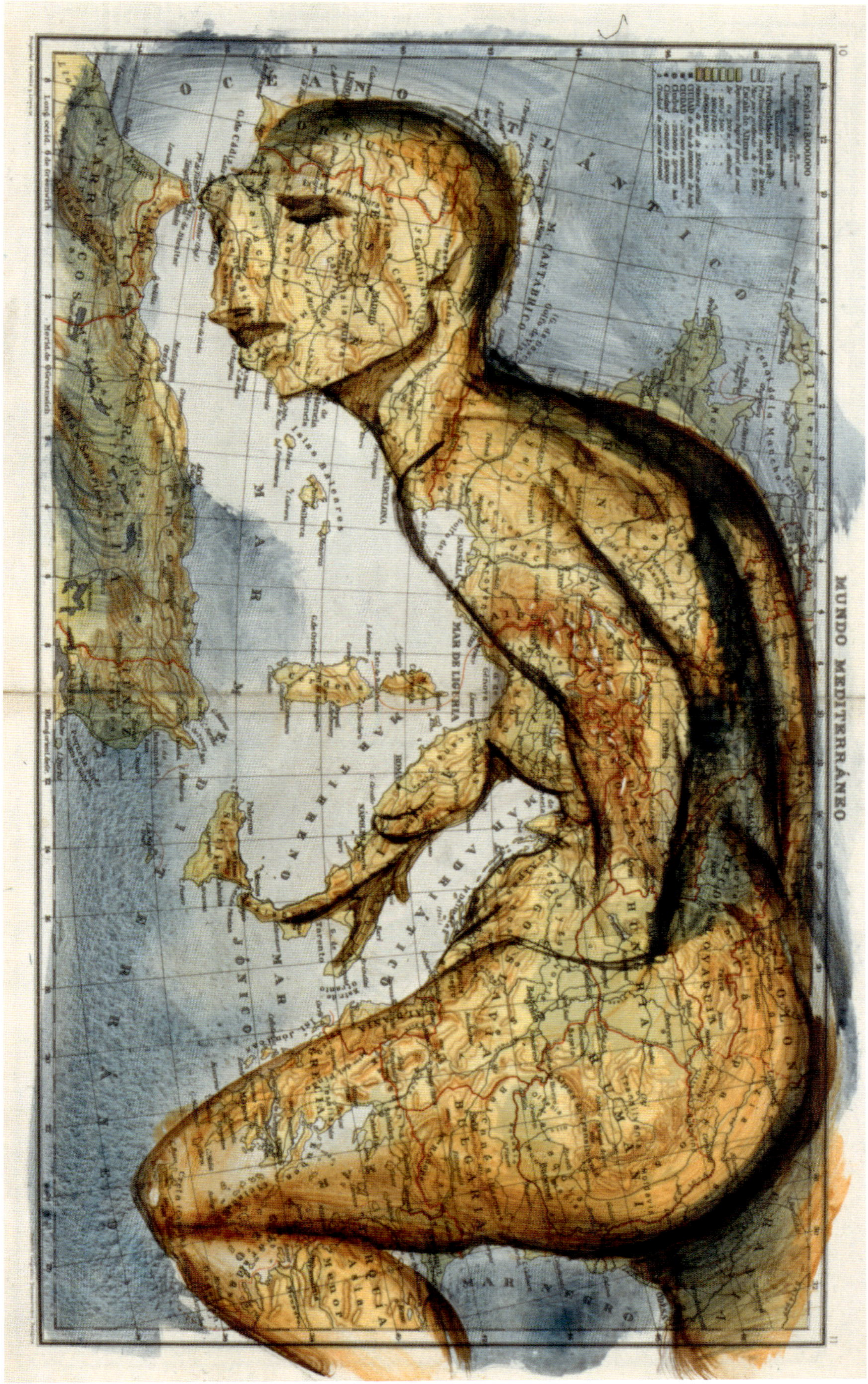

Mother Earth (2004), 50 × 30cm ‹‹—
Mundo Mediterraneo (2004), 50 × 30cm
Acrylic on canvas glued to maps
Acrílico sobre mapas encolados a lienzo

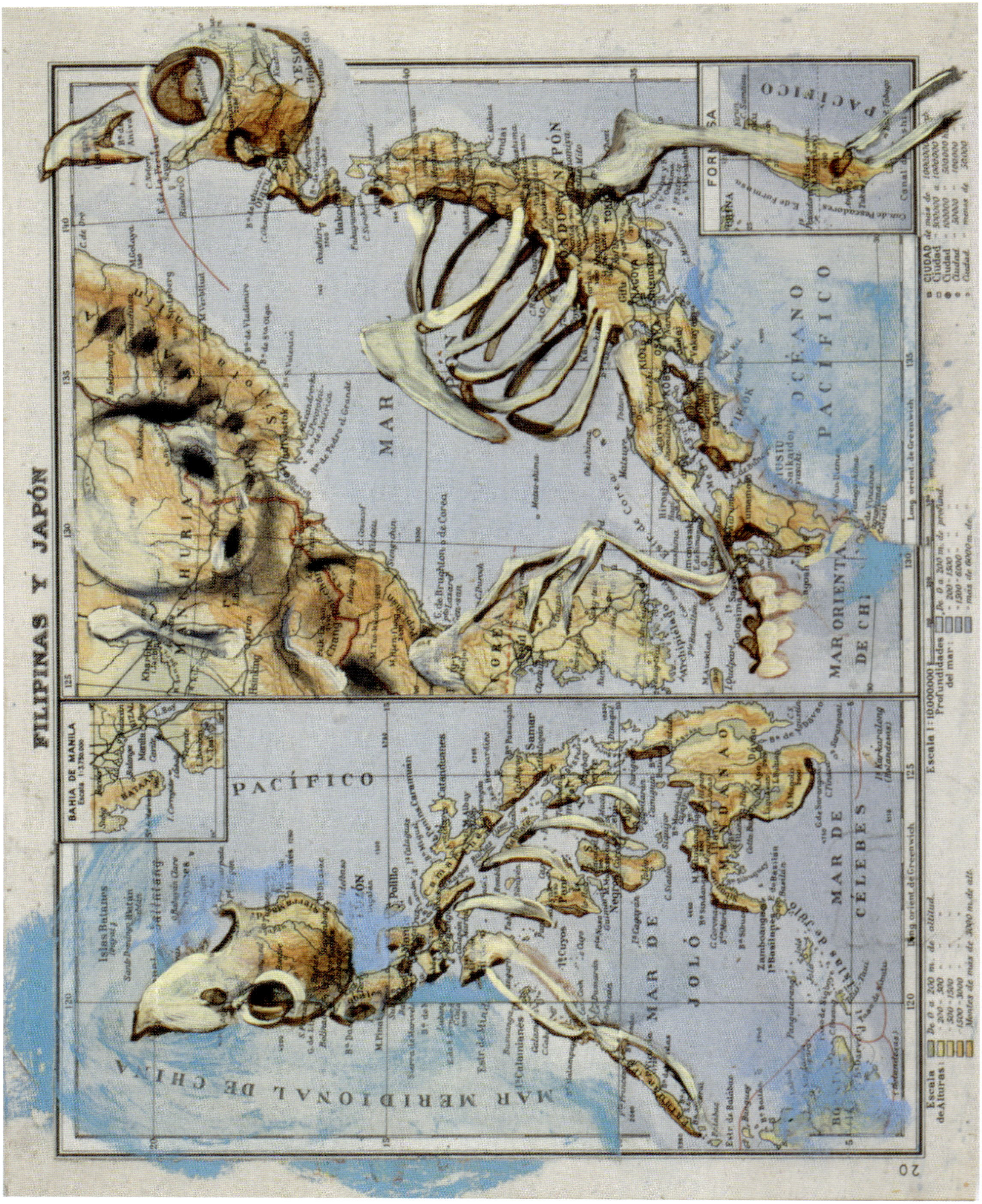
FILIPINAS Y JAPÓN
PACÍFICO
MAR MERIDIONAL DE CHINA
MAR DE JOLÓ
MAR DE CÉLEBES
MAR ORIENTAL DE CHINA
OCÉANO PACÍFICO
MAR
FORMOSA
BAHIA DE MANILA
20

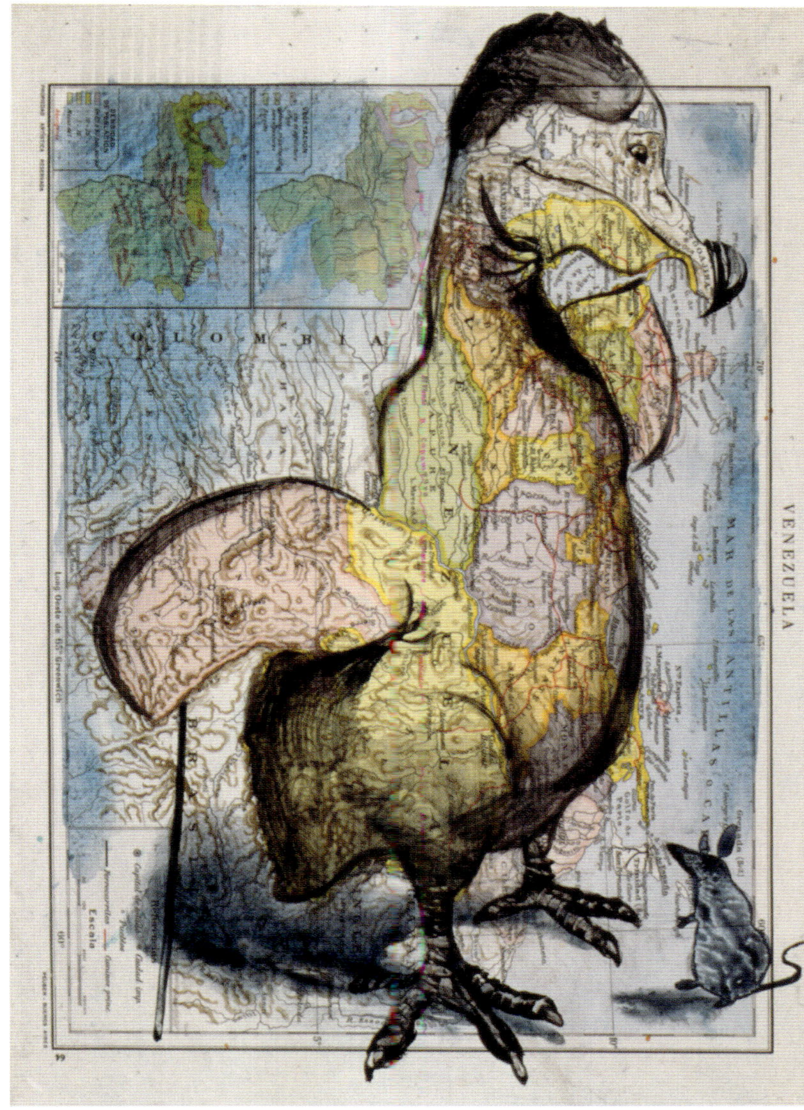

Pajaritos (2004), 36 × 27cm ‹‹—
Pajaro Dodo (2004), 36 × 27cm
Acrylic on canvas glued to maps
Acrílico sobre mapas encolados a lienzo

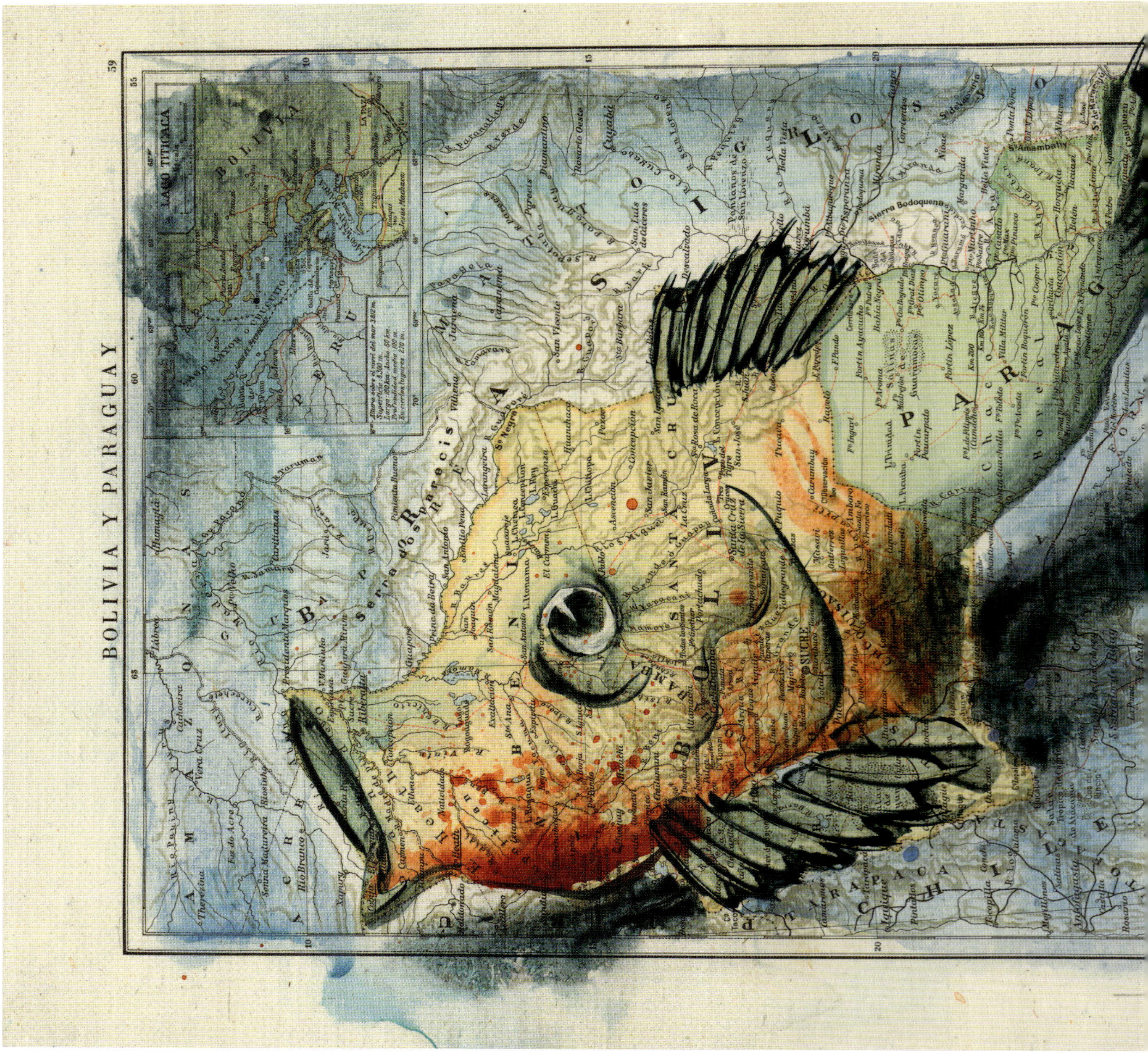
BOLIVIA Y PARAGUAY

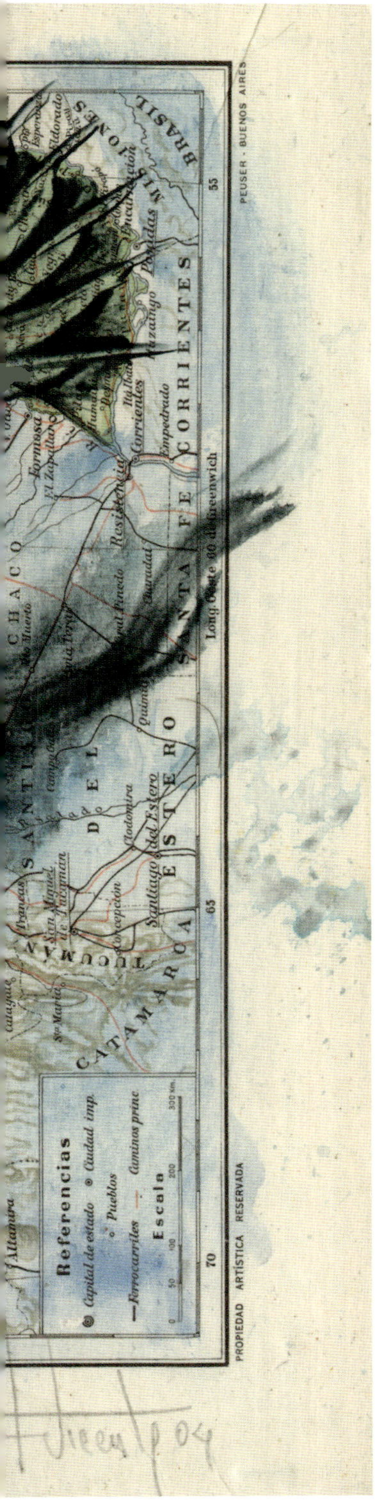

Pez (2004), 27 × 36cm
Acrylic on canvas glued to maps
Acrílico sobre mapas encolados a lienzo

86

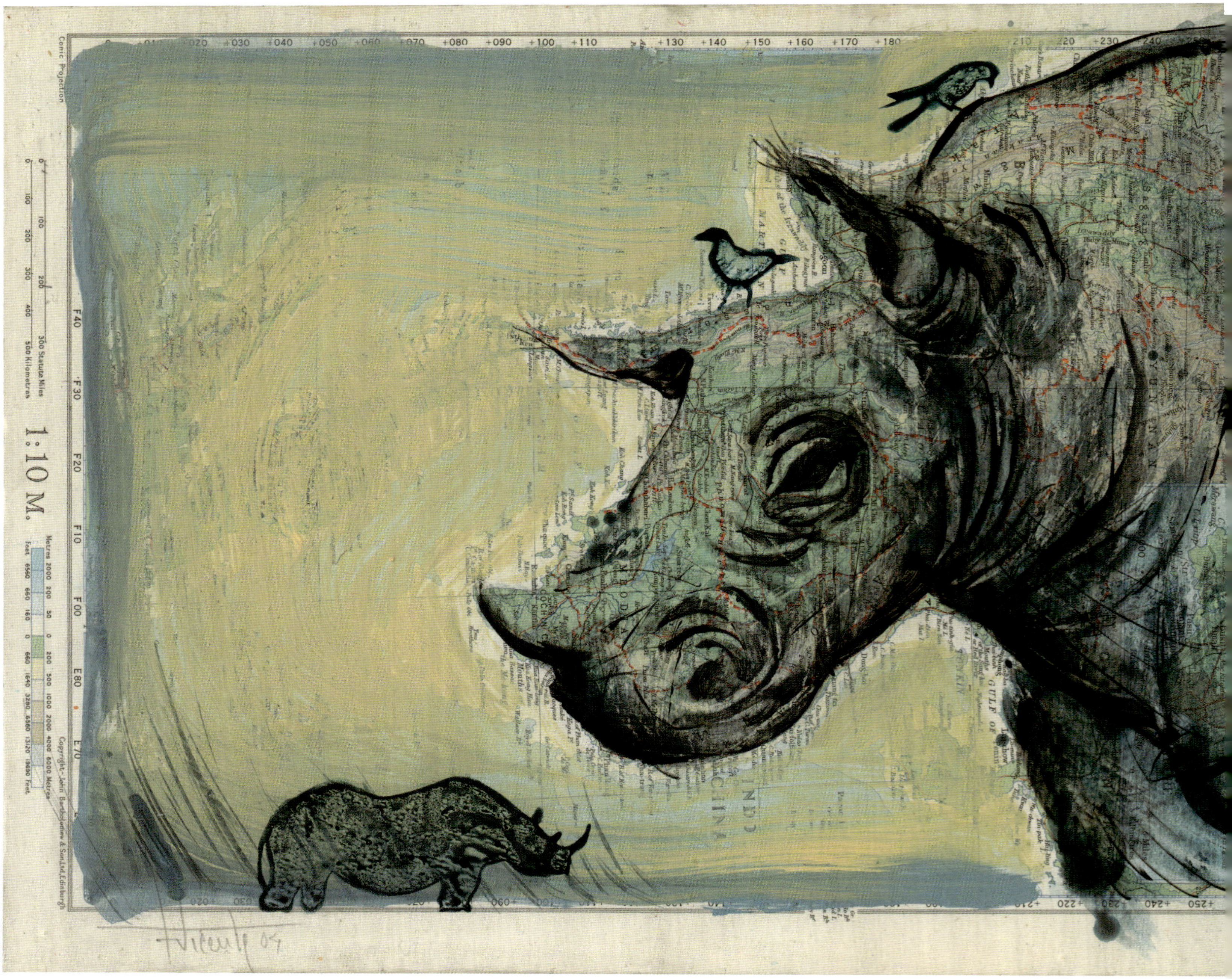

Rinoceronte (2004), 27 × 36cm
Torso (2004), 30 × 24cm —››
Acrylic on canvas glued to maps
Acrílico sobre mapas encolados a lienzo

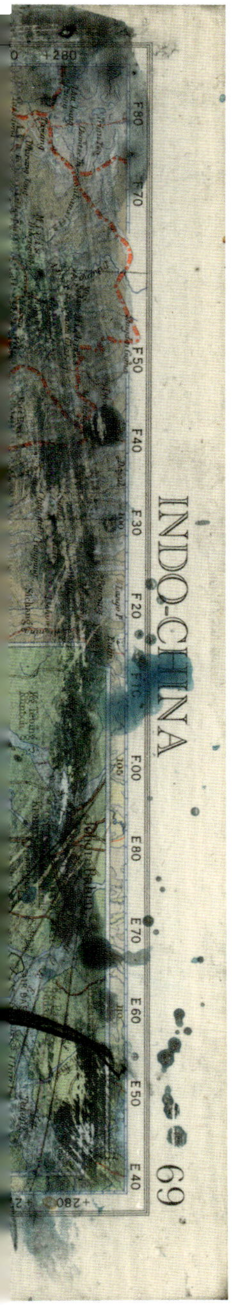
INDO-CHINA

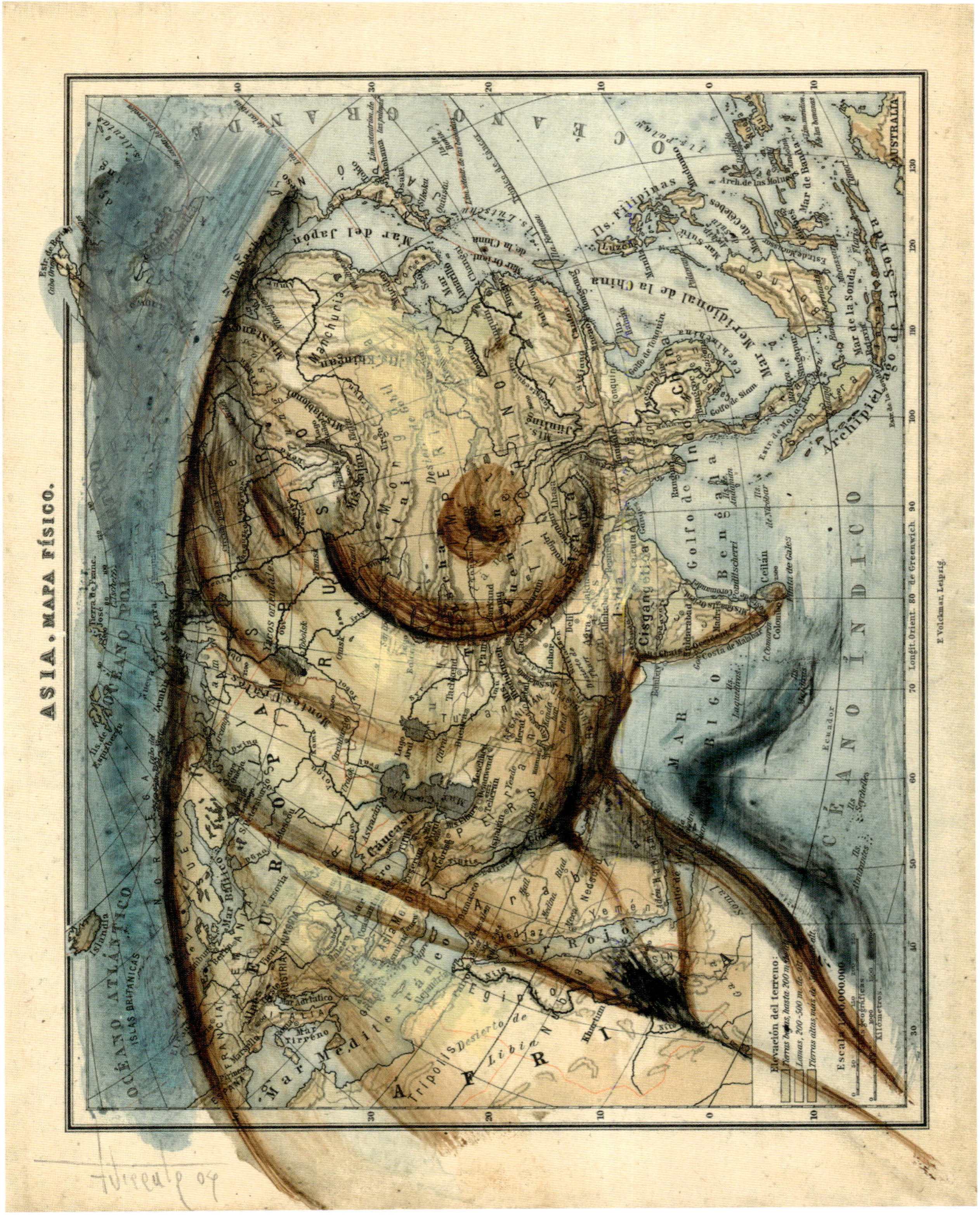
ASIA. MAPA FÍSICO.

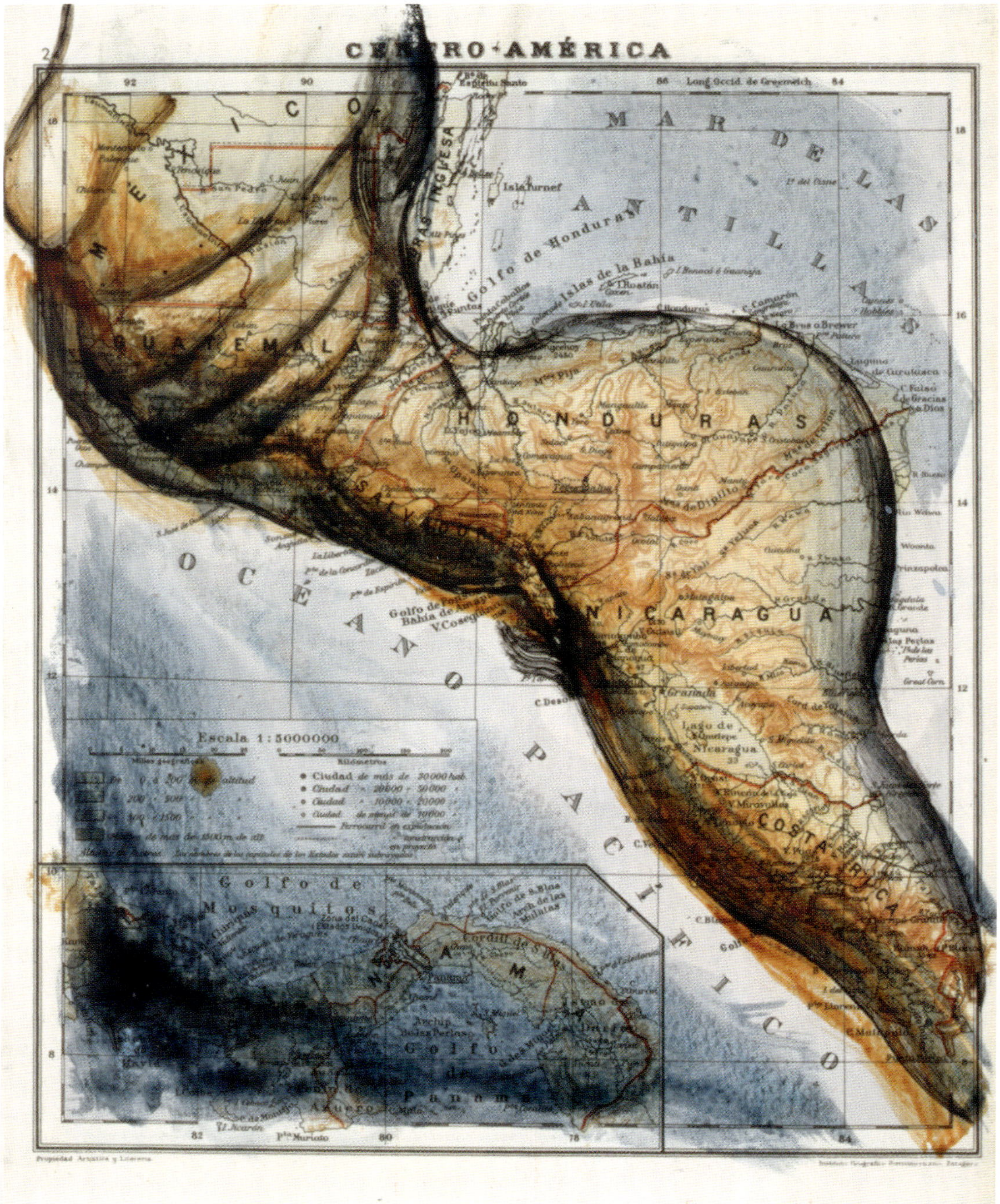

CENTRO-AMÉRICA
MAR DE LAS ANTILLAS
Golfo de Honduras
HONDURAS
NICARAGUA
COSTA RICA
GUATEMALA
OCÉANO PACÍFICO
Escala 1:5000000
Golfo de Mosquitos
Golfo de Panamá

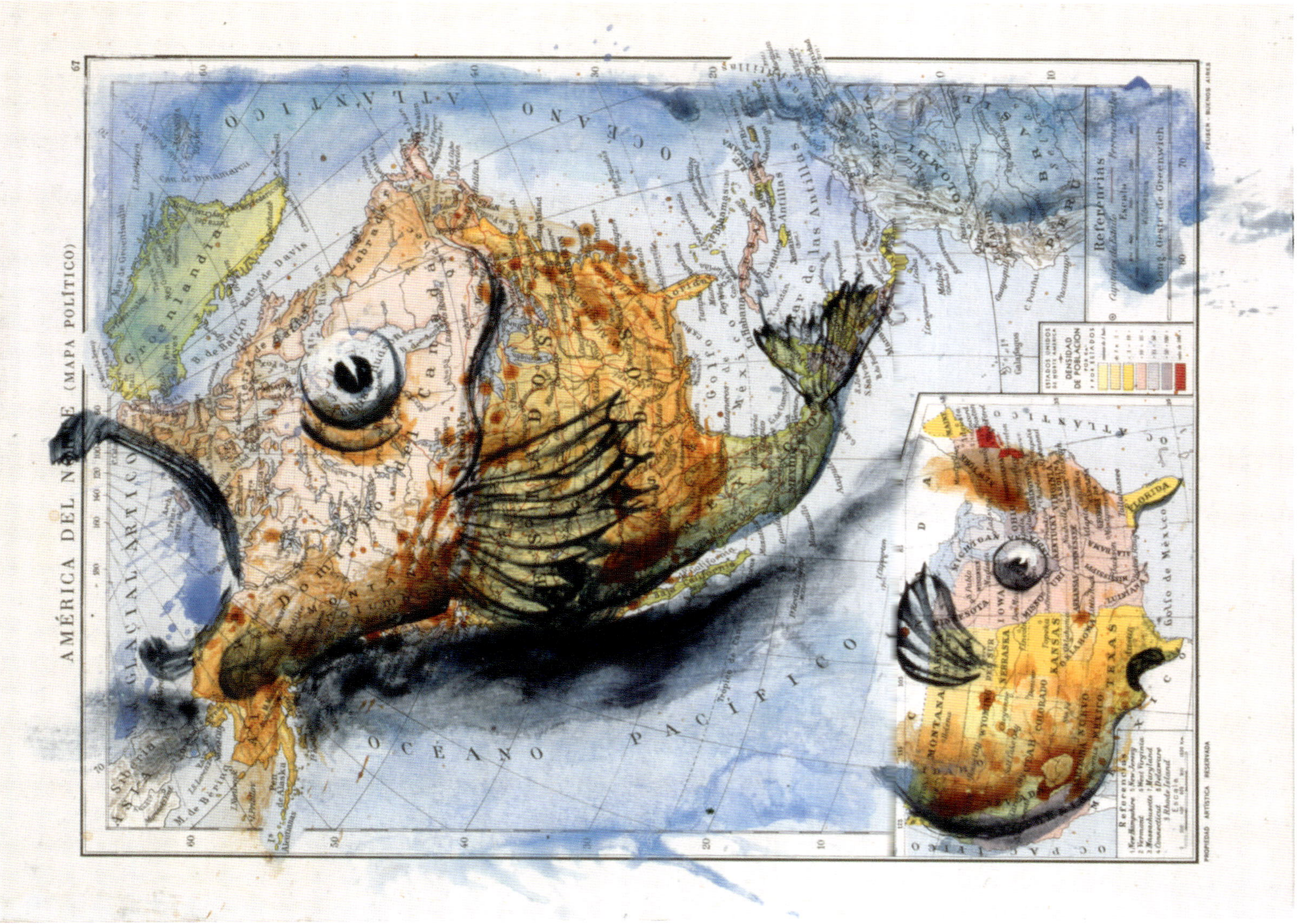

Torso Centroamérica (2004), 30 × 24cm ‹‹—
Peces (2004), 27 × 36cm
Acrylic on canvas glued to maps
Acrílico sobre mapas encolados a lienzo

Van

III

itas

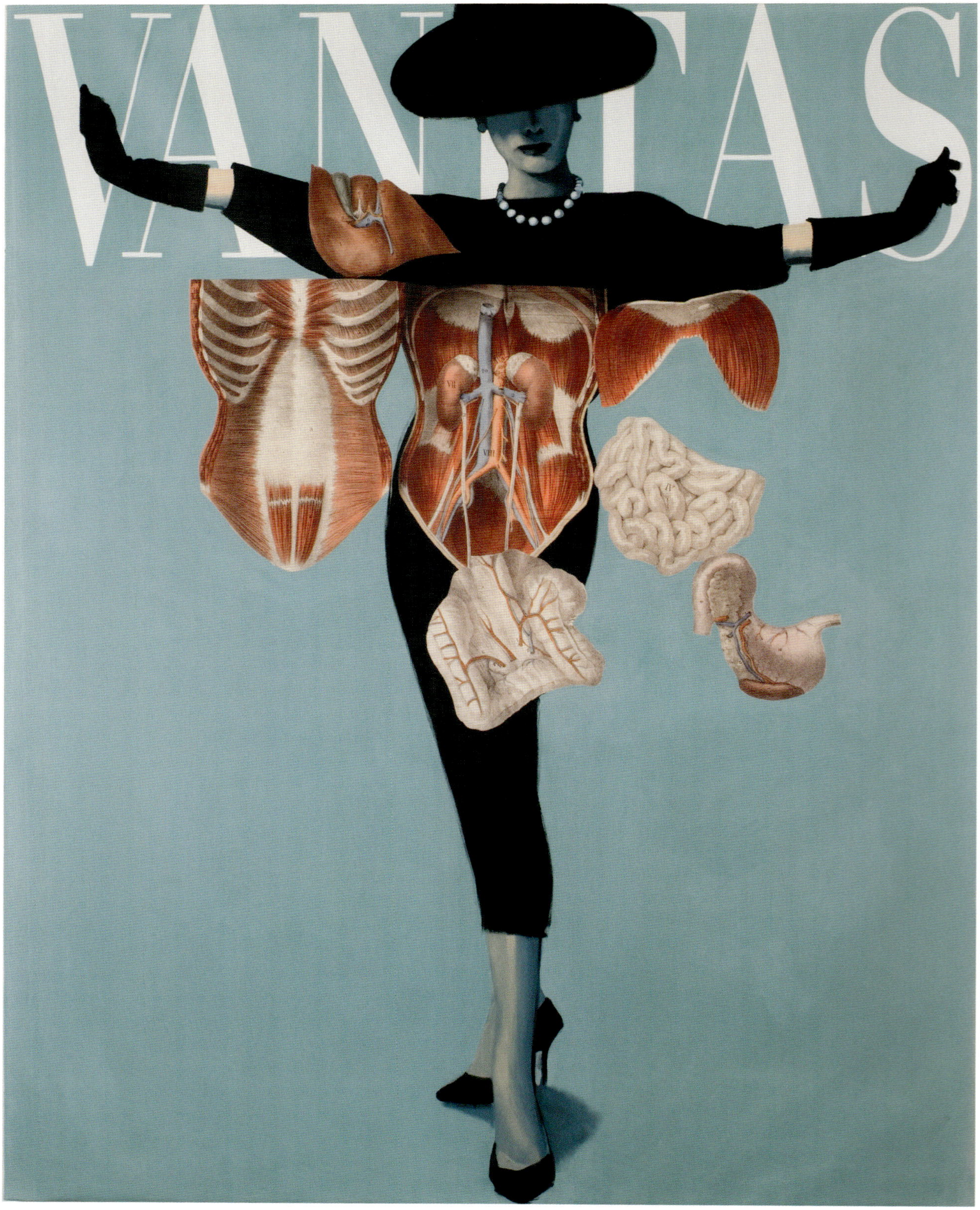

Deshabillée (2007), 162 × 130cm
Acrylic on canvas mounted on panel
Acrílico sobre lienzo encolado a tabla

Autopsy of Glamour

Artifice prevails around us. The world has become an enormous theatre set. The reality that our eyes see seems to be a façade coated in cardboard stone. It is the triumph of appearance, coverings, and of *trompe l'oeil*.

Baroque is taking the world by storm – not the baroque of overloaded expression and convoluted taste, but this other more sophisticated kind in which the treatment of form becomes a method to penetrate the nature of things.

Demonstrations of truth, transparency and clarity are of no interest today. The world is complex and, as a result, the way we approach it should also be as such. Art cannot escape this vortex of misunderstanding and distortion. Reality is decorated, concealed, disguised or dressed up to acquire expressive appearance. Art imitates reality and then reinvents it for the viewer.

The title of this series, *Vanitas*, could not be more appropriate. '*Vanitas vanitatum omnia vanitas*' is the phrase which emphasises the transience of earthly life in the Vulgate Bible. 'Vanity of vanities, all is vanity' and therefore instant, passing and ephemeral immediacy. Baroque endorses this concept and its painters have undertaken to paint skeletons surrounded by riches, mitred corpses, and skulls crowned for eternity with unusable jewellery. It is the '*sic transit gloria mundi*' of Valdés Leal's phylacteries.

The pictorial language that Fernando Vicente develops in this series in some way drinks from these sources. The painter updates them and returns them to us with unusual force, full of enigma and creative tension. The viscera and the vital organs are the respective counterpoints of beauty and elegance.

In *Vanitas* we witness a true anatomy of glamour – an autopsy of femininity passed through the sieve of the baroque. In this case it is a reverse baroque in which the artist's view peels back the skin and penetrates the flesh with no concession to astonishment.

Fernando does not denude his characters but rather sheds their outer layer so that the light of the painting illuminates their insides. He seems to push us into an abyss of terrible beauty that is unattainable and therefore fascinating. The counterpoint of the viscera is glamour; the same glamour depicted by René Gruau and those 1950s Parisian ladies fresh from 'La Maison' at 30 avenue Montaigne.

Each painting in the *Vanitas* series seems to be a metaphor: the woman with her heart in her hand may be alerting us to the uselessness of love; the man showing us his brain seems to reveal that thought is merely a sum of electrical impulses that are destined for entropy. There is an interpretation, nuance or a meaning to decipher in everything. The removal of the epidermis gives way to a world of unknown sensations. The artist's inner view is reflected in the outward appearance of his paintings. Just open your eyes to see what lies behind.

—Fernando Royuela

Autopsia del glamour

A nuestro alrededor el artificio impera. El mundo se ha convertido en un inmenso decorado. La realidad que capta los ojos se antoja una fachada recubierta de cartón piedra. Es el triunfo de la apariencia, del revestimiento, del trampantojo.

El barroco arrasa. No aquel de expresión recargada y gusto retorcido sino ese otro más sofisticado en el que el tratamiento de la forma se convierte en método para penetrar en la naturaleza de las cosas.

La verdad, la transparencia, la claridad no son manifestaciones que interesen hoy en día. El mundo es complejo y sus aproximaciones deben serlo en consecuencia. El arte no puede escapar a esta vorágine del equívoco y de la impostación. La realidad se adorna, se disfraza, se disimula o se acicala para dotarse de apariencia expresiva. El arte imita a la realidad y luego la reinventa para devolvérsela esplendorosa al espectador.

El título de esta exposición, *Vanitas*, no podía ser más adecuado. «Vanitas vanitatum omnia vanitas» es la frase que en la Biblia Vulgata subraya la fugacidad de la vida terrenal. «Vanidad de vanidades», todo es vanidad y, por lo tanto, instante, tránsito, efímera inmediatez. El barroco hace suyo este concepto y sus pintores se lanzan a pintar esqueletos rodeados de riquezas, cadáveres mitrados y cráneos coronados con joyas inservibles para la eternidad. Es el «sic transit gloria mundi» de las filacterias de Valdés Leal.

El lenguaje pictórico que Fernando Vicente desarrolla en esta serie de alguna manera bebe de esas fuentes. El pintor las actualiza y nos las devuelve con una fuerza insólita, llena de enigma y tensión creativa. La belleza tiene su contrapunto en la víscera, la elegancia en el órgano vital.

En *Vanitas* asistimos a una verdadera anatomía del glamour, a una autopsia de la feminidad pasada por el tamiz de lo barroco, un barroco inverso en este caso en el que la mirada del artista levanta la piel y penetra en la carne sin concesiones al estupor.

Fernando no desnuda a sus personajes sino que los despoja de su envoltura exterior para hacer que la luz de la pintura les ilumine por dentro. Se diría que nos empuja a un abismo de belleza terrible. De esa inalcanzable y, por lo tanto, fascinante. El contrapunto de la víscera es el glamour, ese mismo glamour de René Gruau y aquellas parisinas de los 50 recién salidas de «La Maison», en el 30 de la Avenue Montaigne.

Cada cuadro de *Vanitas* se antoja una metáfora. La mujer con el corazón en la mano puede que nos alerte de lo inservible del amor; el hombre que enseña su cerebro parece revelarnos que el pensamiento no es más que una suma de impulsos eléctricos destinados a la entropía. Todo posee una lectura, un matiz, un significado que descifrar. La demolición de la epidermis da paso a un mundo de sensaciones desconocidas. El interior del artista queda plasmado en el exterior de sus cuadros. Solo hay que abrir bien los ojos para apreciar lo que hay detrás.

—Fernando Royuela

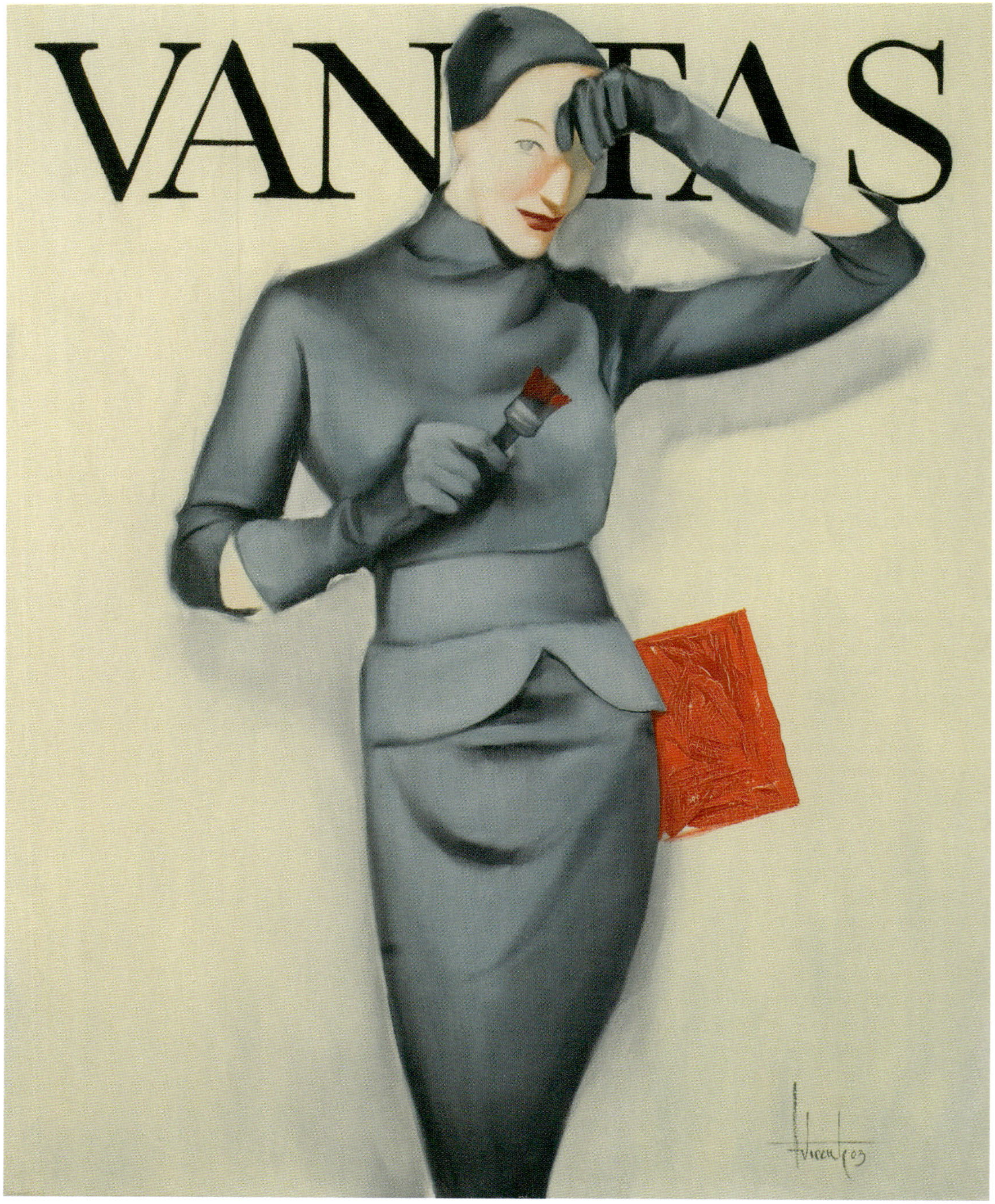

Previo Vanitas 1 (2007), 46 × 38cm
Previo Vanitas 2 (2007), 46 × 38cm —›
Acrylic on canvas mounted on panel
Acrílico sobre lienzo encolado a tabla

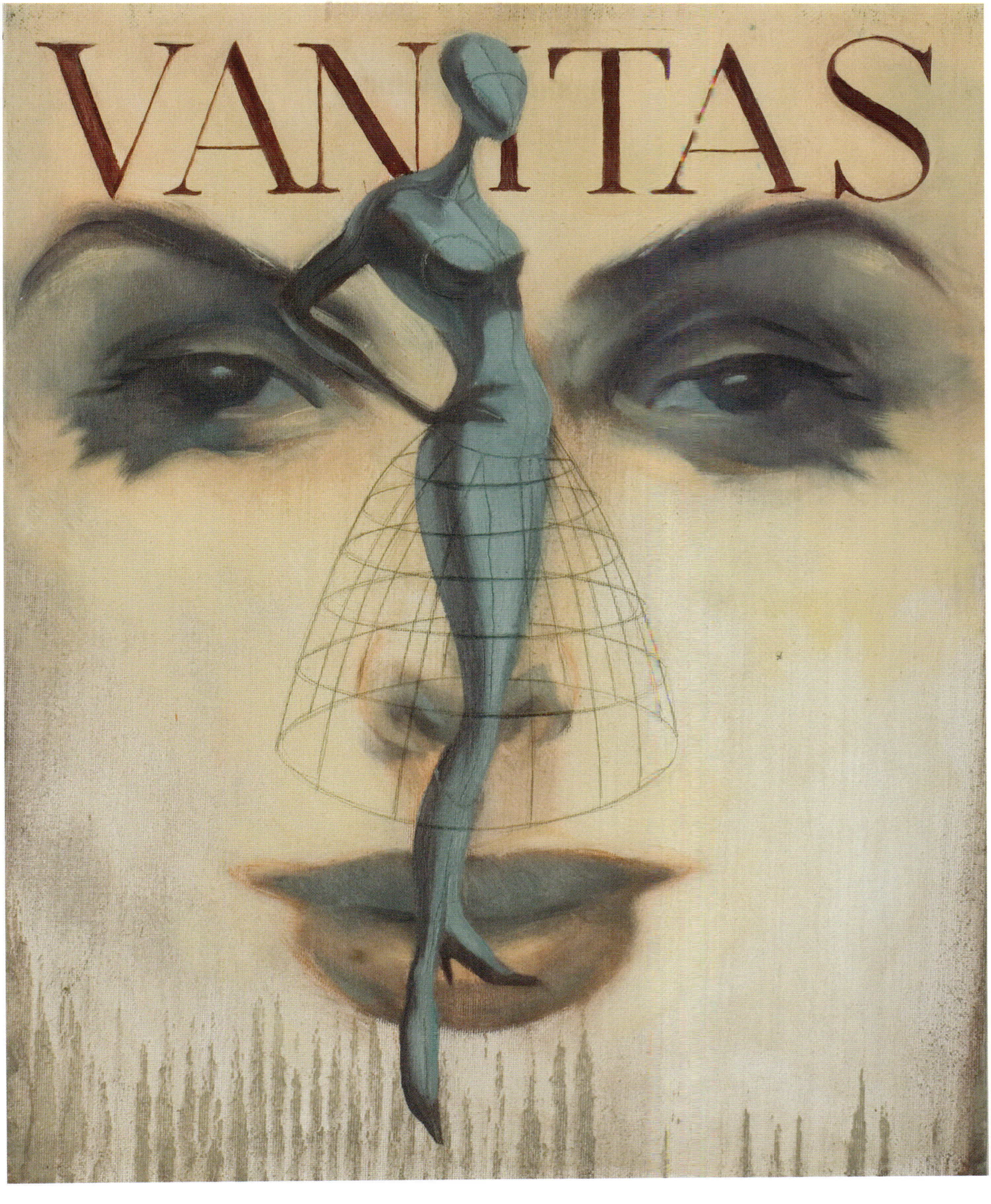
VANITAS

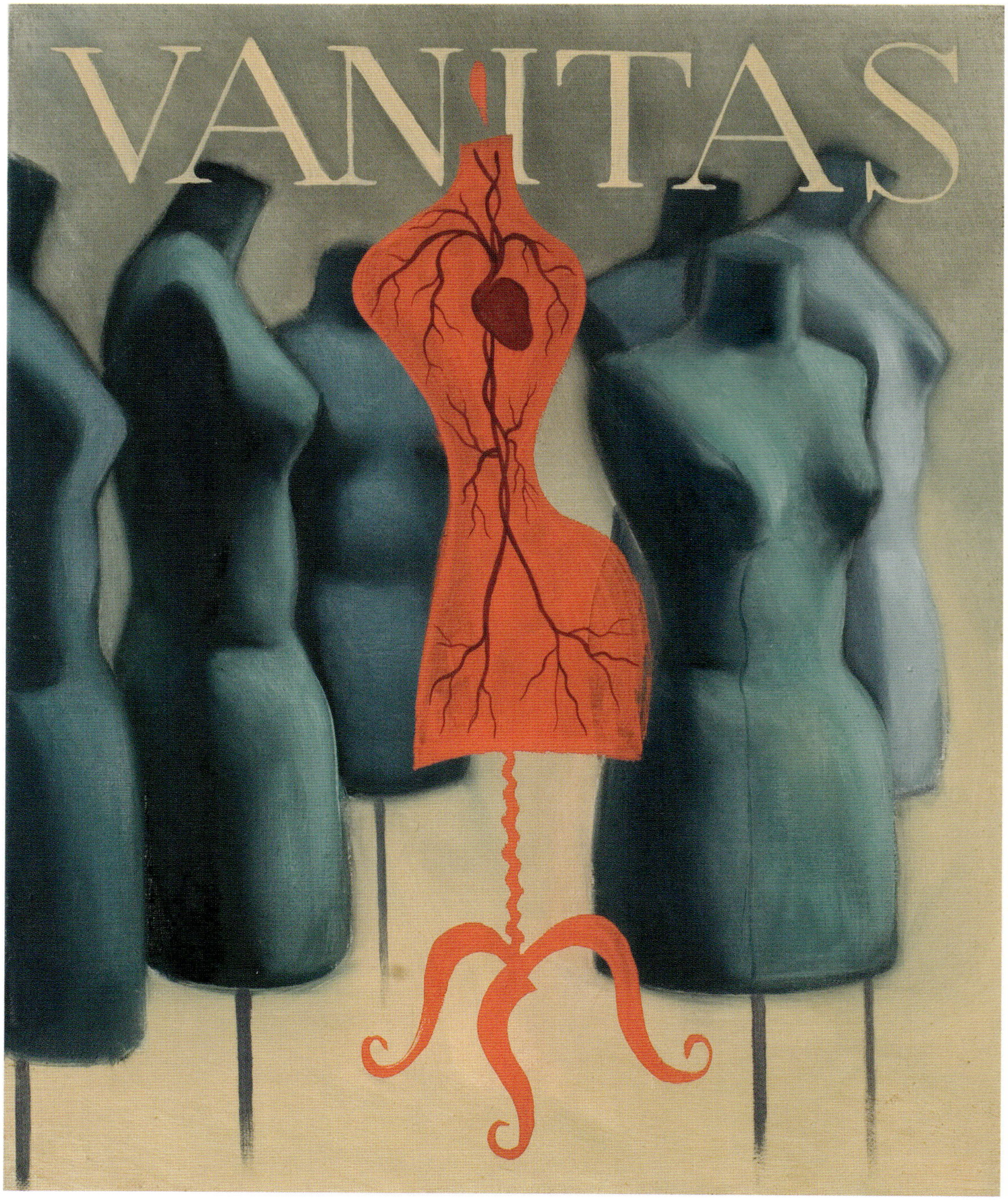

Previo Vanitas 3 (2007), 46 × 38cm
Acrylic on canvas mounted on panel
Acrílico sobre lienzo encolado a tabla

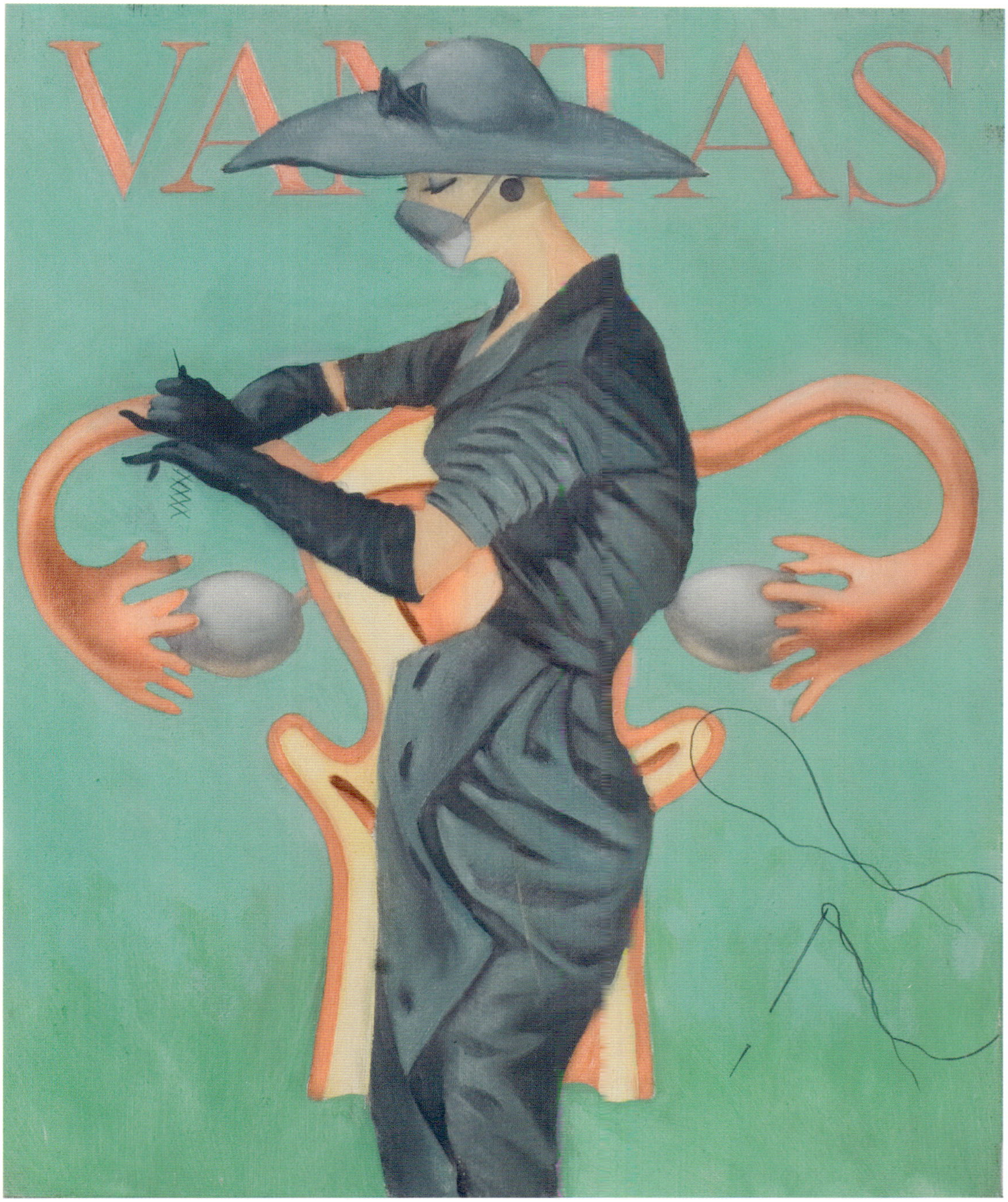

Previo Vanitas 4 (2007), 46 × 38cm
Acrylic on canvas mounted on panel
Acrílico sobre lienzo encolado a tabla

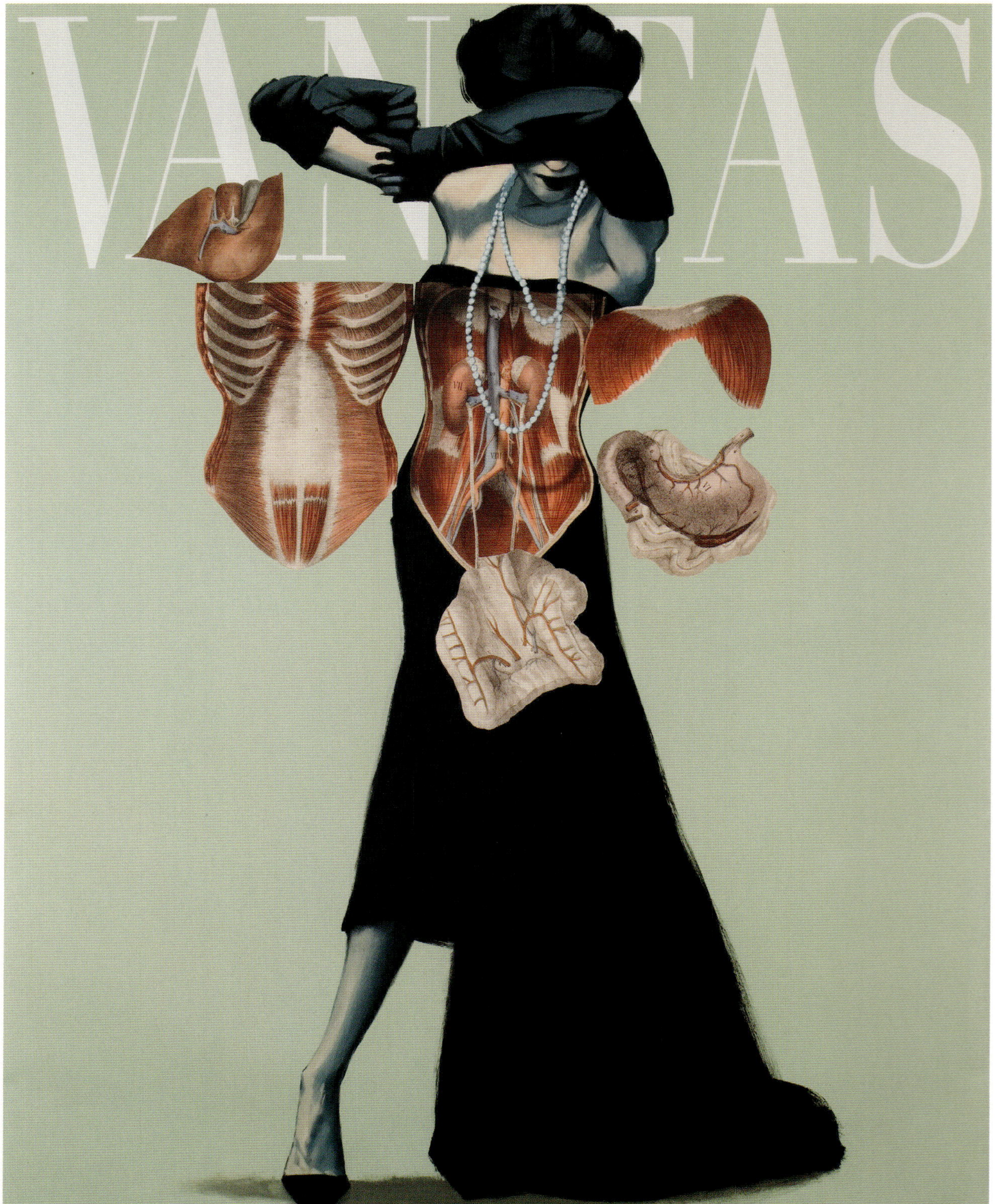

98

Tríptico ciego (2007), 162 × 130cm
Acrylic on canvas mounted on panel
Acrílico sobre lienzo encolado a tabla

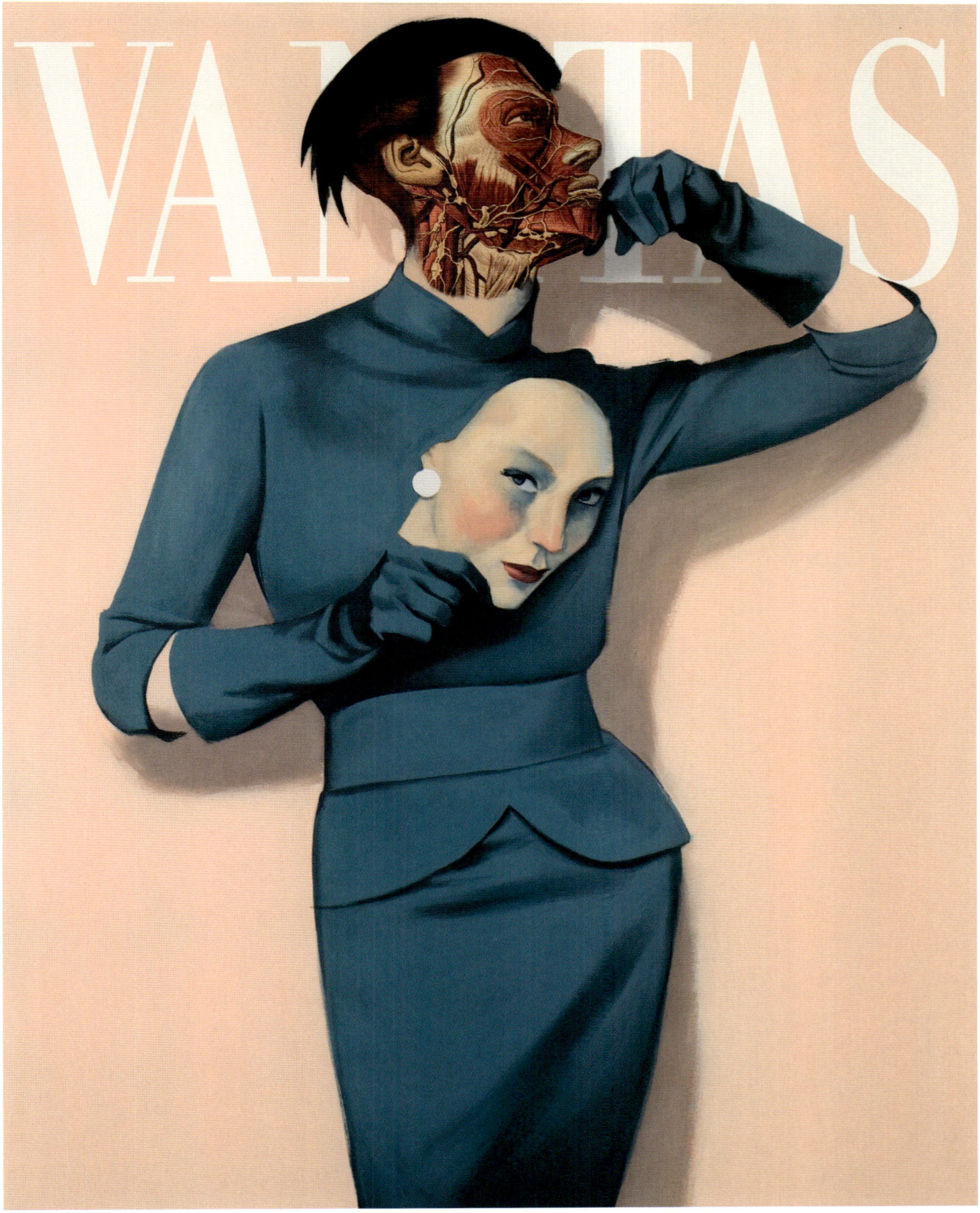

Máscara (2007), 132 × 97cm
Acrylic on canvas mounted on panel
Acrílico sobre lienzo encolado a tabla

100

Maternidad (2007), 132 × 97cm
Acrylic on canvas mounted on panel
Acrílico sobre lienzo encolado a tabla

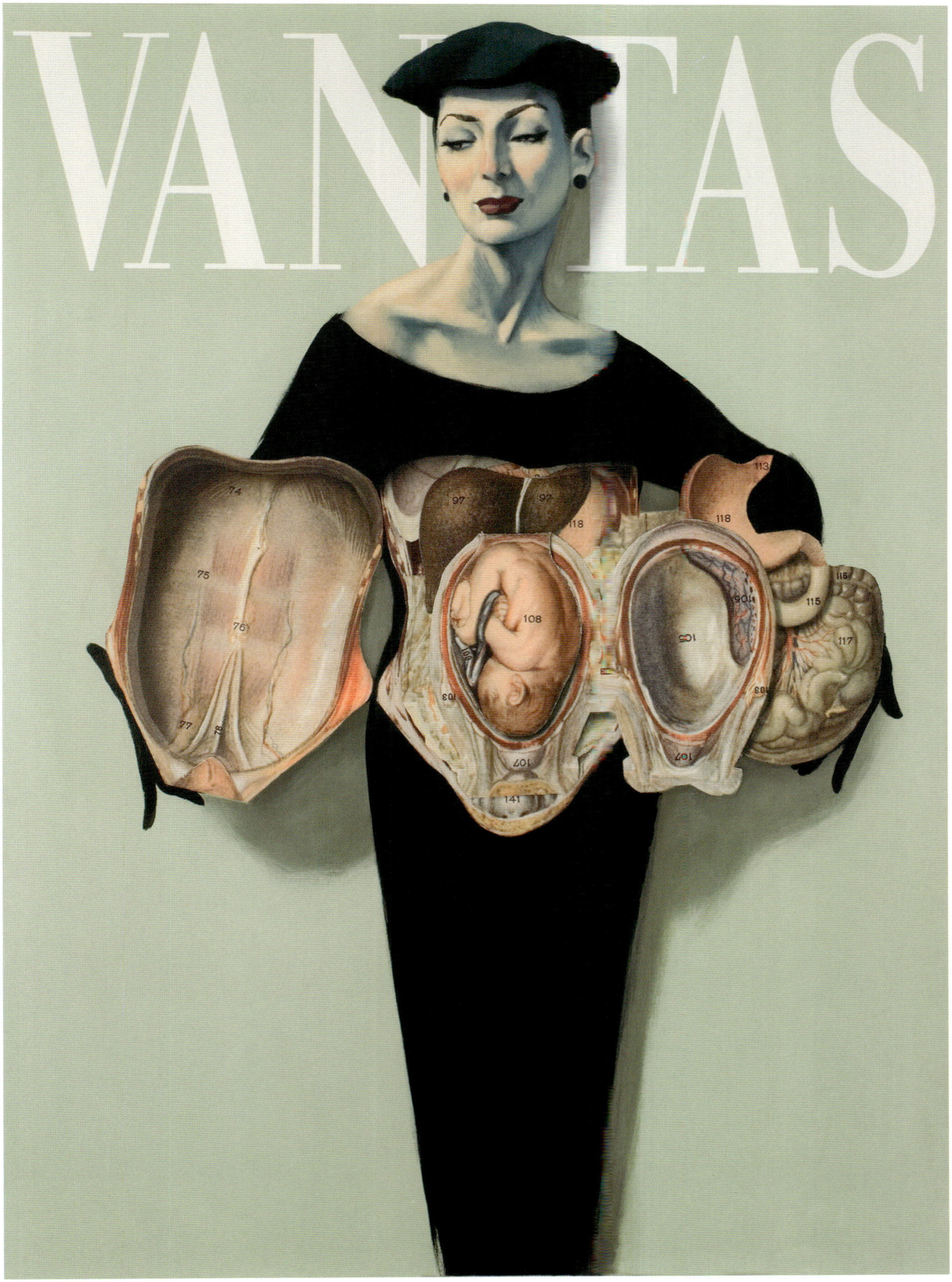
VANITAS

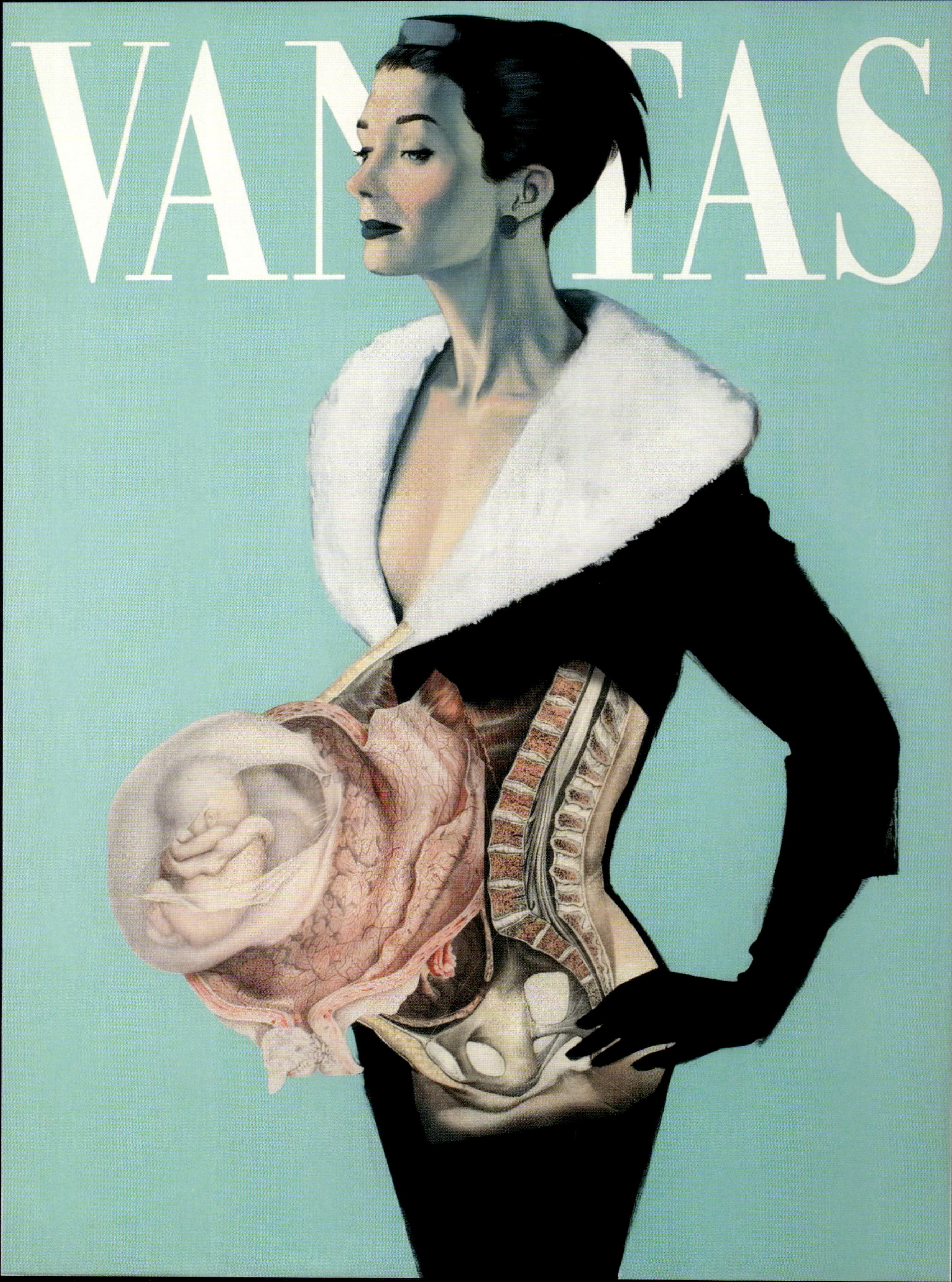
VAN TAS

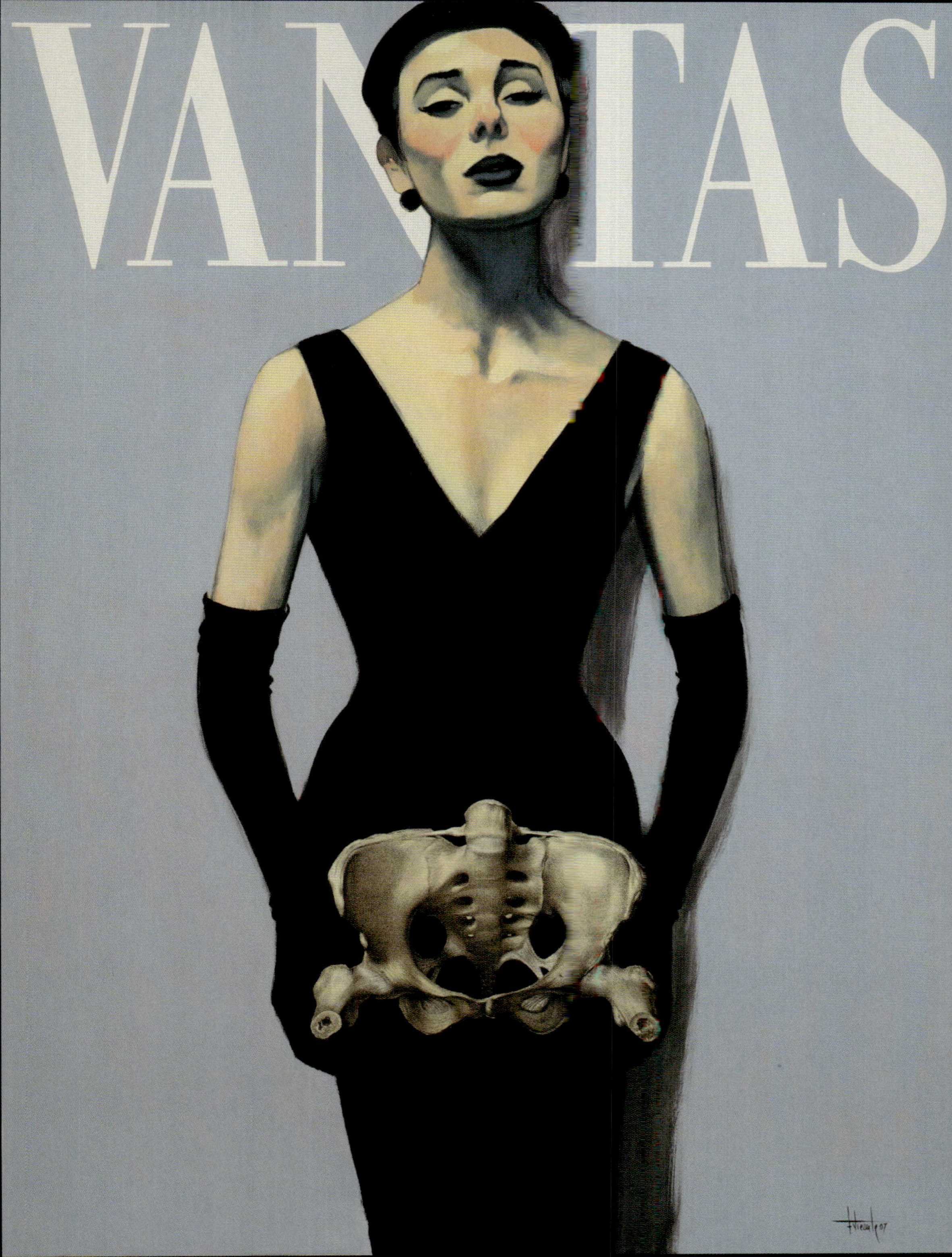
VAN TAS

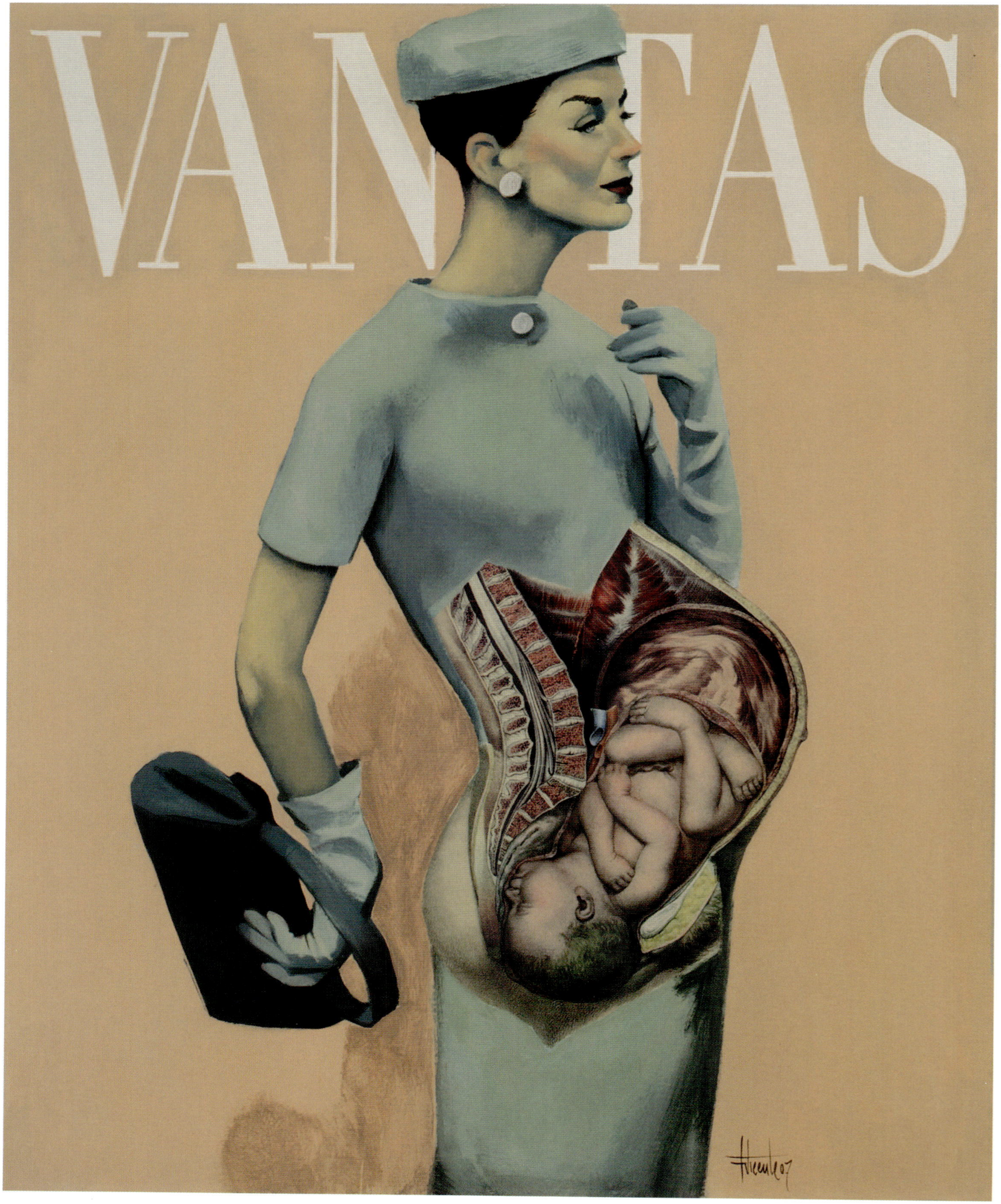
VANITAS

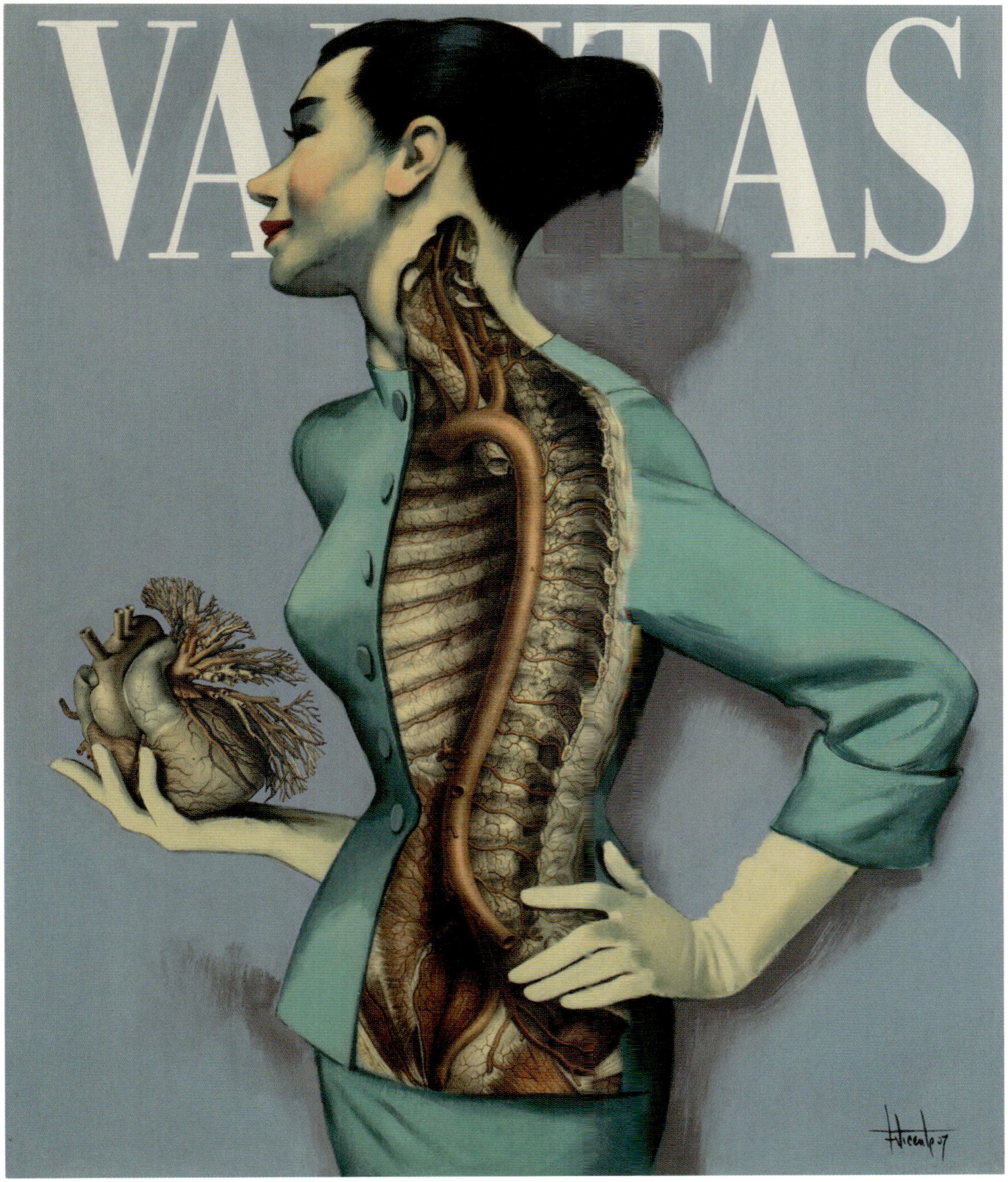

Femme fetal (2007), 73 × 60cm ‹‹—
Carne d'amour (2007), 73 × 60cm
Acrylic on canvas mounted on panel
Acrílico sobre lienzo encolado a tabla

106

Flor de piel (2007), 73 × 60cm
Acrylic on canvas mounted on panel
Acrílico sobre lienzo encolado a tabla

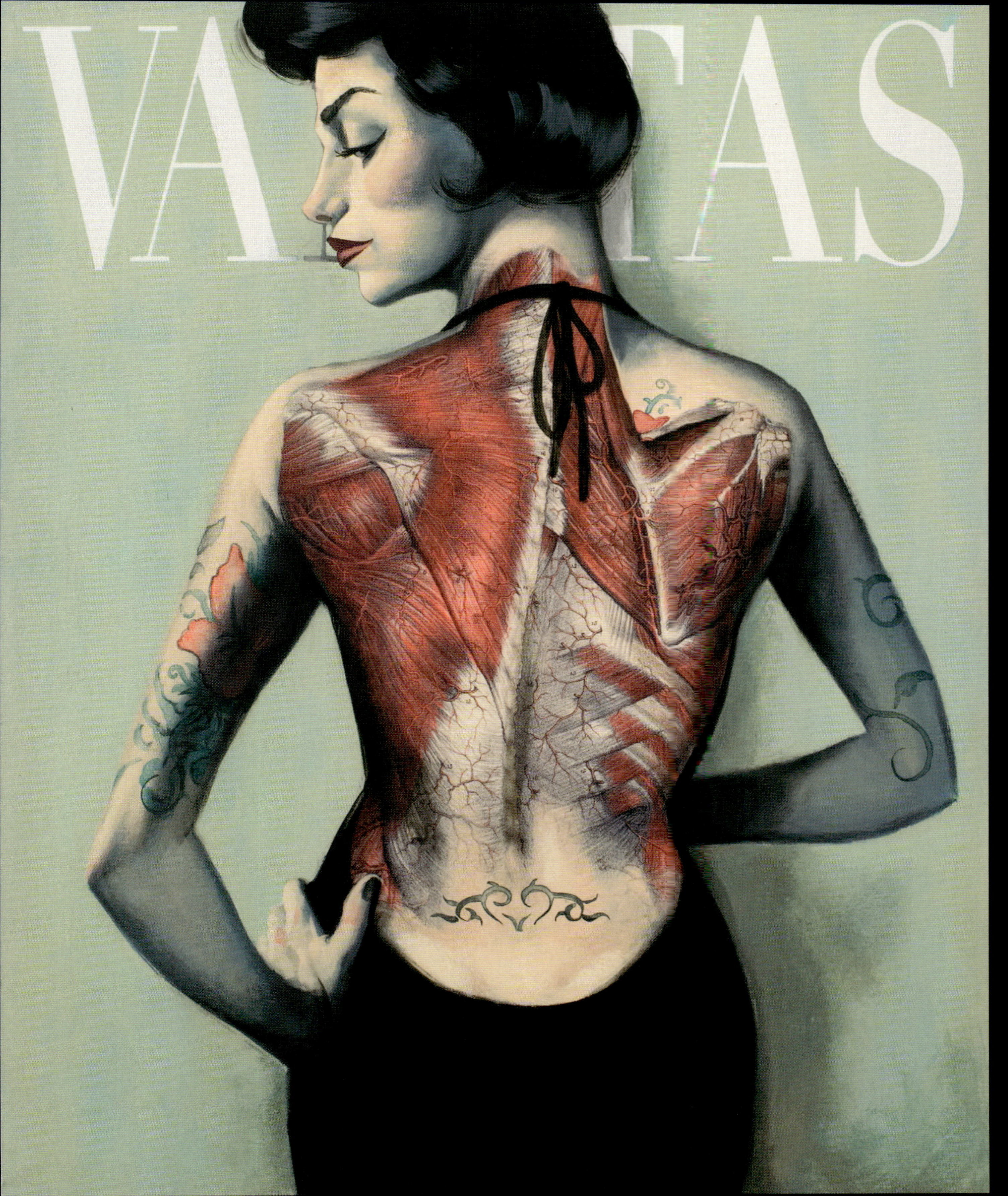

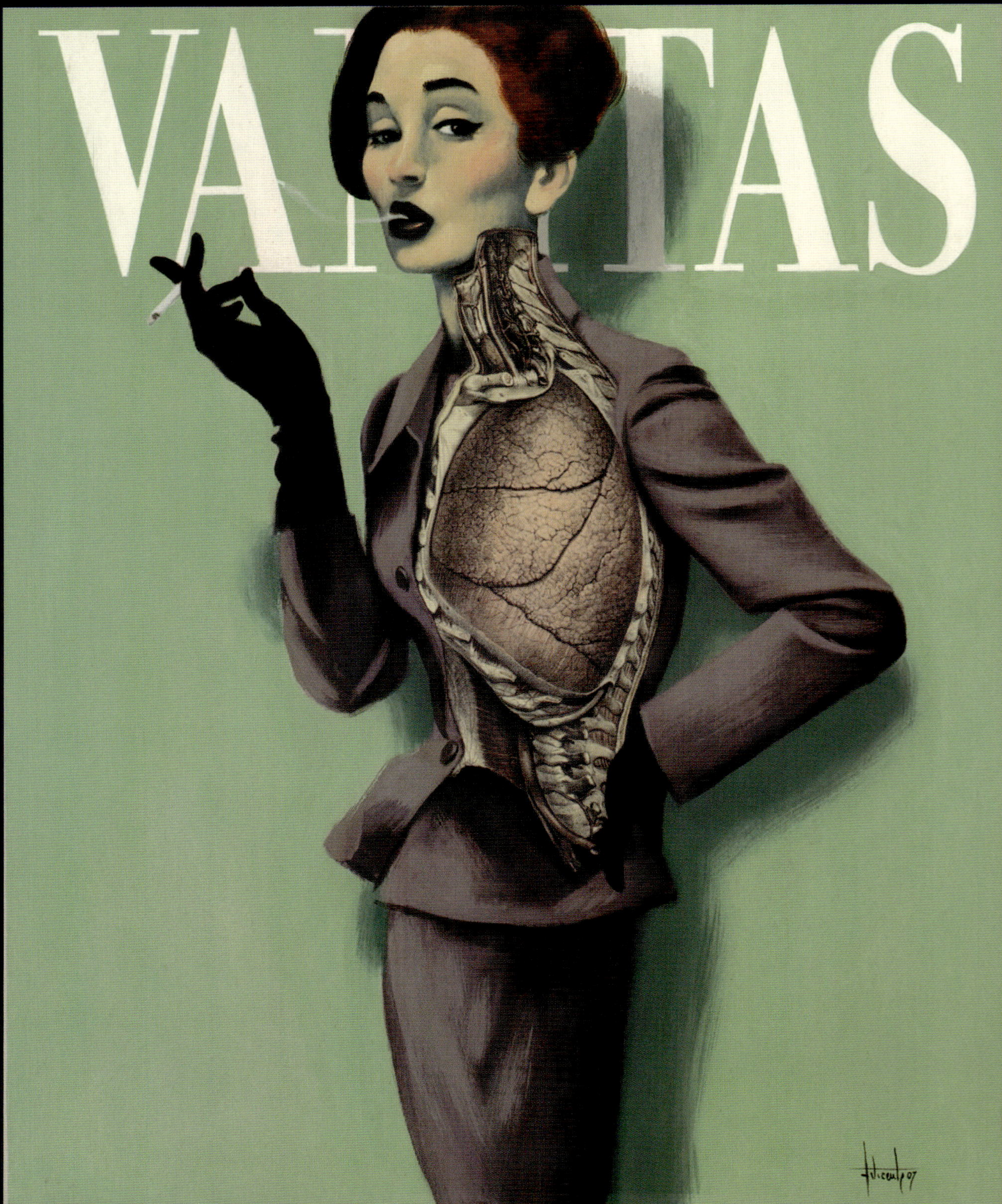

Fumadora (2007), 73 × 60cm
Acrylic on canvas mounted on panel
Acrílico sobre lienzo encolado a tabla

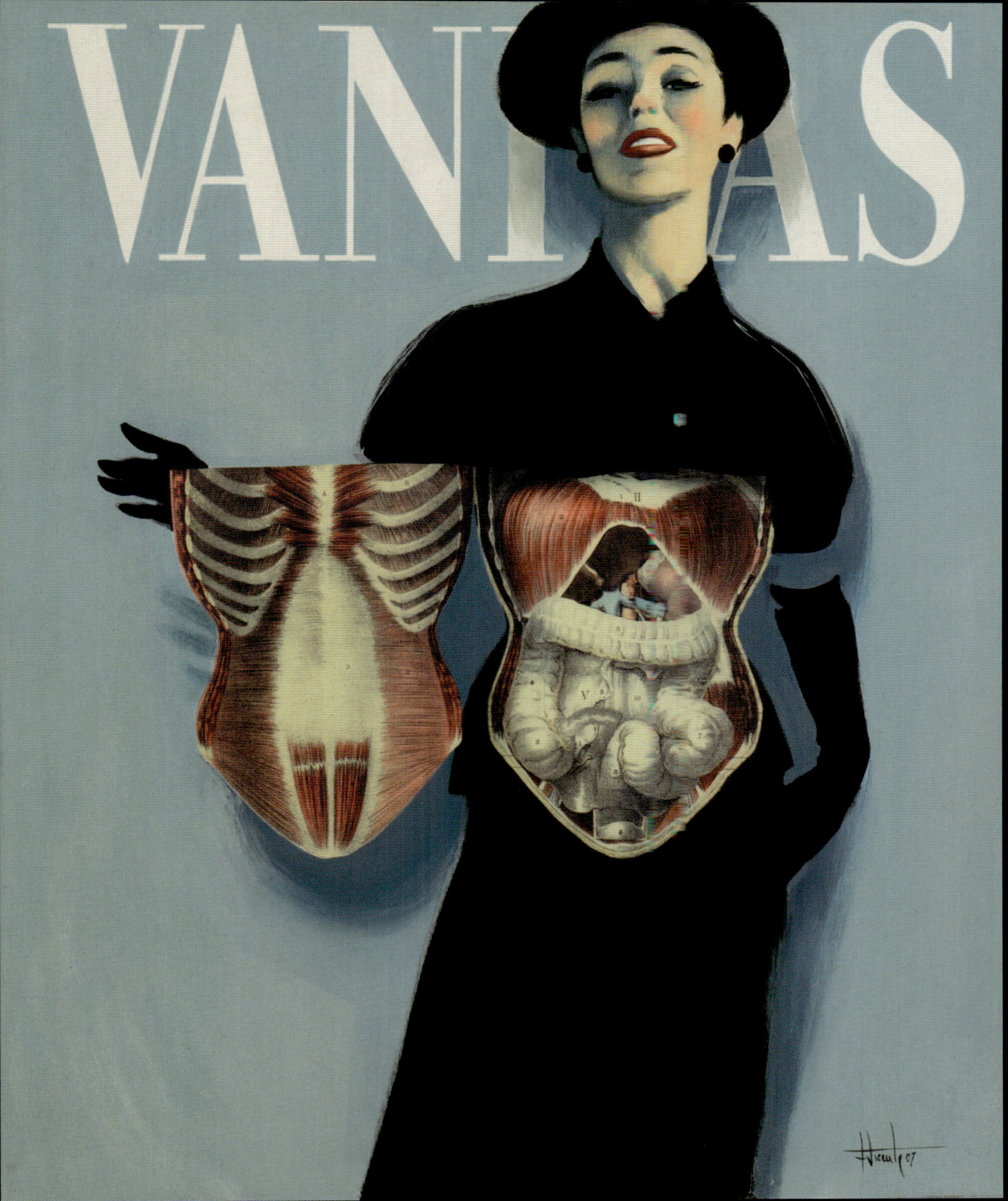
VAN
AS

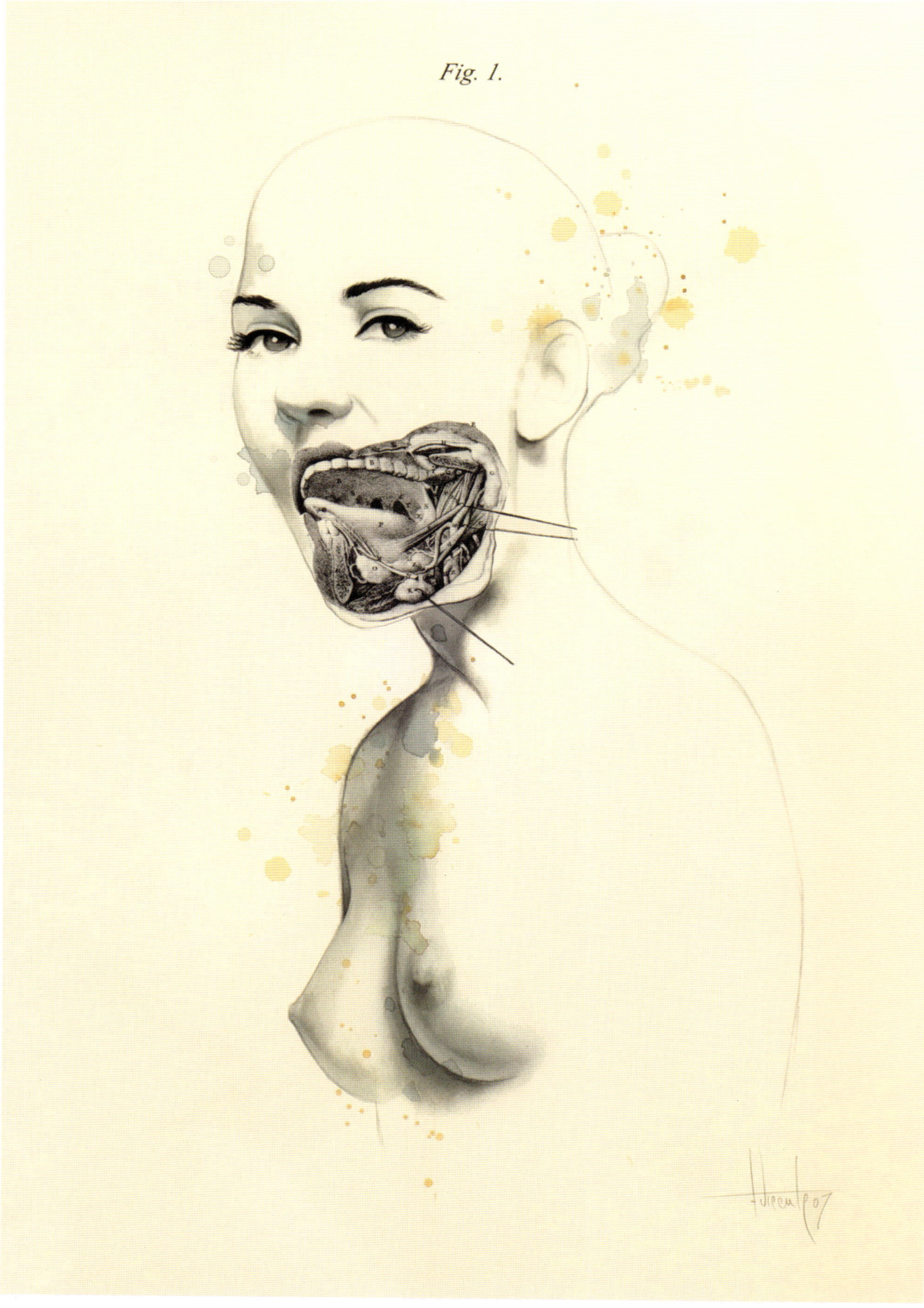
Fig. 1.

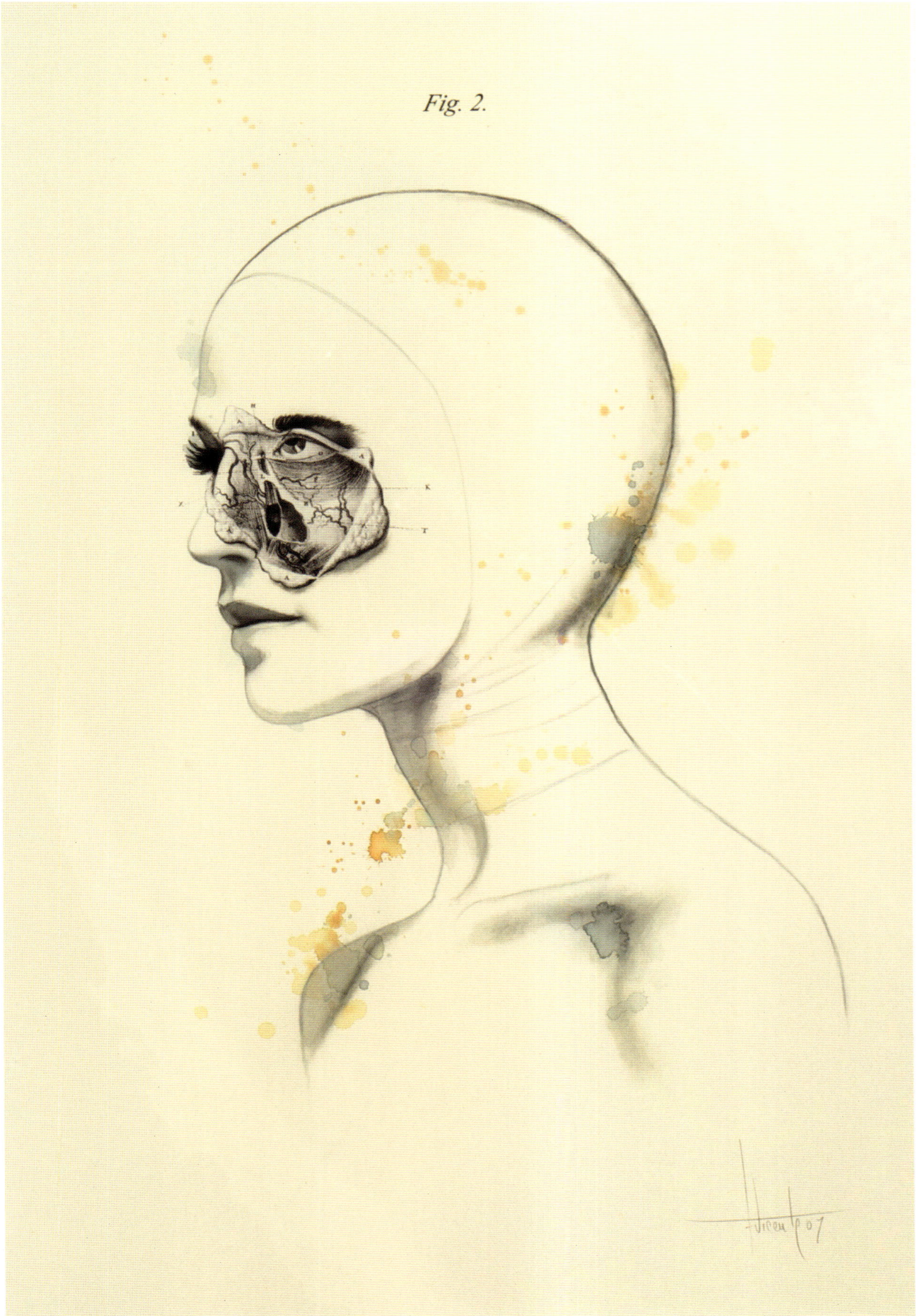

Dibujo figura 1 (2007), 76 × 57cm ‹‹—
Dibujo figura 2 (2007), 76 × 57cm
Ink and watercolour on paper
Tinta y acuarela sobre papel

Dibujo figura 3 (2007), 76 × 57cm
Ink and watercolour on paper
Tinta y acuarela sobre papel

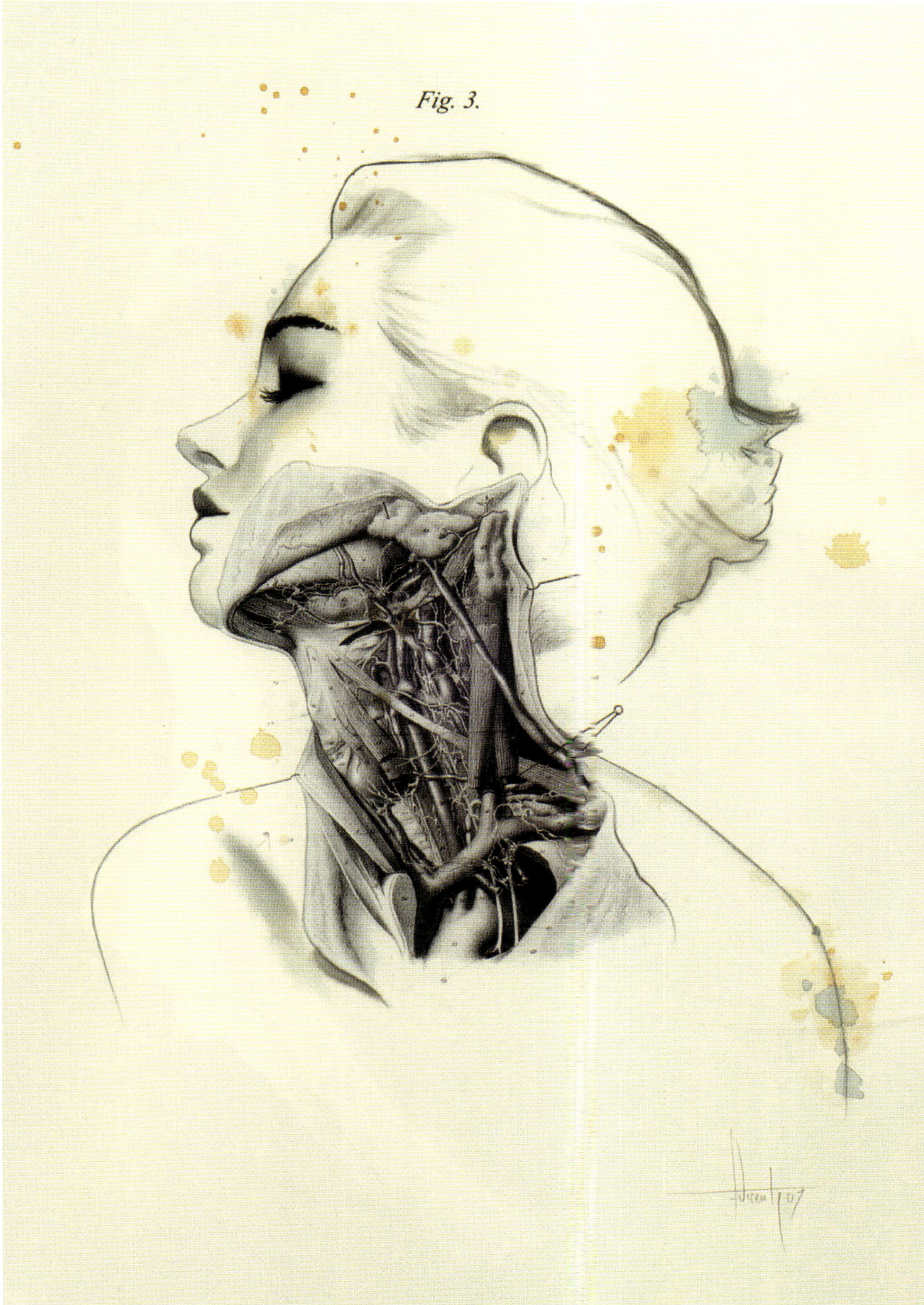
Fig. 3.

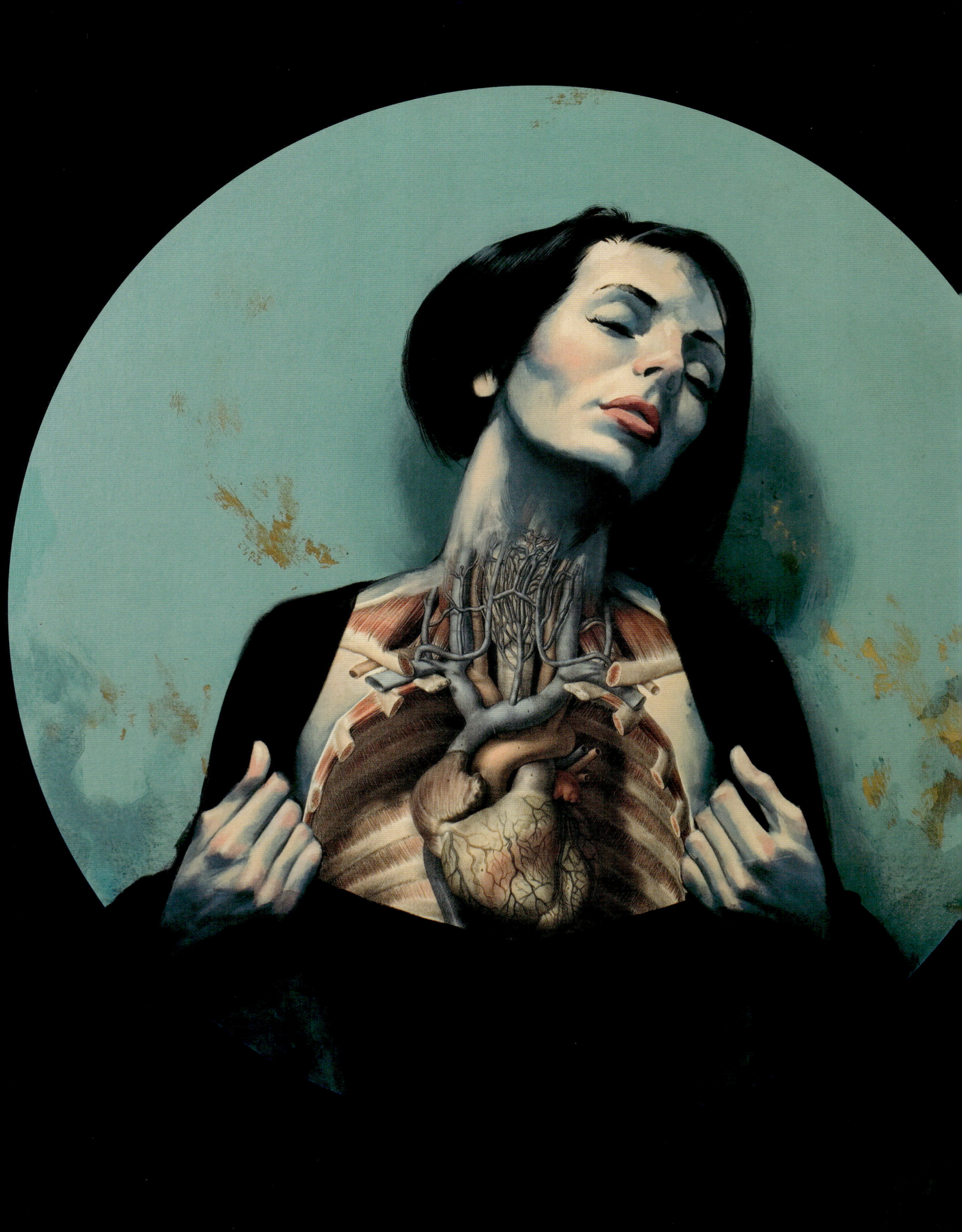

115

Presentimiento (2007), 90 × 90cm
Acrylic on canvas mounted on panel
Acrílico sobre lienzo encolado a tabla

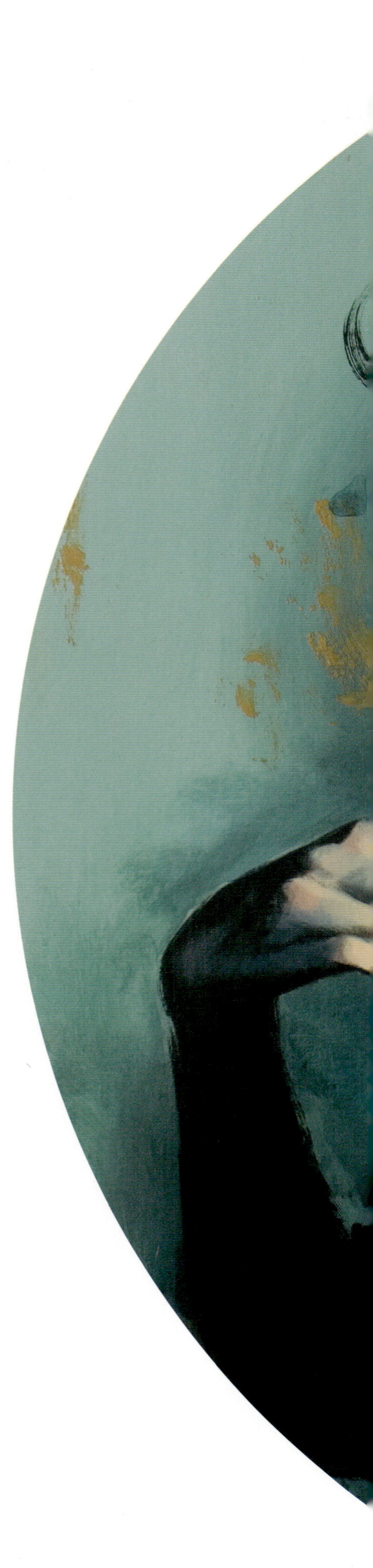

Interiores (2007), 90 × 90cm
Acrylic on canvas mounted on panel
Acrílico sobre lienzo encolado a tabla

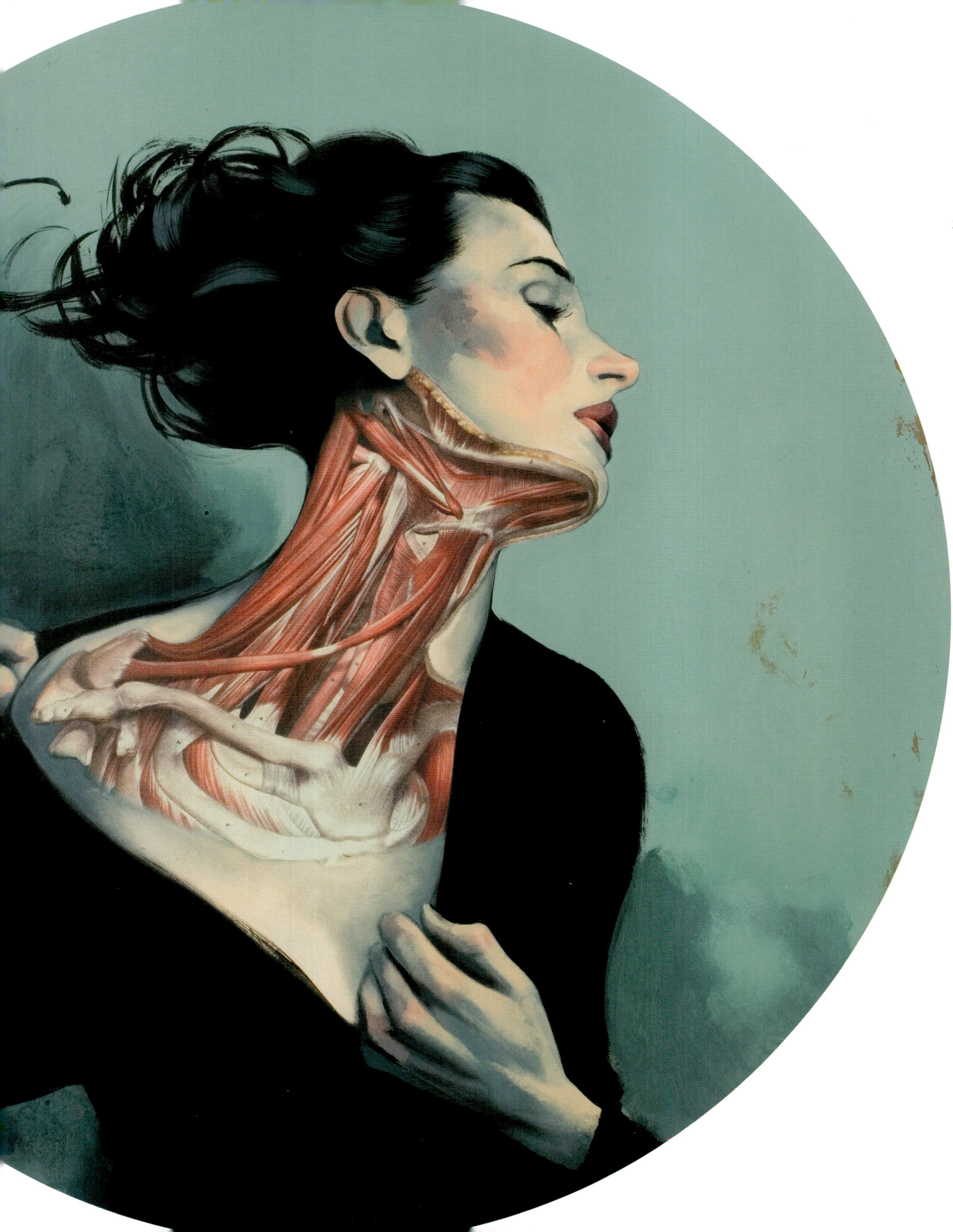

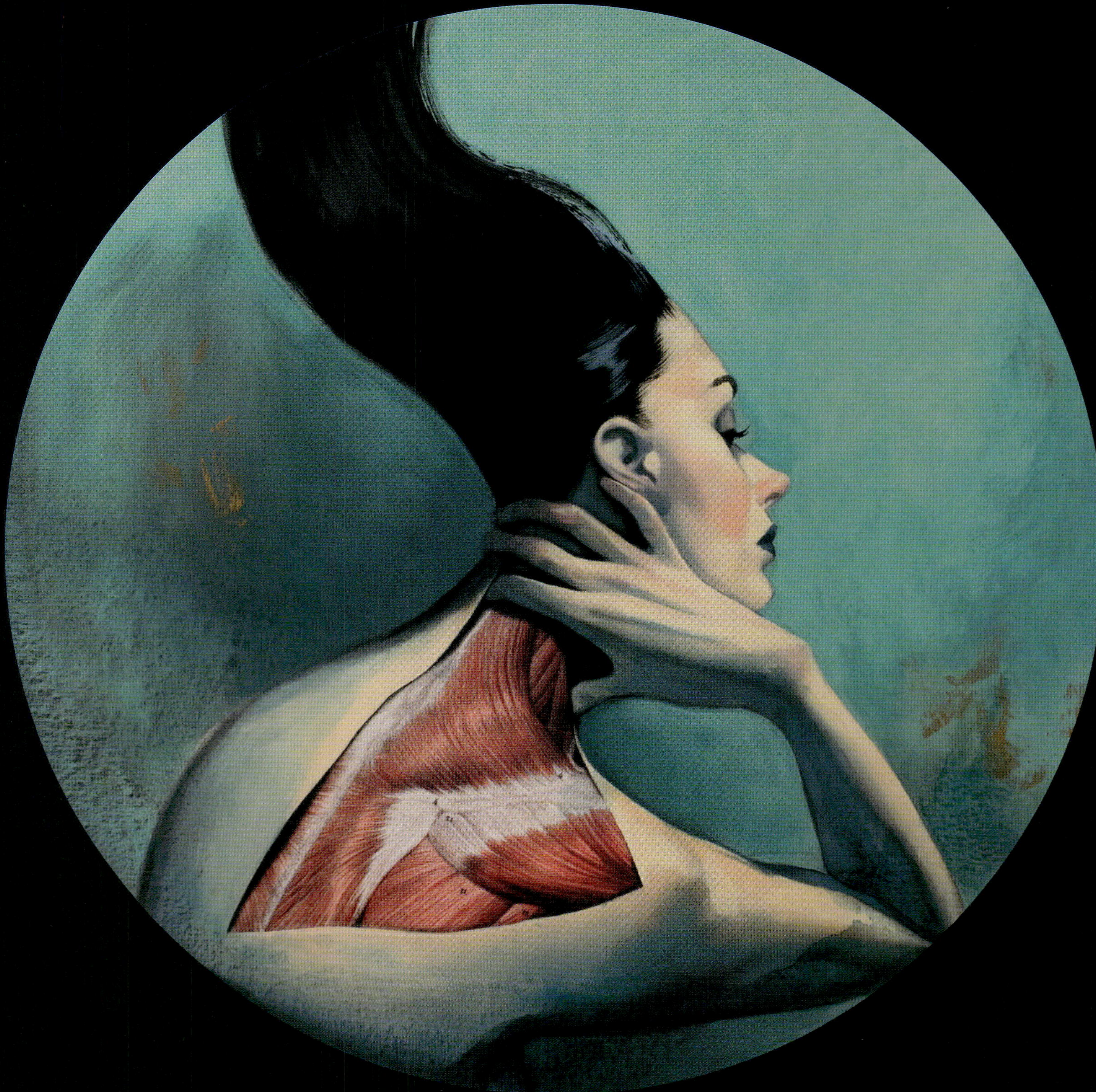

Tornado (2007), 90 × 90cm
Acrylic on canvas mounted on panel
Acrílico sobre lienzo encolado a tabla

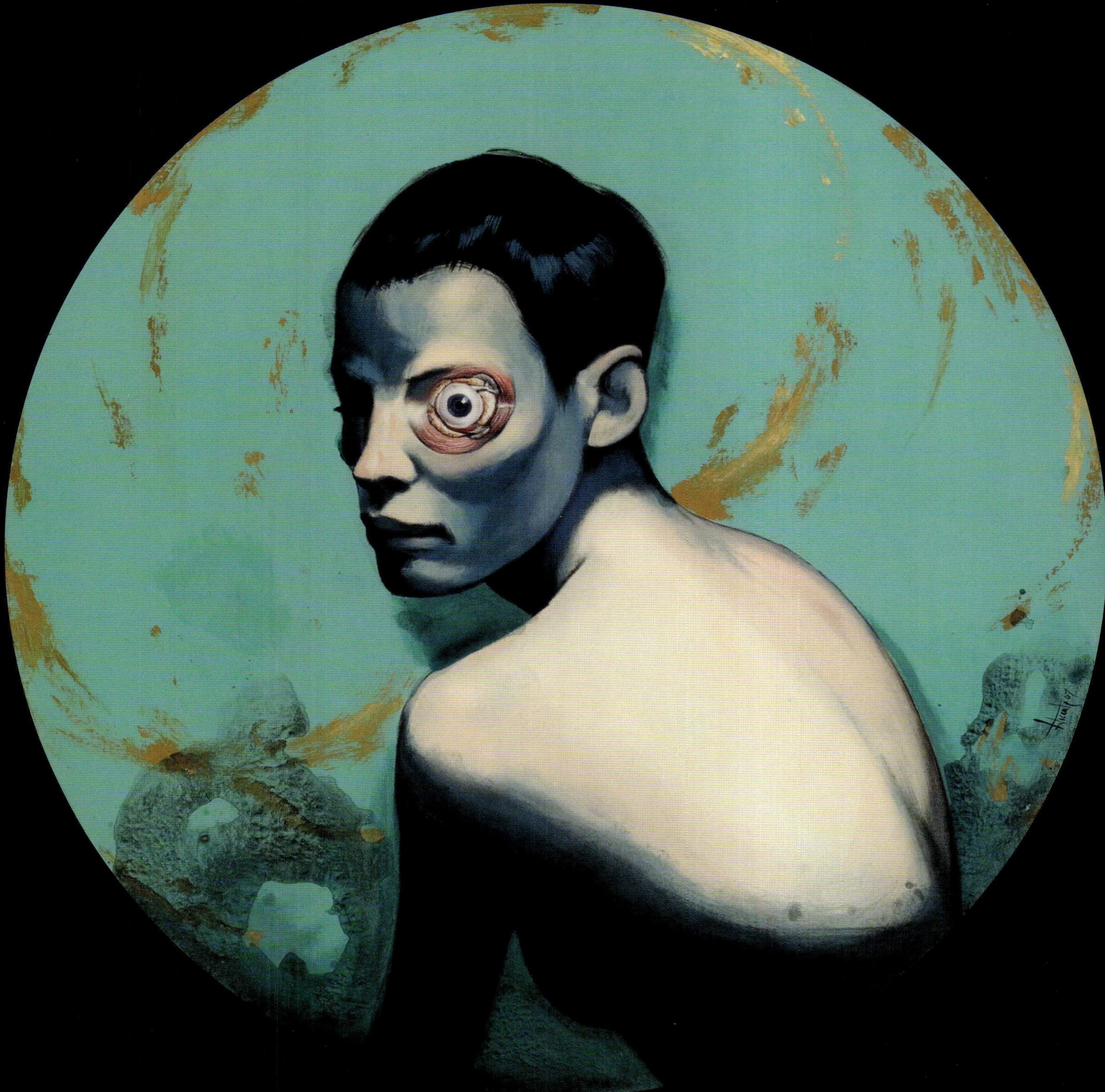

Terminator (2007), 90 × 90cm
Acrylic on canvas mounted on panel
Acrílico sobre lienzo encolado a tabla

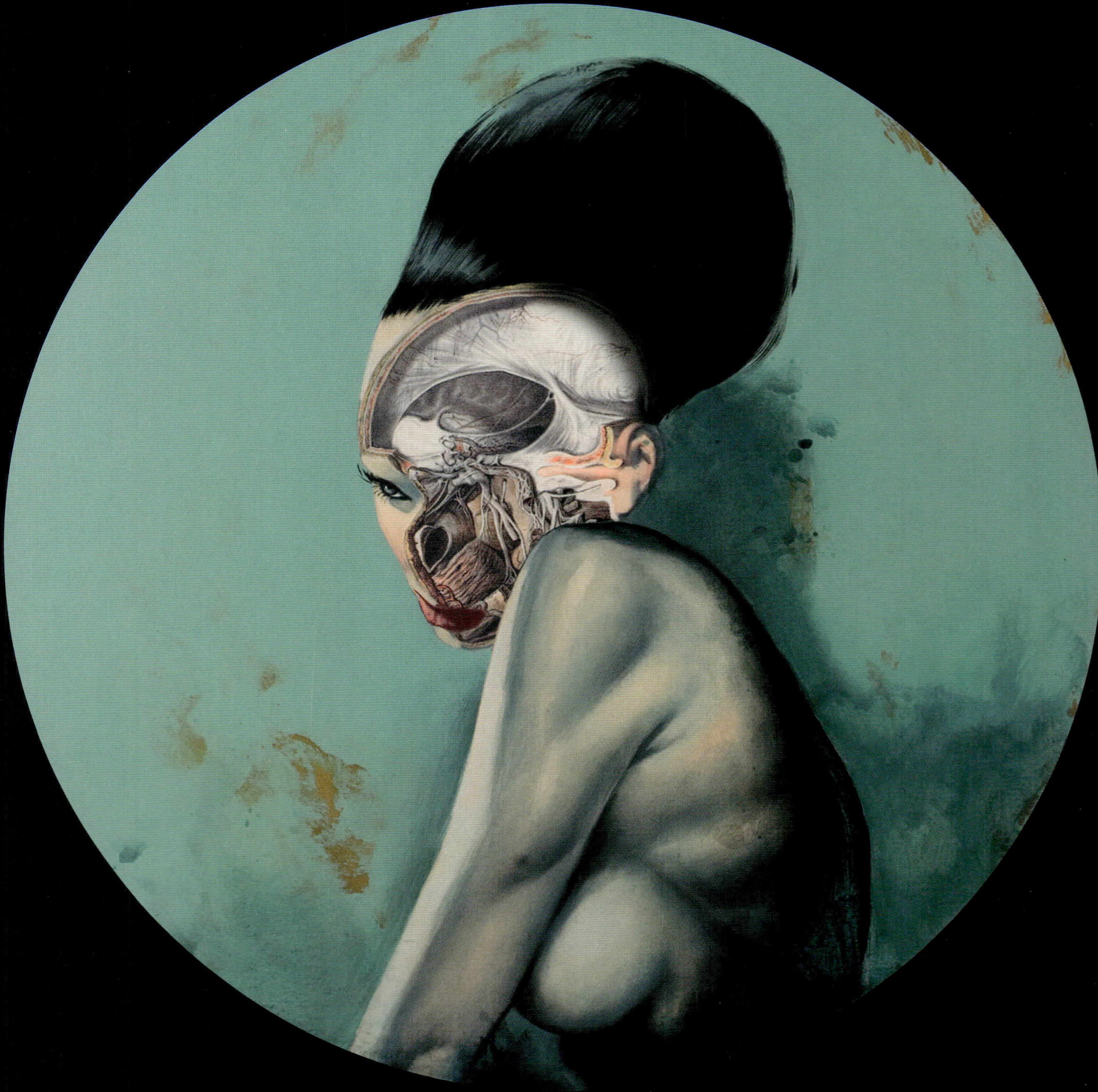

Lunática (2007), 90 × 90cm
Acrylic on canvas mounted on panel
Acrílico sobre lienzo encolado a tabla

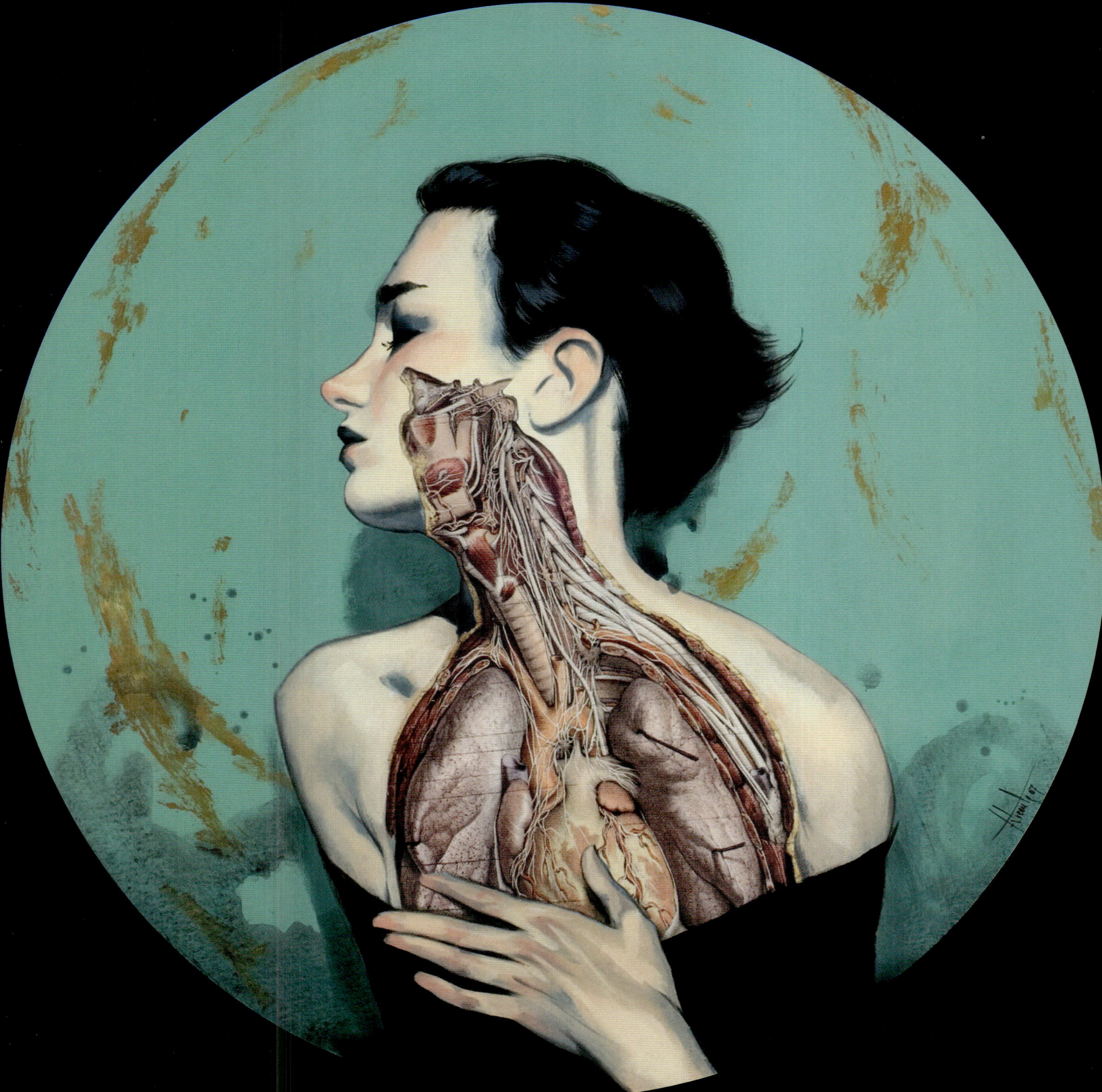

Corazonada (2007), 90 × 90cm
Acrylic on canvas mounted on panel
Acrílico sobre lienzo encolado a tabla

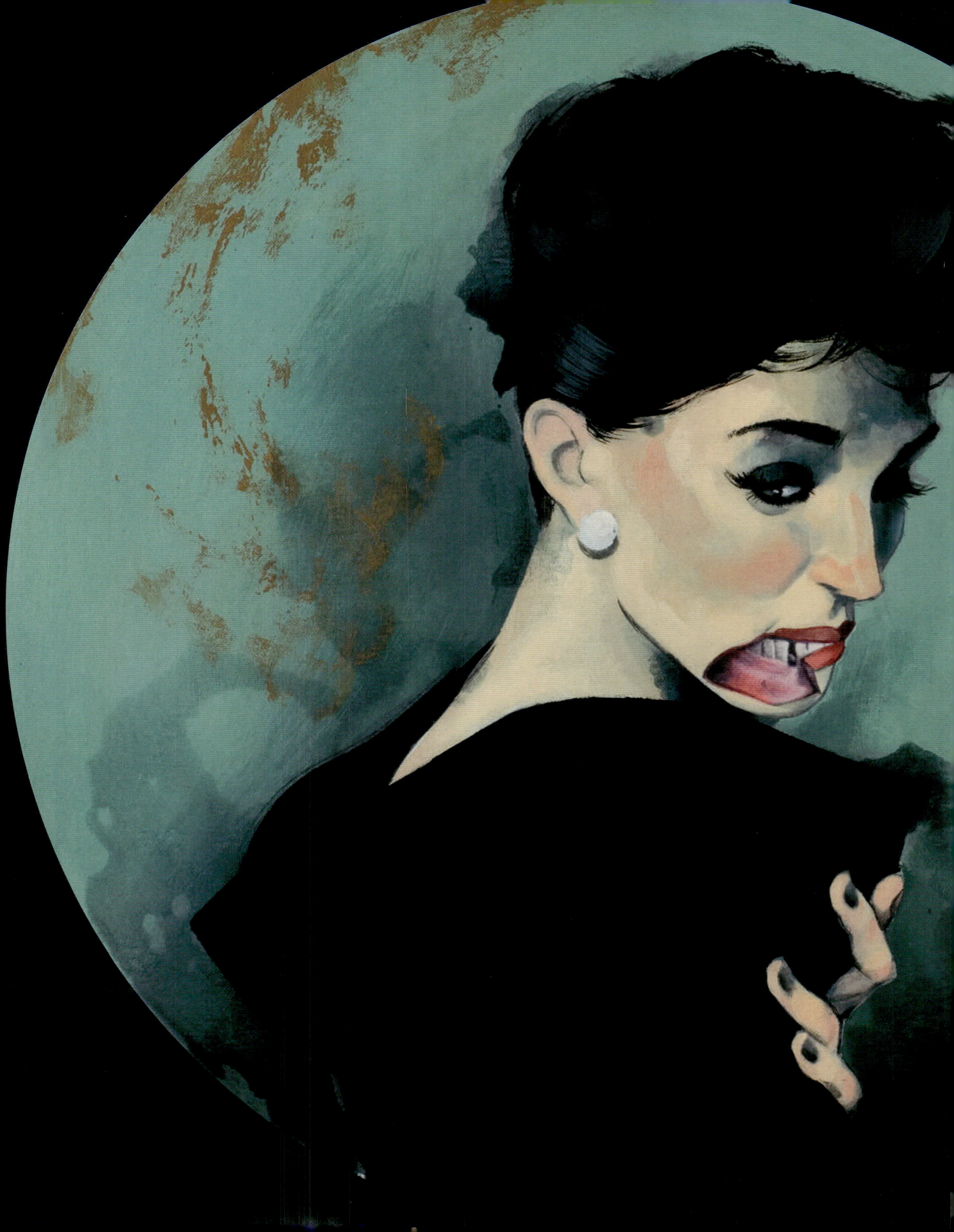

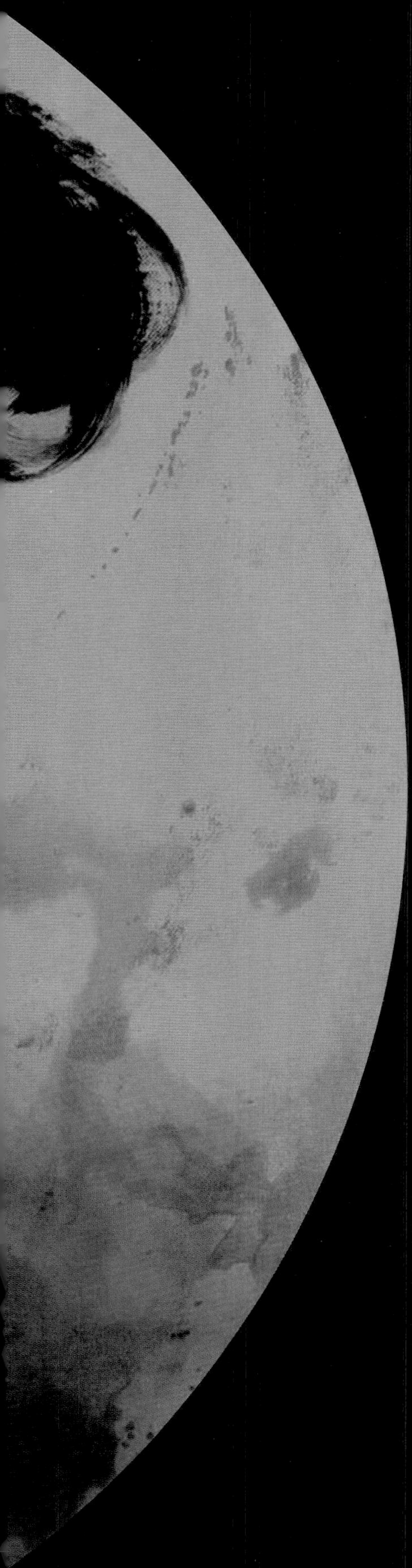

Beso sour (2007), 60 × 60cm
Acrylic on canvas mounted on panel
Acrílico sobre lienzo encolado a tabla

124

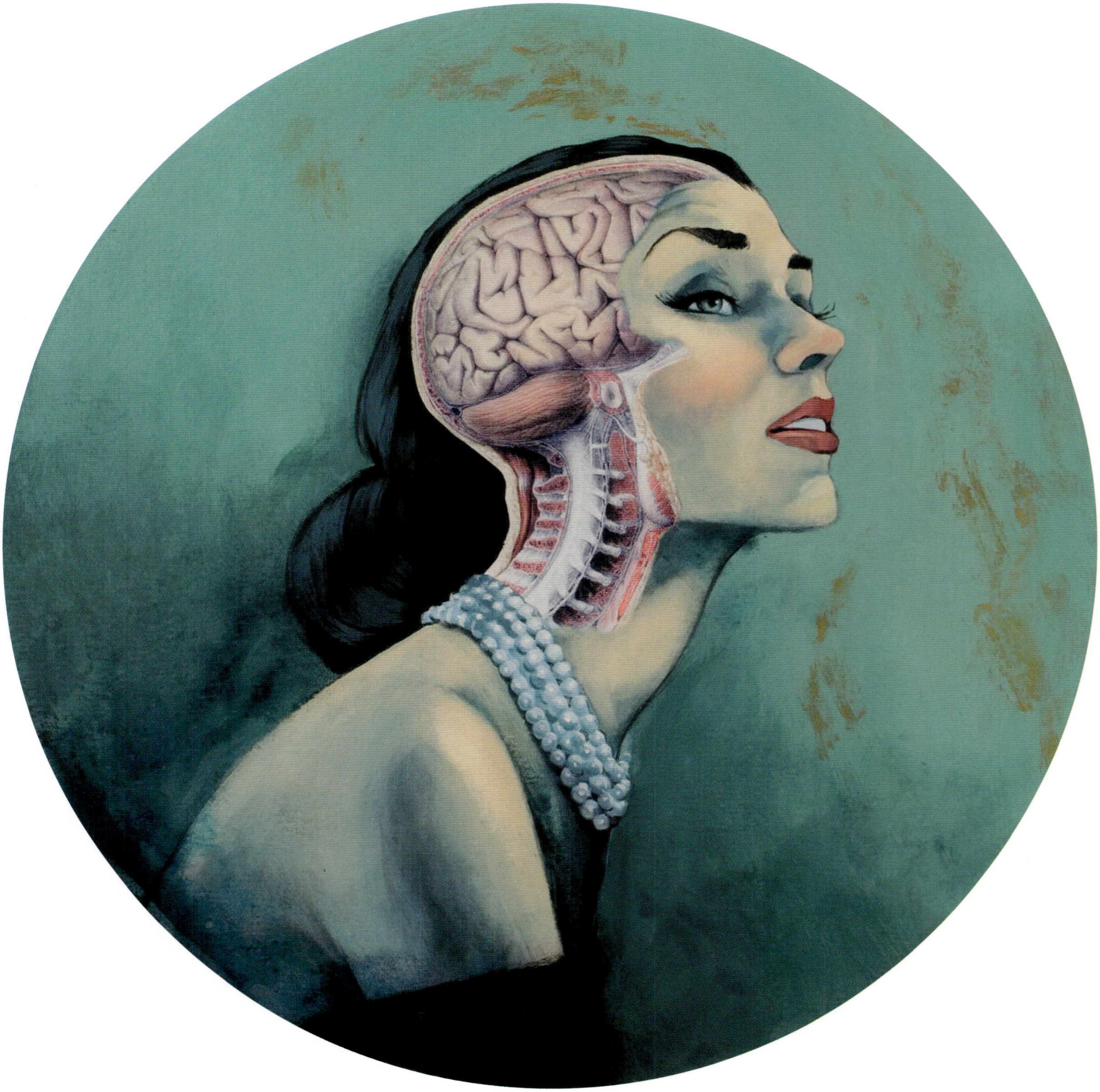

Materia rosa (2007), 60 × 60cm
Acrylic on canvas mounted on panel
Acrílico sobre lienzo encolado a tabla

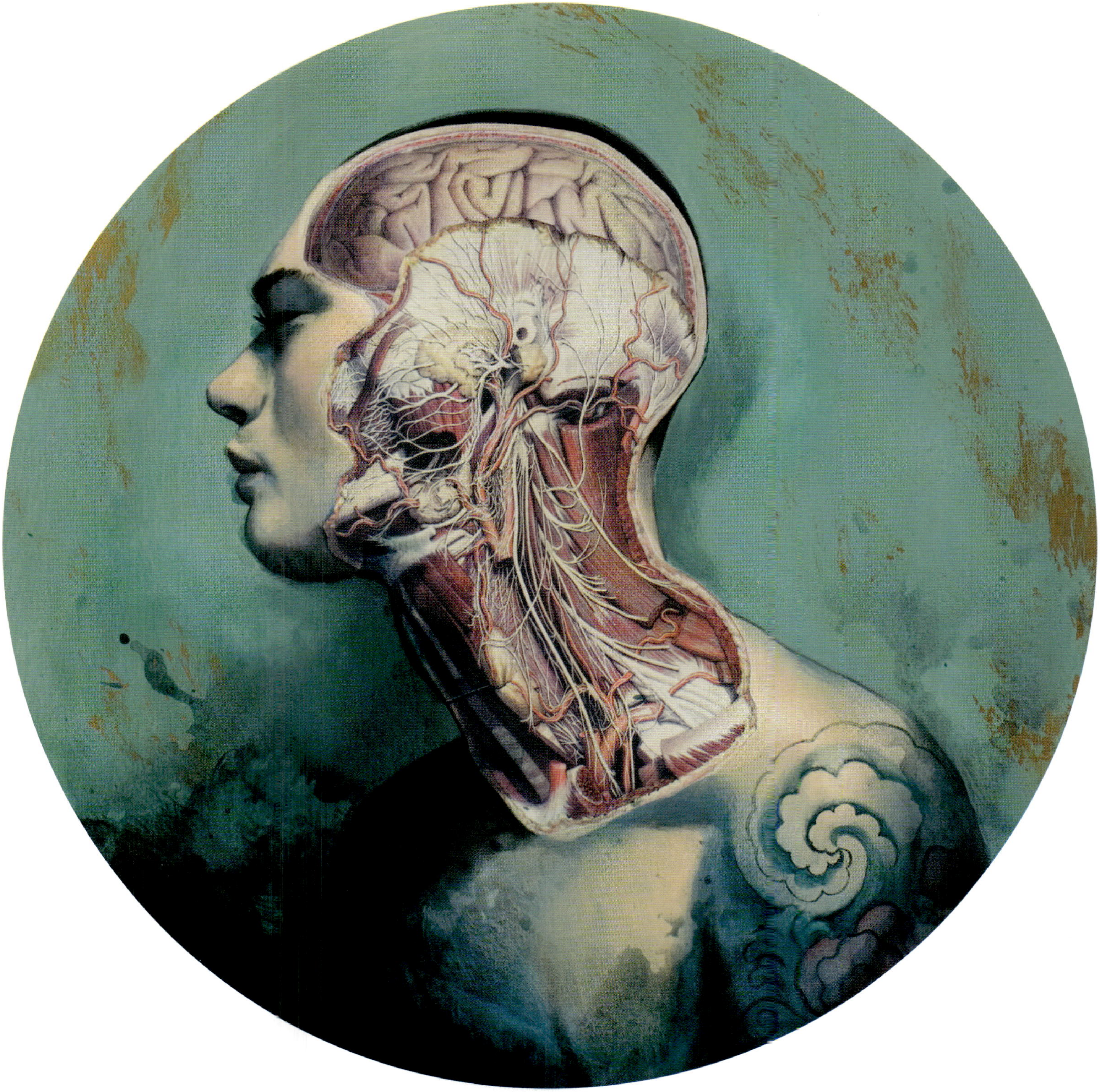

Escorzo (2007), 60 × 60cm
Acrylic on canvas mounted on panel
Acrílico sobre lienzo encolado a tabla

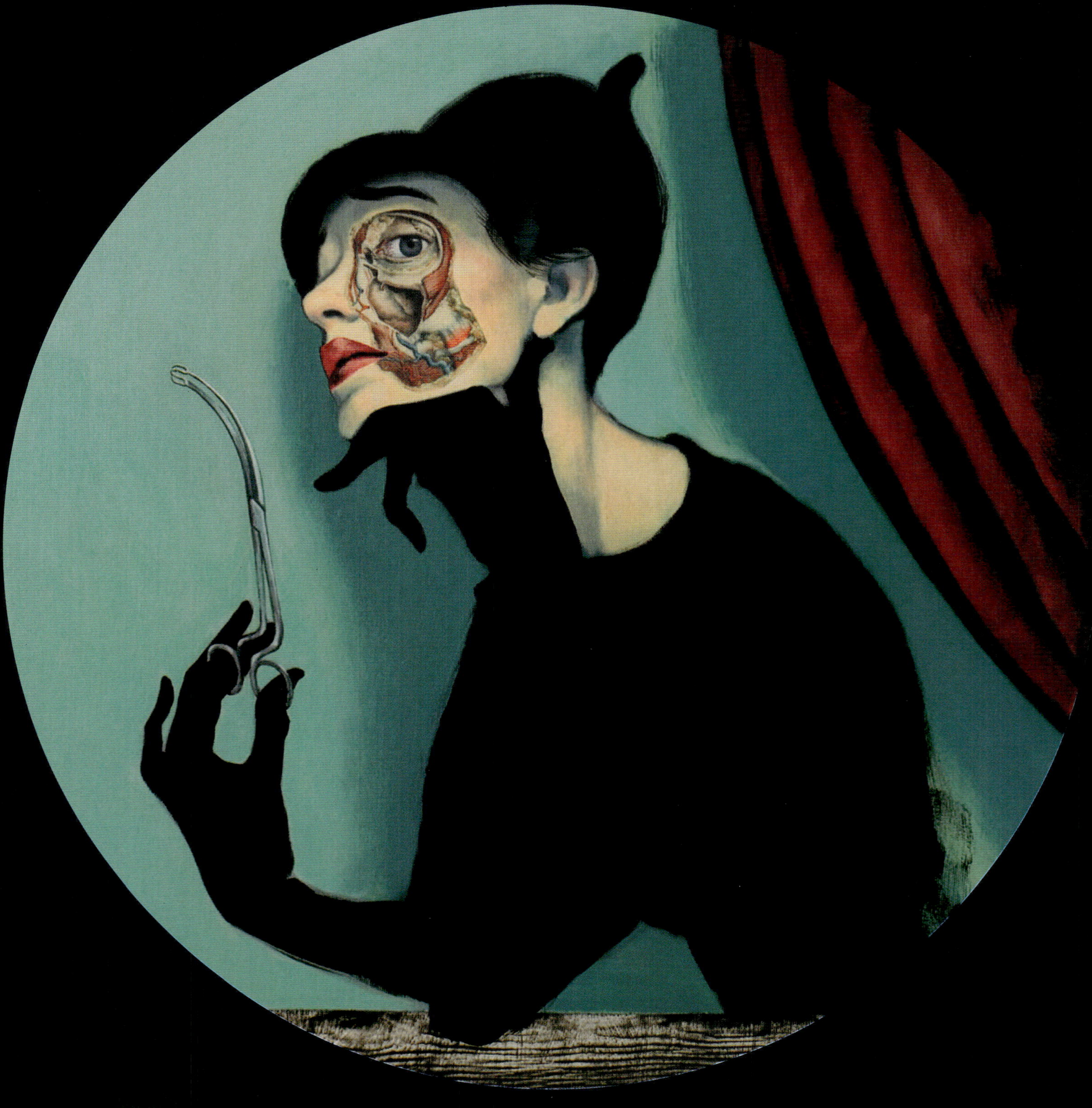

Iris (2007), 60 × 60cm
Acrylic on canvas mounted on panel
Acrílico sobre lienzo encolado a tabla

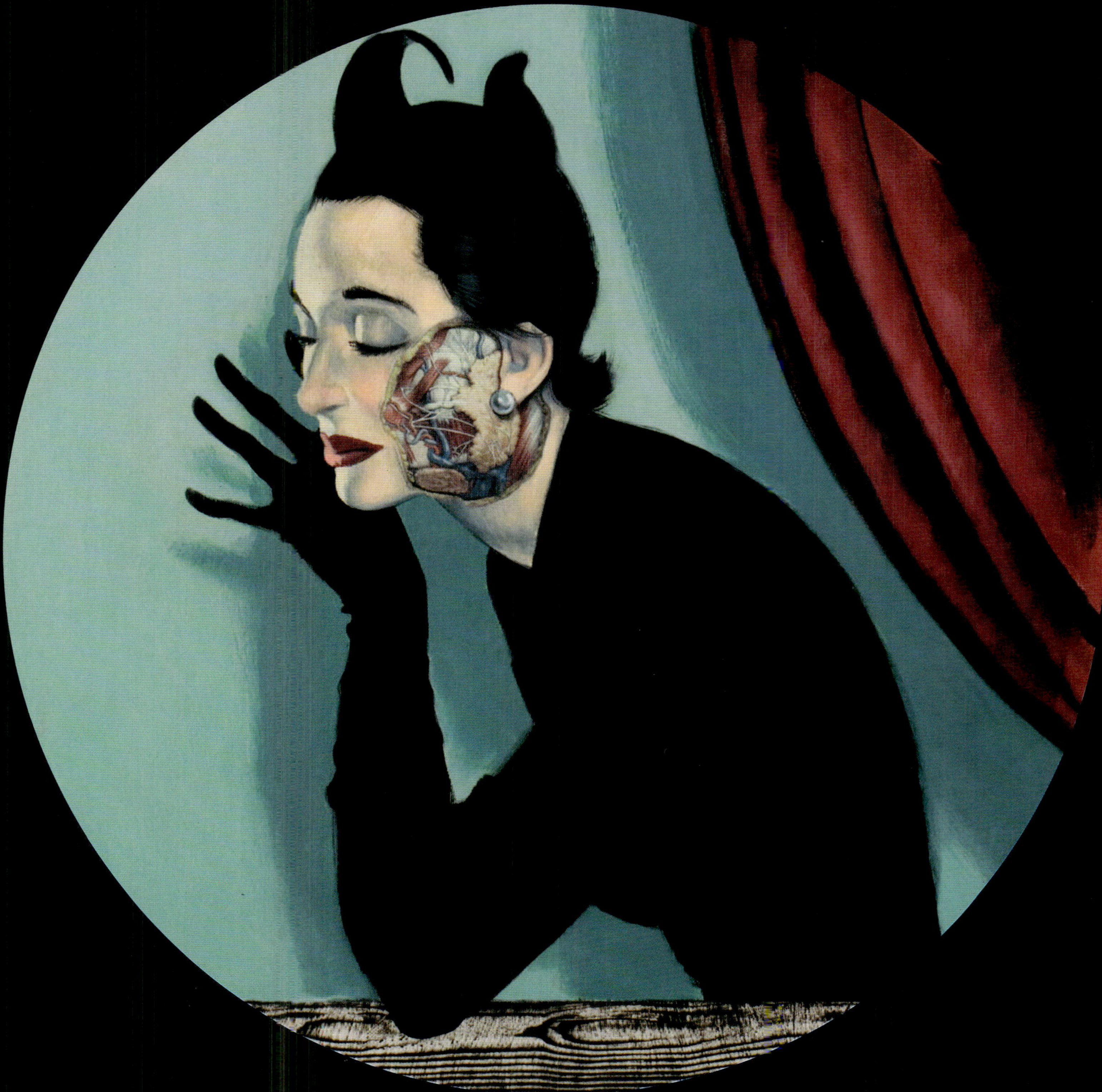

Enigma en rouge (2007), 60 × 60cm
Acrylic on canvas mounted on panel
Acrílico sobre lienzo encolado a tabla

128

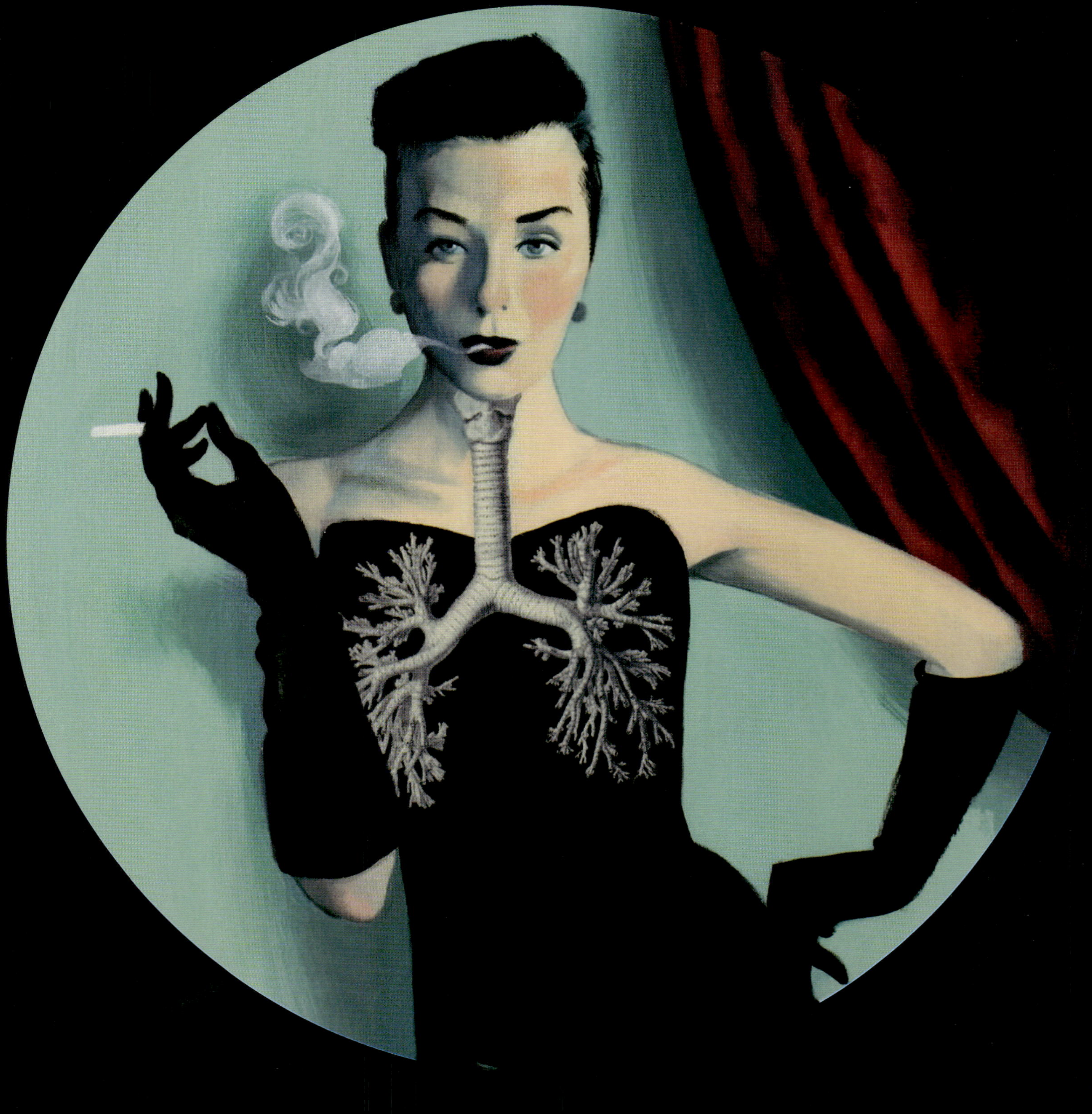

Humo (2007), 60 × 60cm
Acrylic on canvas mounted on panel
Acrilico sobre lienzo encolado a tabla

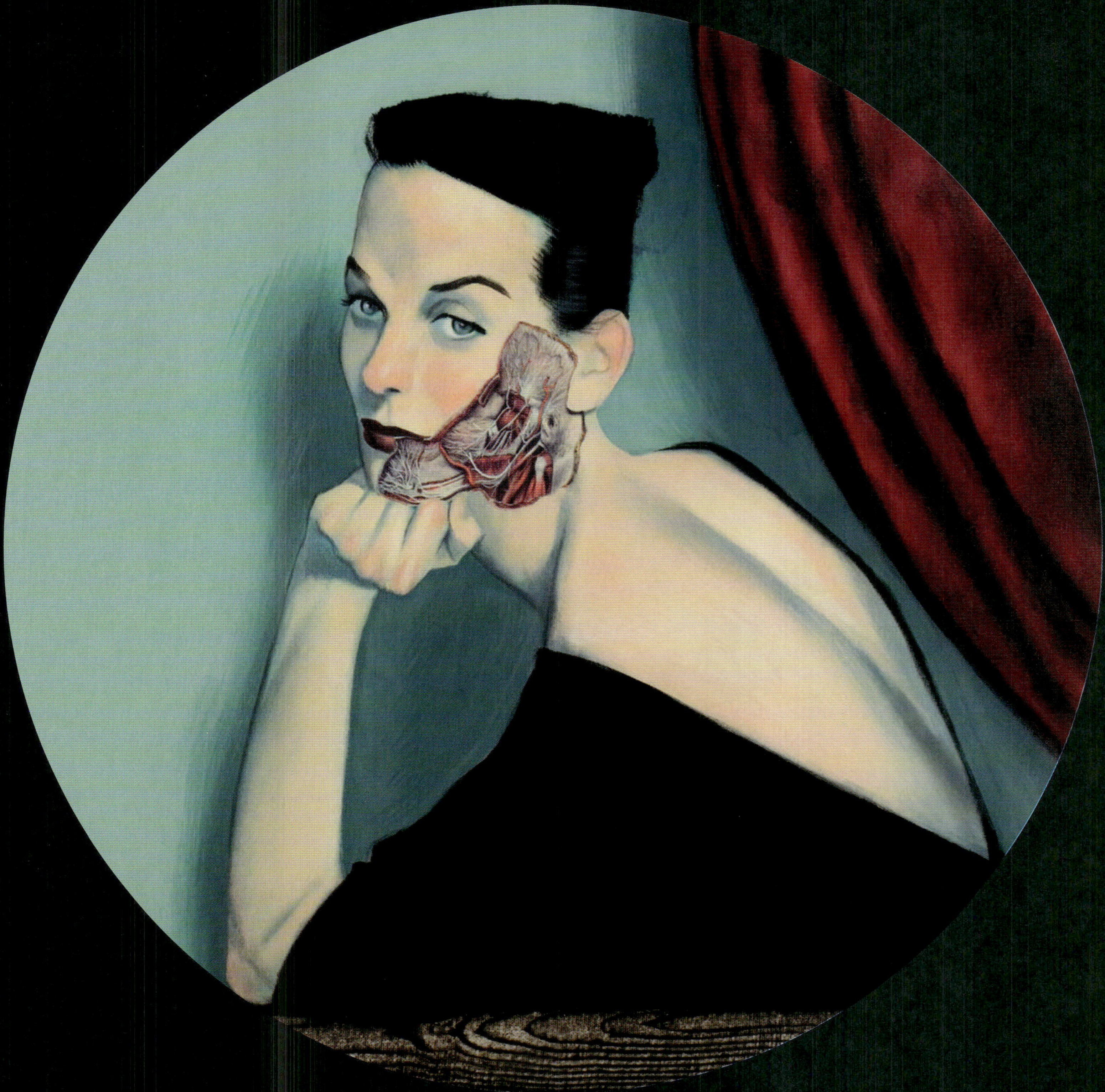

Dulce porvenir (2007), 60 × 60cm
Acrylic on canvas mounted on panel
Acrílico sobre lienzo encolado a tabla

Deslenguada (2007), 60 × 60cm
Acrylic on canvas mounted on panel
Acrílico sobre lienzo encolado a tabla

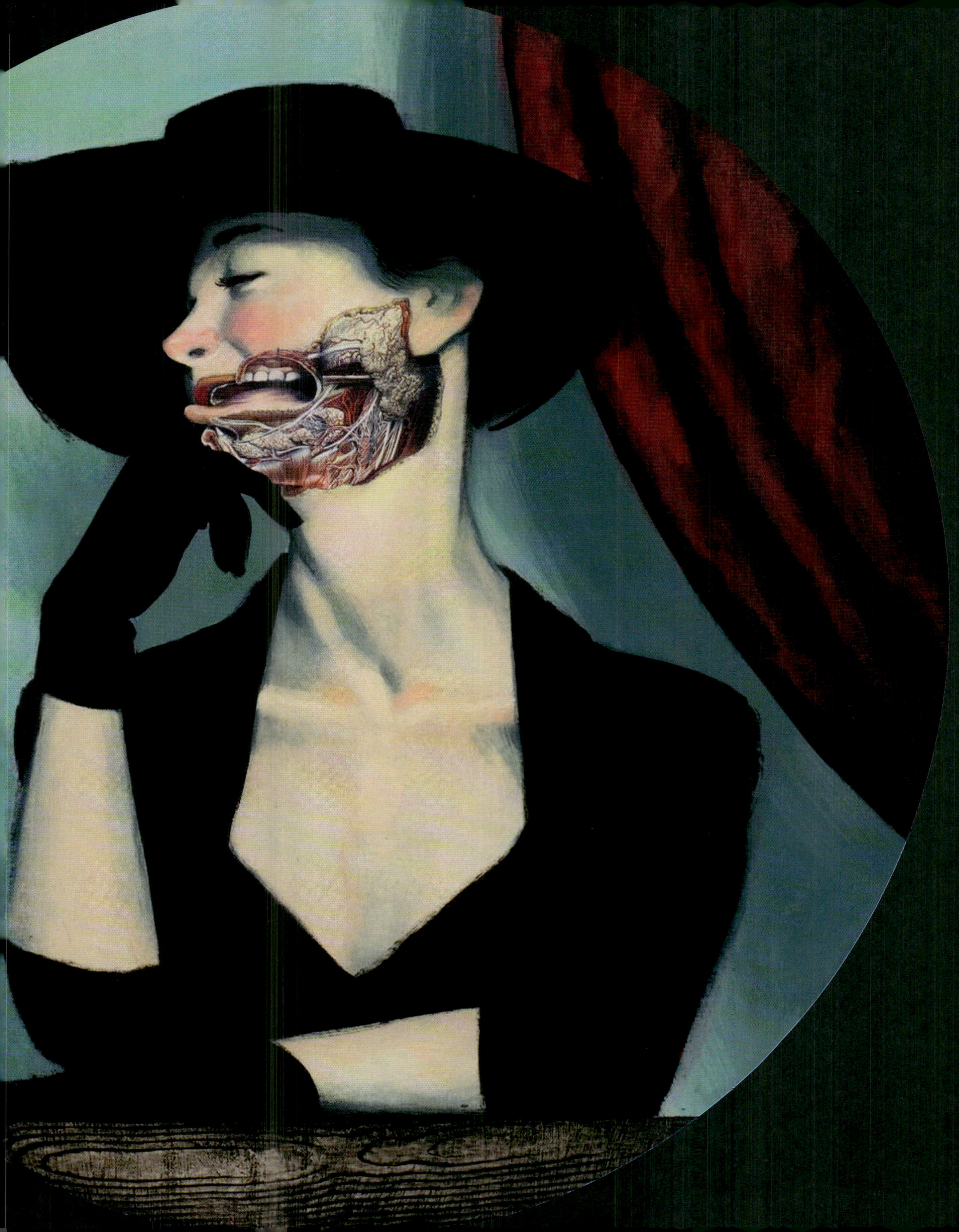

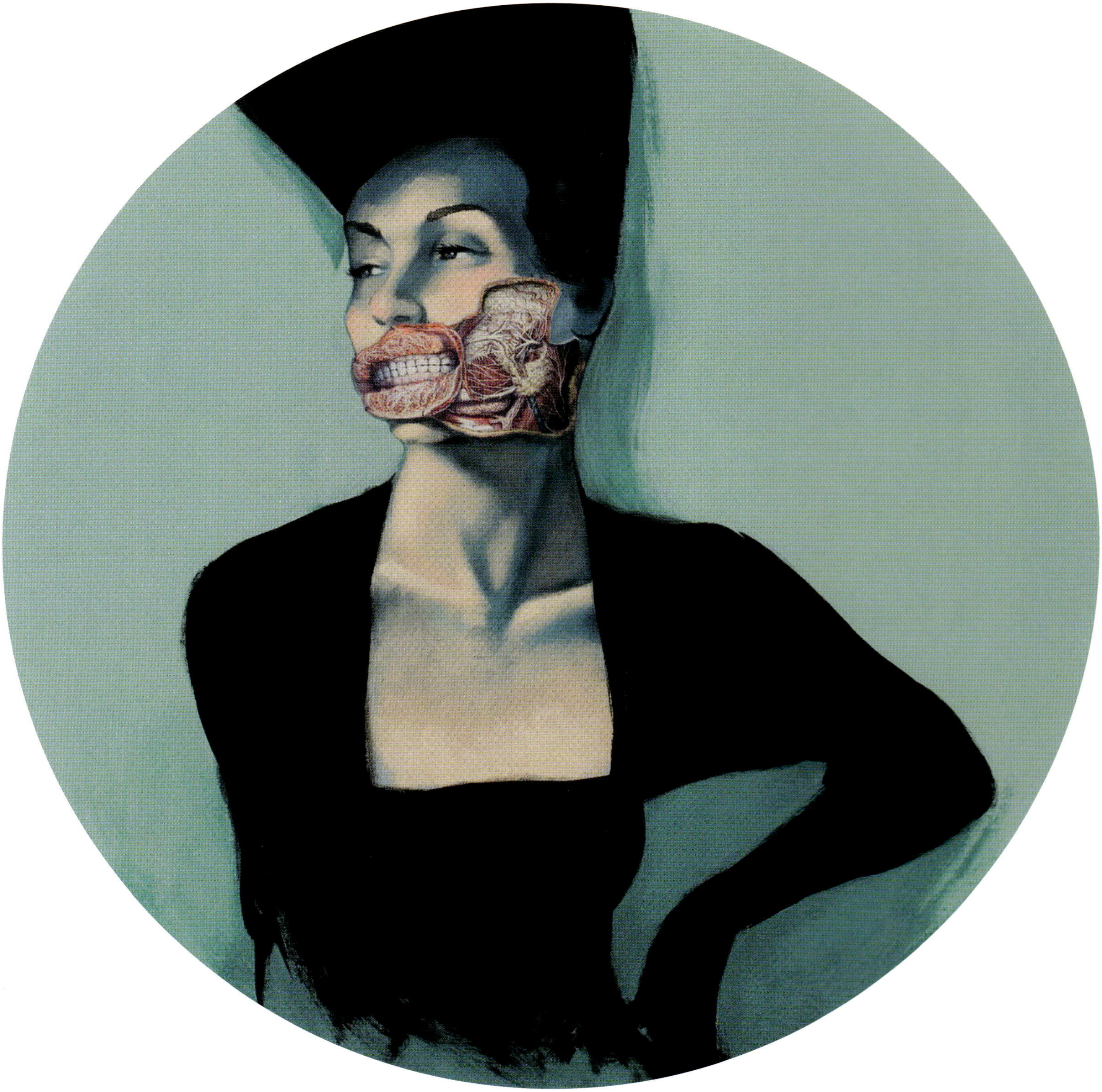

Beso fizz (2007), 60 × 60cm
Acrylic on canvas mounted on panel
Acrílico sobre lienzo encolado a tabla

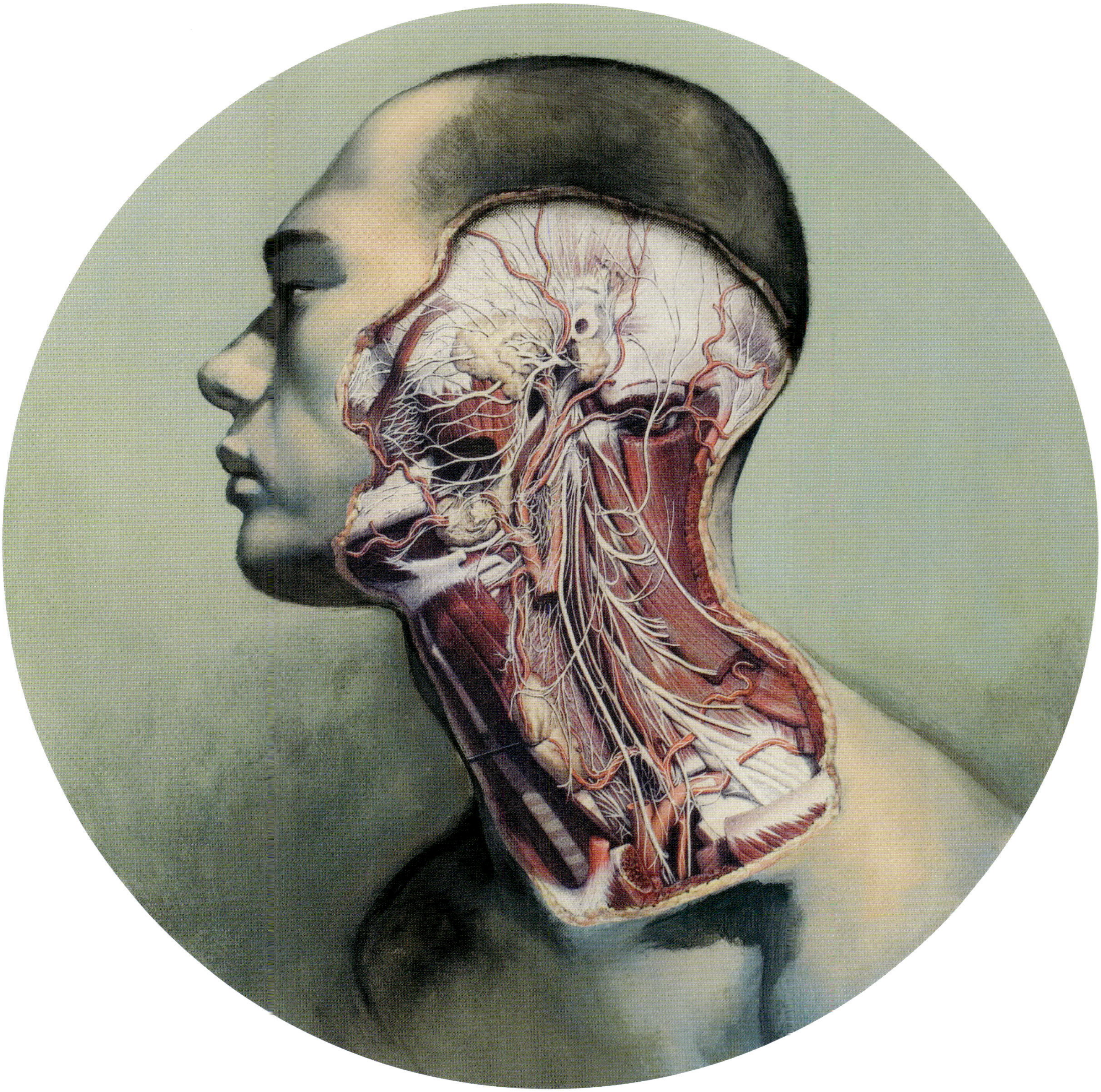

Escorzo II (2007), 60 × 60cm
Acrylic on canvas mounted on panel
Acrílico sobre lienzo encolado a tabla

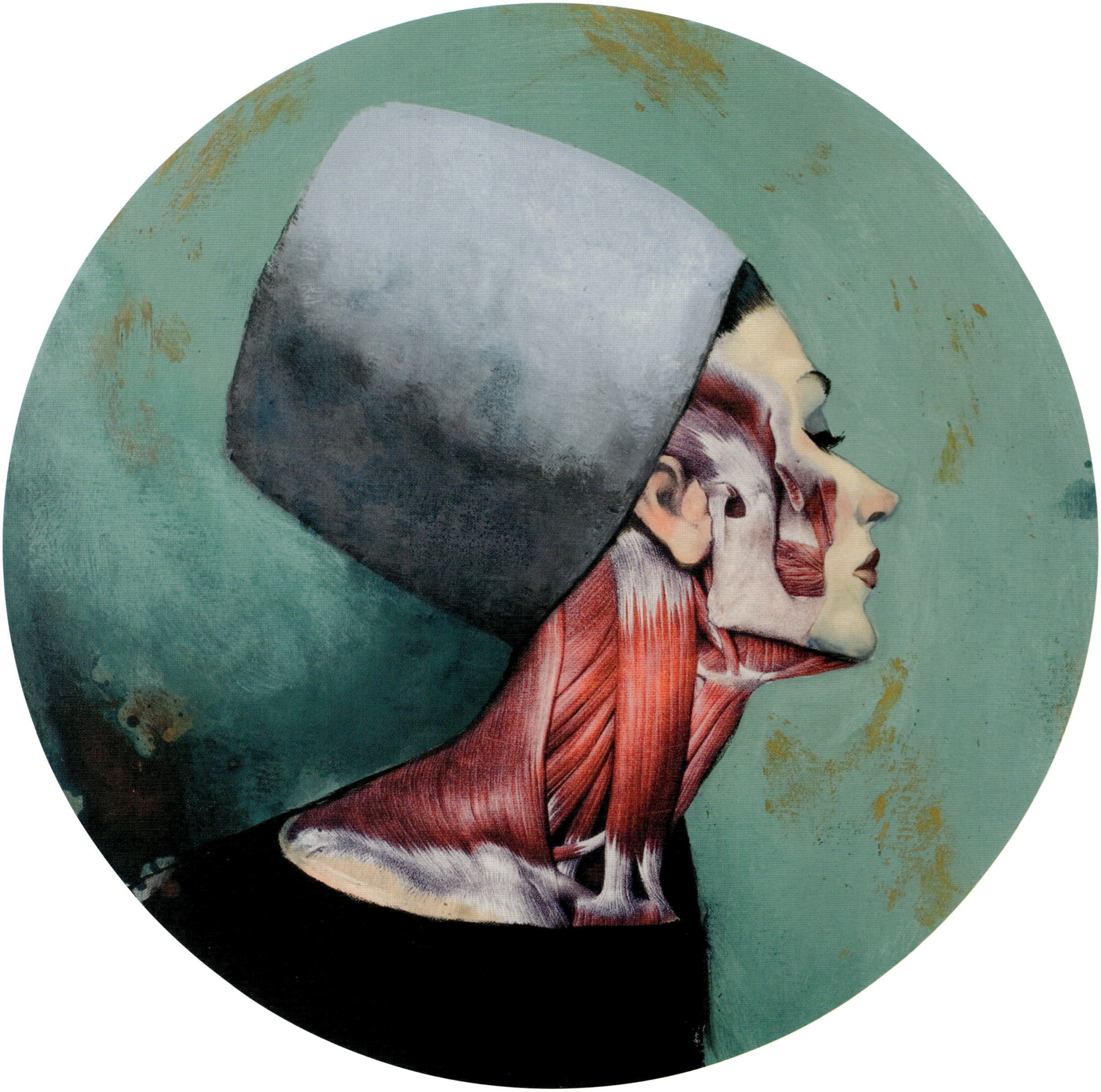

Pasión invernal (2007), 60 × 60cm
Acrylic on canvas mounted on panel
Acrílico sobre lienzo encolado a tabla

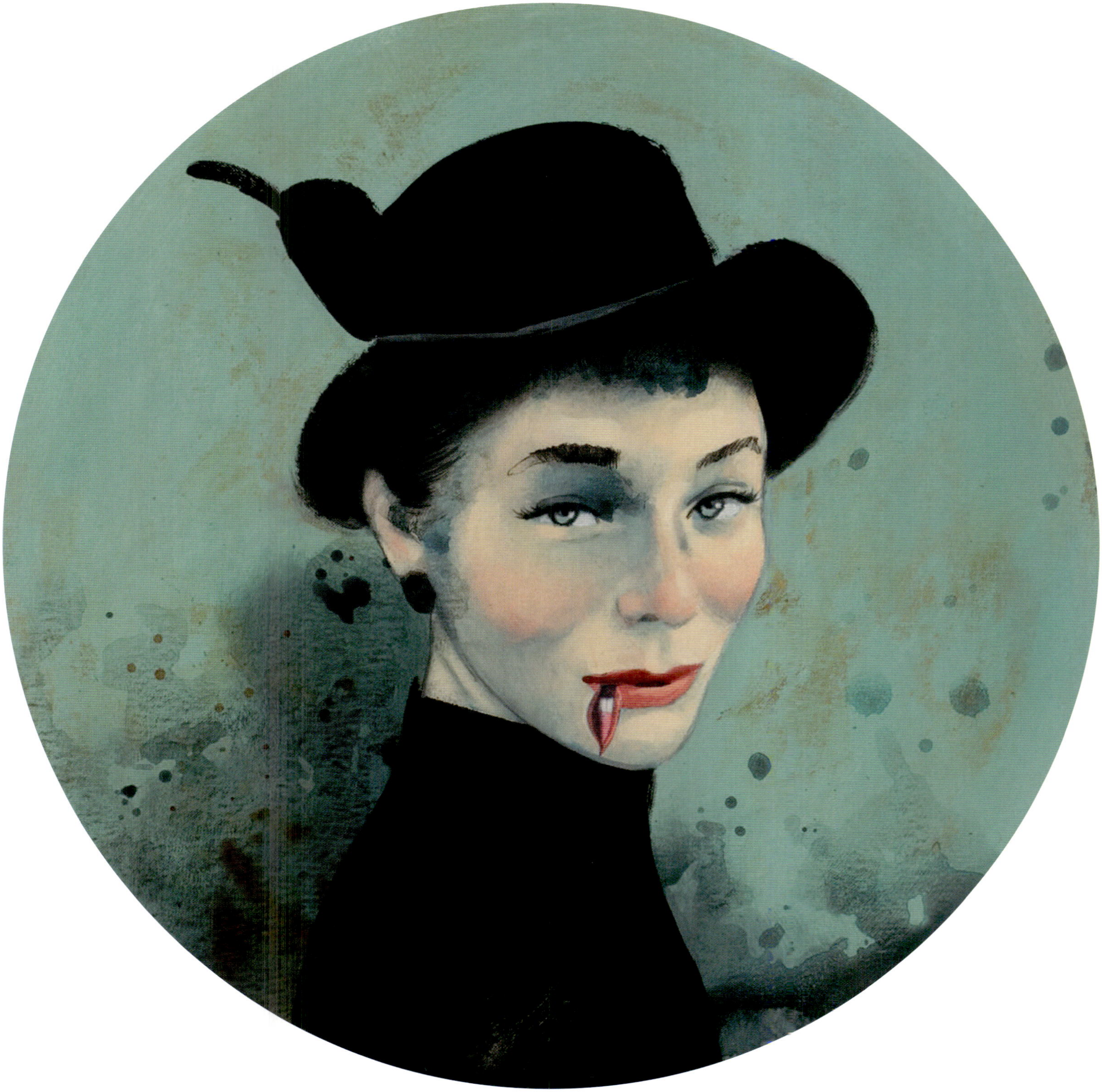

Belleza robada (2007), 60 × 60cm
Acrylic on canvas mounted on panel
Acrílico sobre lienzo encolado a tabla

Ver

IV

nus

Around the Body

With this series I have tried to investigate the mix of anatomy and beauty a little further. I think *Vanitas* left some open doors that I wanted to explore. While the stylistic reference in that was fashion photos of the '50s, by photographers like Erwin Blumenfeld or Irving Penn, in this series I wanted to pay tribute to the great themes of painting. You therefore find some reclining nudes in the style of the Orientalist odalisques, some paying homage to Botticelli's 'Venus and the Three Graces', which is one of the great themes of painting. Since I was a kid, I have always been attracted by these three women – who I often went to see at the Prado museum and who are so beautifully executed by my beloved Rubens – and the relationship between them. In this series, you can also find a small homage to Courbet and his famous self-portrait, to Leonardo da Vinci and his 'Lady with an Ermine', which not long ago was on show in Madrid in a magnificent exhibition at the Palacio Real. I had always really liked that piece, so after seeing it in real life I decided to include it in the series. There are some more timid homages to the great Japanese artist and engraver Katsushika Hokusai, who was behind the famous 'Great Wave'.

This series features many tattoos, from classic Japanese Koi carp to those worn by the Three Graces, where a curious relationship is created between the anatomical and tattooed parts, something like the drawing of the interior and exterior, with the aesthetic artifice on the skin and our organs, shown in all their beauty/rawness, revealing the only inner and dramatically true reality.

Reflecting now in order to write this text, I realise that my work always revolves around the body. In all my series, it is clearly the wonder of the human body that connects them. Insofar as the *Atlas* series sought a geography of the body and a topography of the skin, which it found in old maps, in these latest series, I tried to reveal the insides in all their beauty, that is, this area previously reserved for doctors (I find my references in old medical anatomy prints), which is perhaps taboo for many people and which in recent years we have begun to uncover.

I started working with the anatomy in the '90s. At the time, I let my intuition and my interests lead me. I collected anatomical prints, as well as maps and other printed treasures, from a very young age, but it is in recent years that I have observed a boom in anatomical painting, to the extent that it has almost become a genre in itself. Artists using this inexhaustible source as a basis for their work have emerged around the word. I like to think that my work has had an influence on some of them; some galleries specialising in the genre have even appeared. I think my future steps will lead me to continue investigating this process, and the relationship between inner and outer beauty, without drama or gruesomeness, only a deep admiration for the body.

—Fernando Vicente

Alrededor del cuerpo

Con esta serie he tratado de profundizar algo más en la mezcla de anatomía y belleza. Creo que *Vanitas* dejó algunas puertas abiertas que quería explorar. Si en ella la referencia estilística eran las fotos de moda de los años 50 de fotógrafos como Erwin Blumenfeld o Irving Penn, en esta serie he querido hacer un homenaje a los grandes temas de la pintura, así podemos encontrar algún desnudo reclinado al modo de las odaliscas orientalistas del siglo XIX, alguna Venus homenajeando a Botticelli, *Venús y las Tres Gracias*, como uno de los grandes temas de la pintura. Desde crío siempre me sentí atraído por esas tres mujeres y la relación que se produce entre ellas y a las que visitaba con frecuencia en el museo del Prado, maravillosamente ejecutadas por mi admirado Rubens. También podemos encontrar en esta serie un pequeño homenaje a Courbet y su famoso autorretrato, a Leonardo da Vinci con su *Dama del Armiño*, que hace no mucho estuvo de visita por Madrid en una magnífica exposición en el Palacio Real, y que siempre me había gustado mucho, así que después de verla en directo decidí incluirla en la serie. Hay algún homenaje más tímido como al gran artista y grabador japonés Katsushika Hokusai, autor de la tan famosa *Ola*.

En esta serie hay muchos tatuajes, desde la clásica carpa japonesa (Koi) a los que lucen las tres gracias, donde se produce una curiosa relación entre las partes anatómicas y las tatuadas, algo así como el dibujo del interior y del exterior, el artificio estético sobre la piel y la realidad interior única y dramáticamente real, nuestros órganos mostrados con toda su belleza-crudeza.

Reflexionando ahora para escribir este texto, me doy cuenta de que mi trabajo siempre gira alrededor del cuerpo, en todas mis series por alejadas que parezcan unas de otras, es la maravilla del cuerpo humano. Si ya en la de *Atlas* buscaba una geografía del cuerpo, una orografía de la piel, encontrándola en antiguos mapas, en estas últimas series, he tratado de descubrir el interior con toda su belleza, esa zona antes reservada a los médicos (es en antiguas láminas de anatomía médica donde encuentro las referencias), quizás tabú para mucha gente que en estos últimos años está saliendo a la luz.

Yo empecé a trabajar con la anatomía en los años 90, en aquellos momentos me dejé llevar por mi intuición y mis gustos. Colecciono láminas anatómicas, así como mapas y otros tesoros impresos, desde muy joven, pero es en estos últimos años cuando he podido observar un auge en llevar el tema anatómico a la pintura, convirtiendo casi en un género en sí mismo. Han surgido artistas en todo el mundo trabajando sobre esta fuente inagotable, quiero pensar que mi trabajo ha podido influir en alguno de ellos, incluso han aparecido algunas galerías especializadas en el género. Creo que mis pasos en el futuro van a seguir investigando ese proceso y esa relación entre la belleza interior y exterior, sin dramas ni truculencias, solo una profunda admiración hacia nuestro cuerpo.

—Fernando Vicente

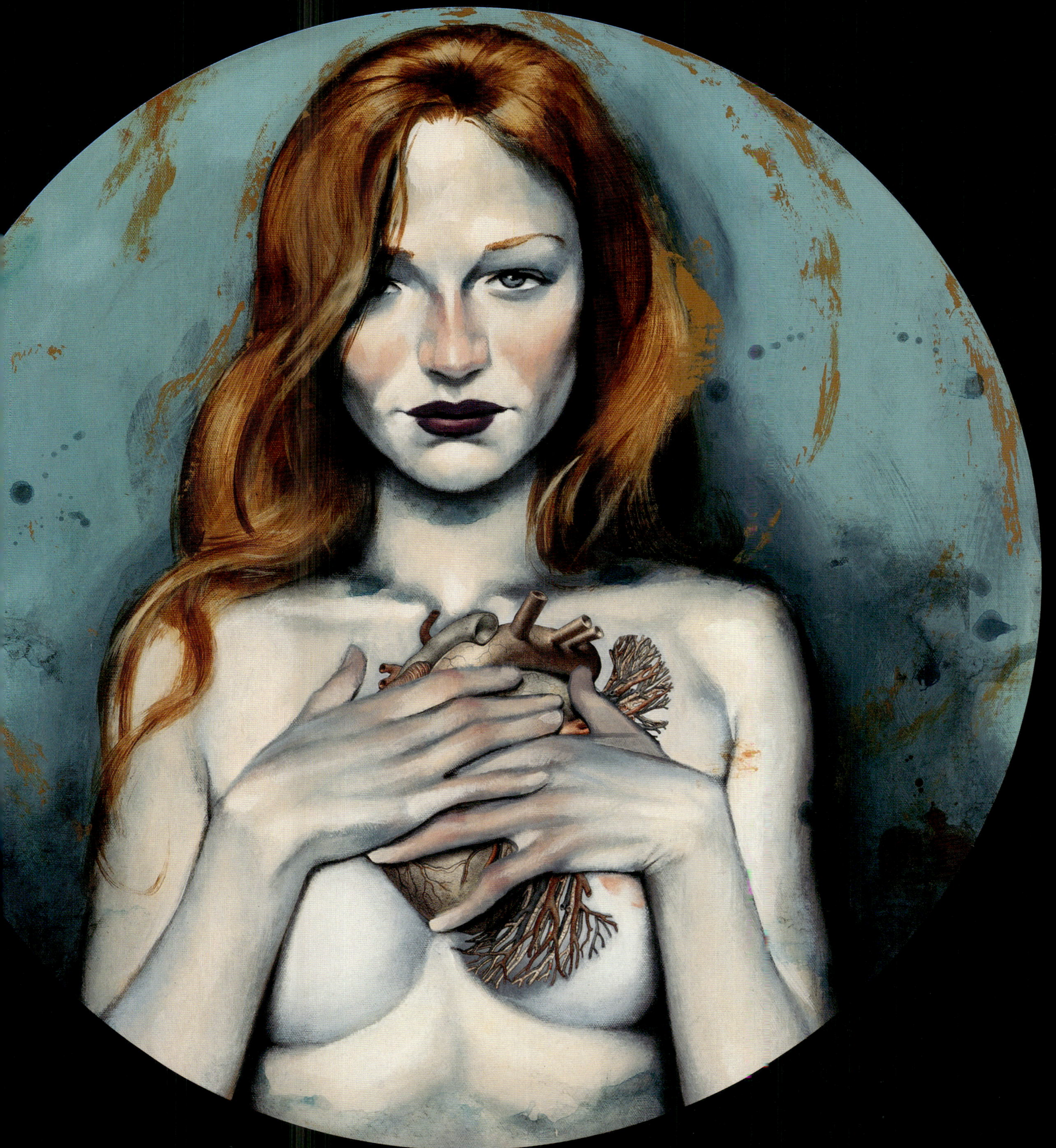

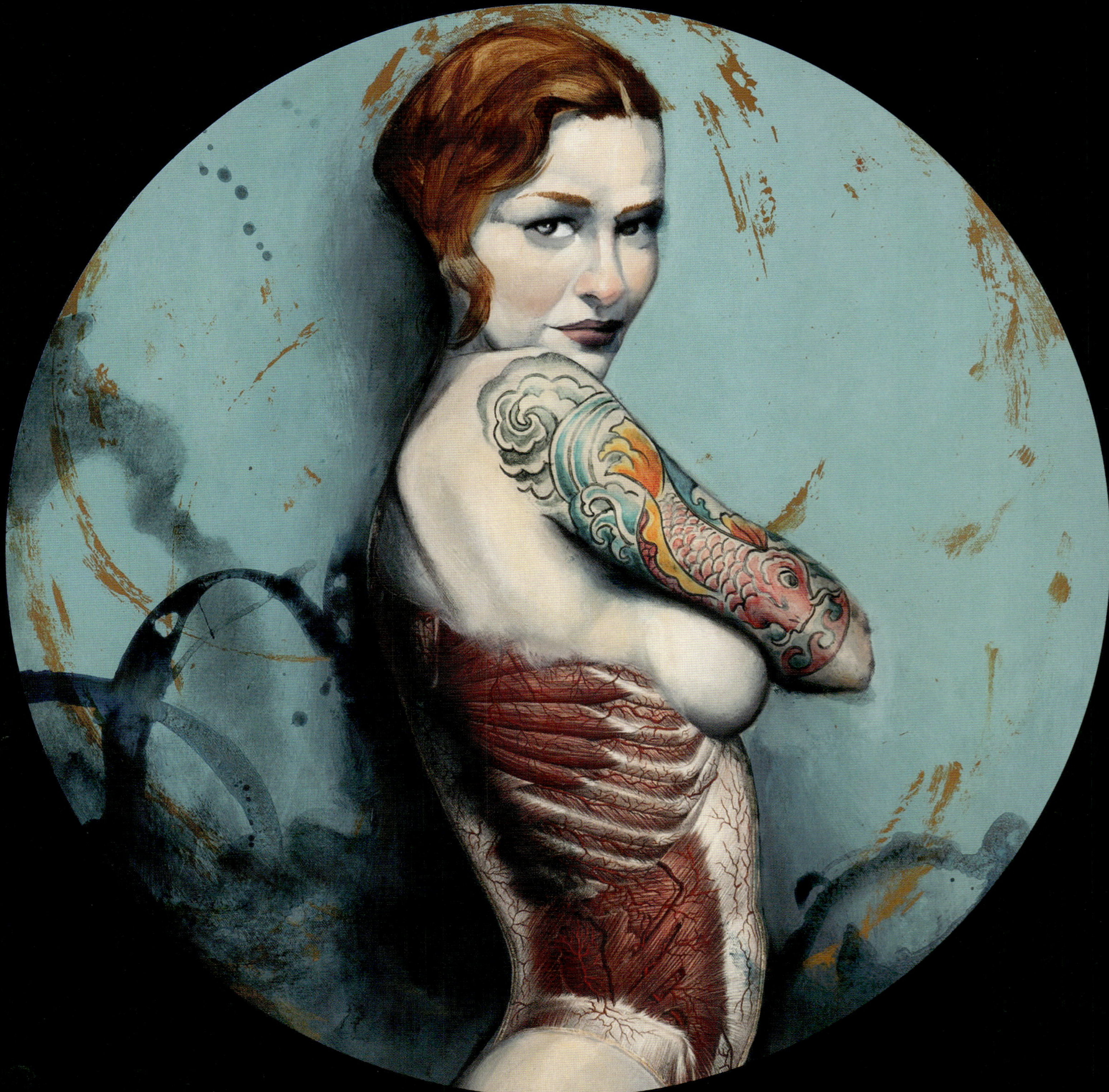

Ghismonda (2011), 60 × 60cm ‹‹—
Koi (2011), 60 × 60cm
Acrylic on canvas mounted on panel
Acrílico sobre lienzo encolado a tabla

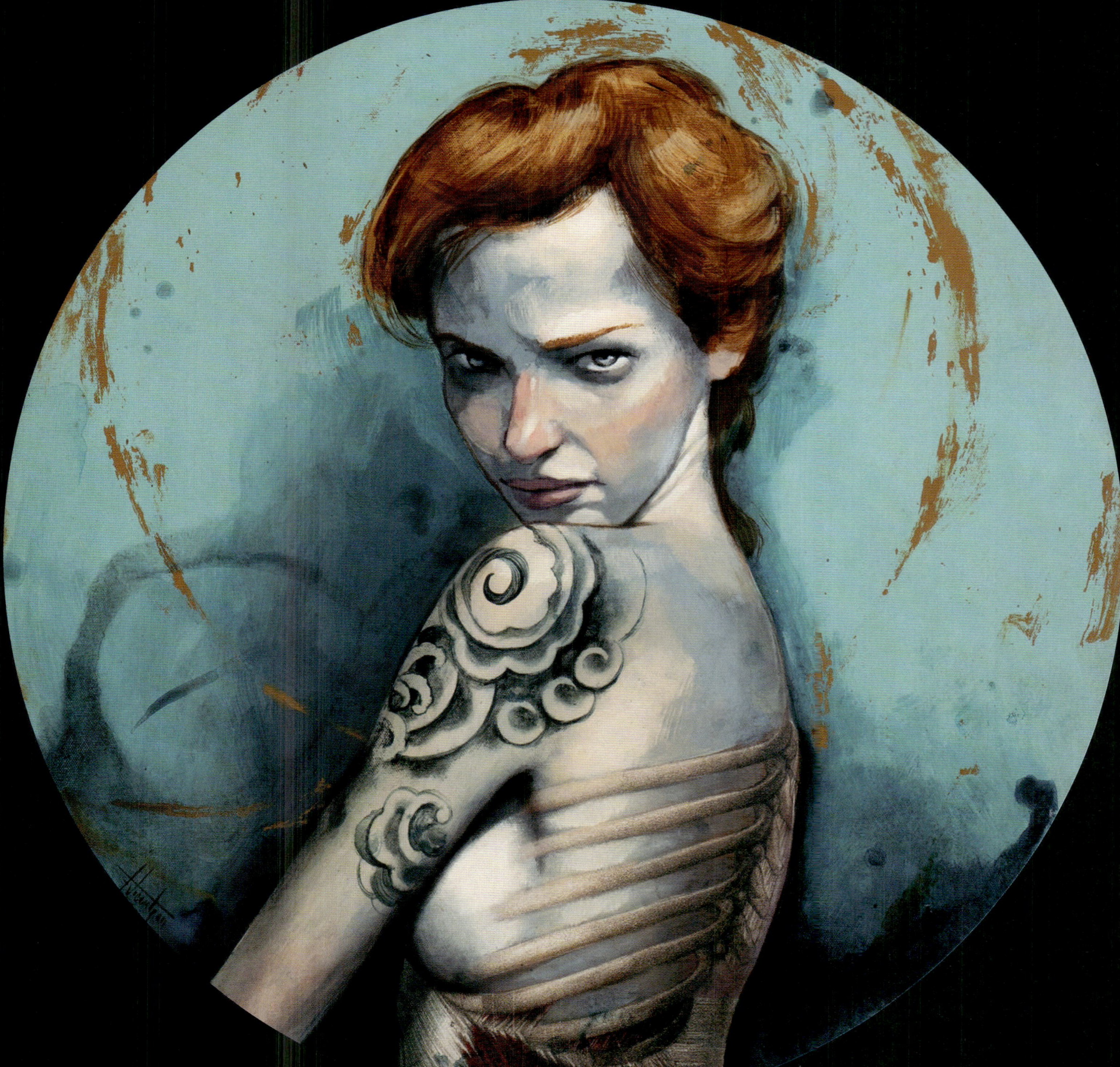

Irezumi (2011), 60 × 60cm
Acrylic on canvas mounted on panel
Acrílico sobre lienzo encolado a tabla

Madame Courbet (2011), 60 × 60cm
Acrylic on canvas mounted on panel
Acrílico sobre lienzo encolado a tabla

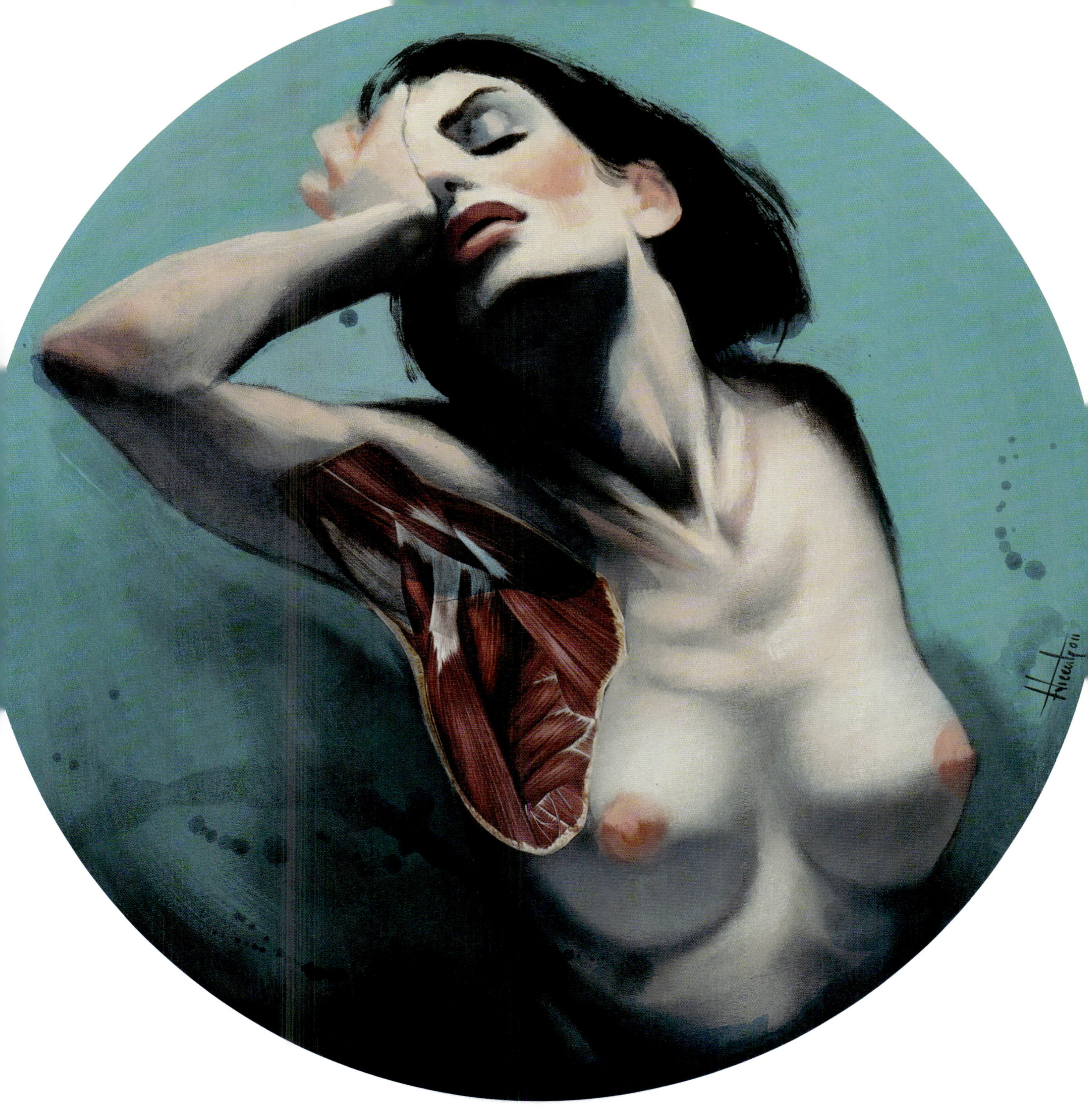

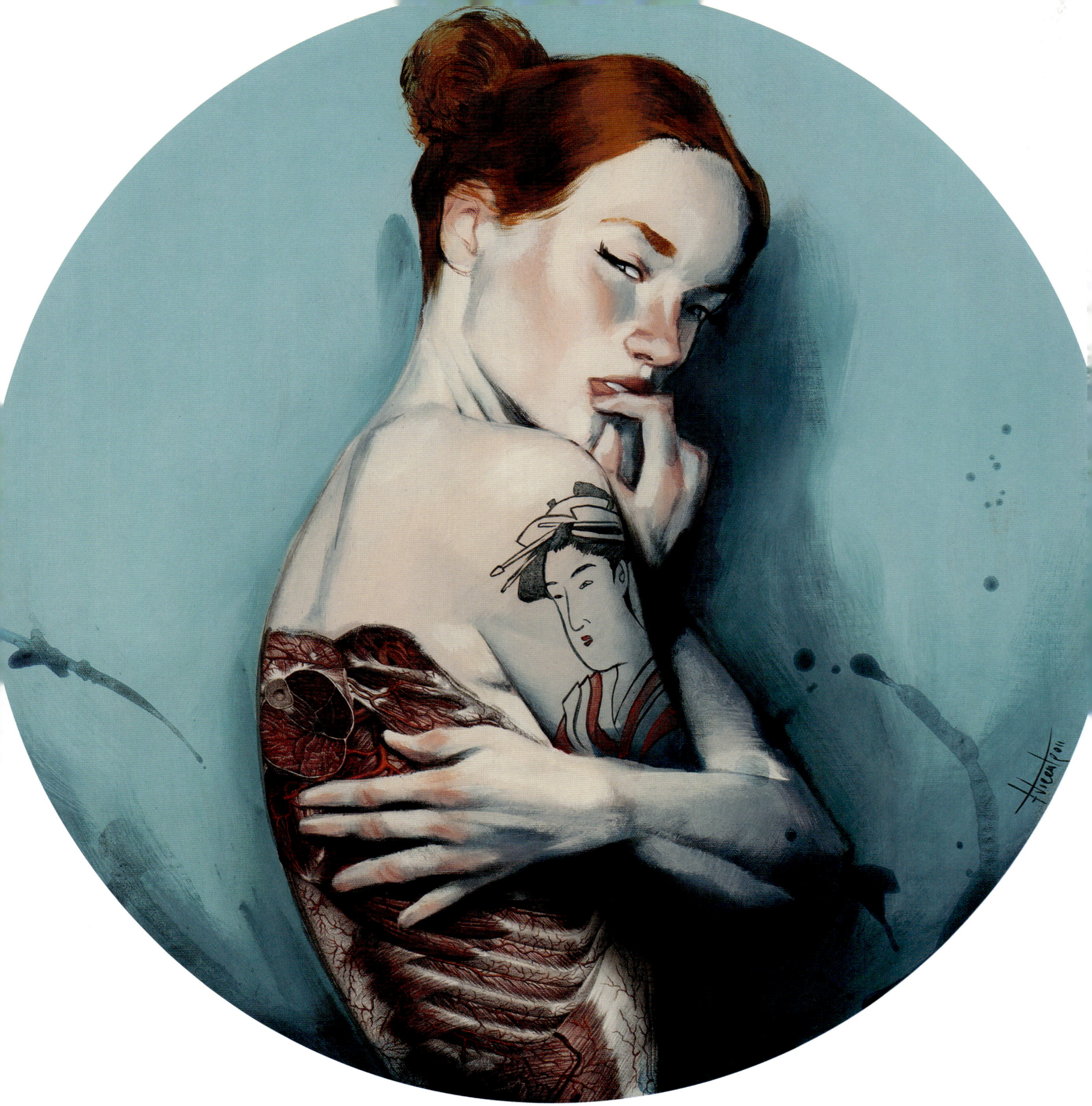

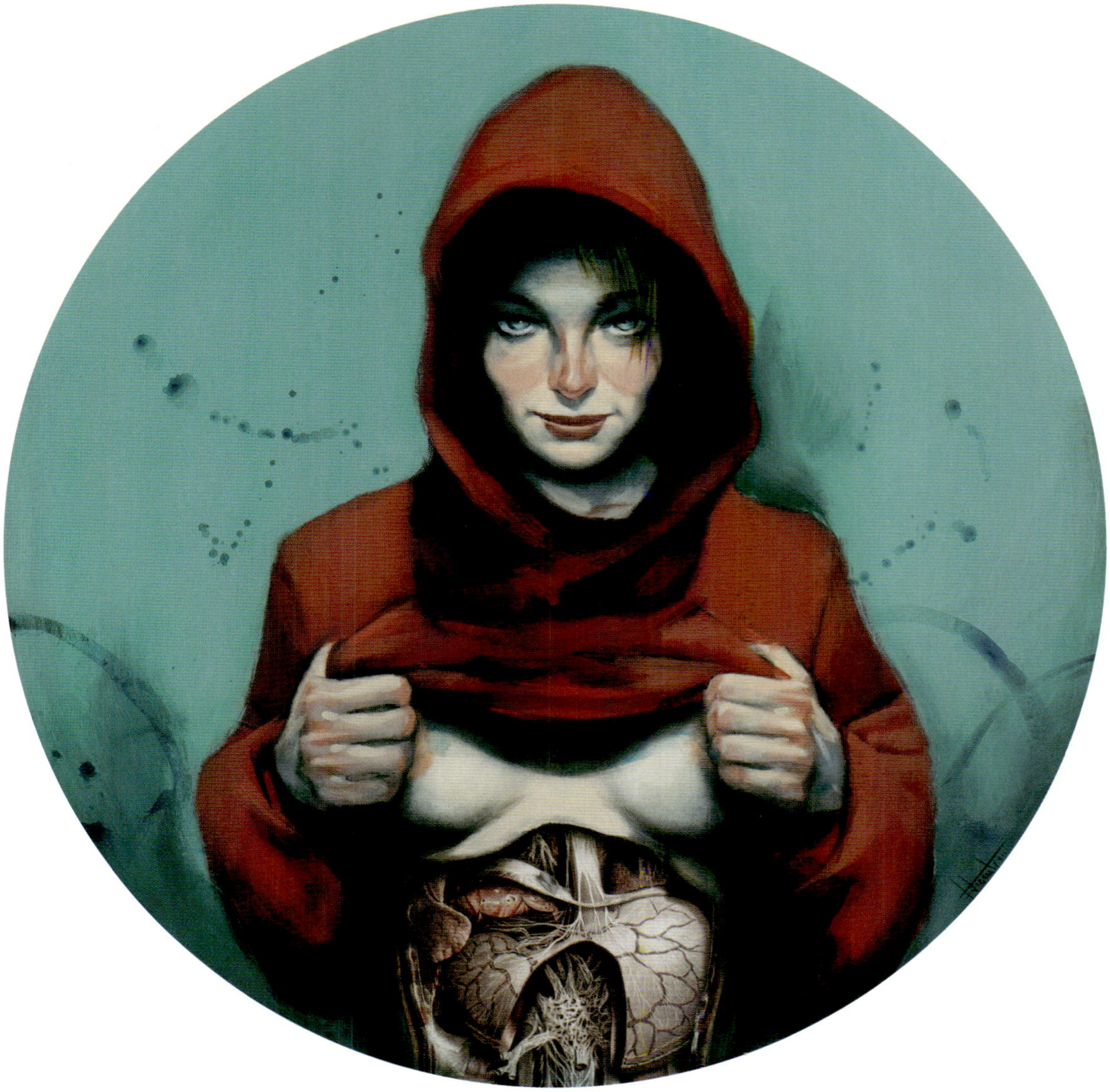

Hokusai (2011), 60 × 60cm ‹‹—
Caperucita Roja (2011), 70 × 70cm
Acrylic on canvas mounted on panel
Acrílico sobre lienzo encolado a tabla

146

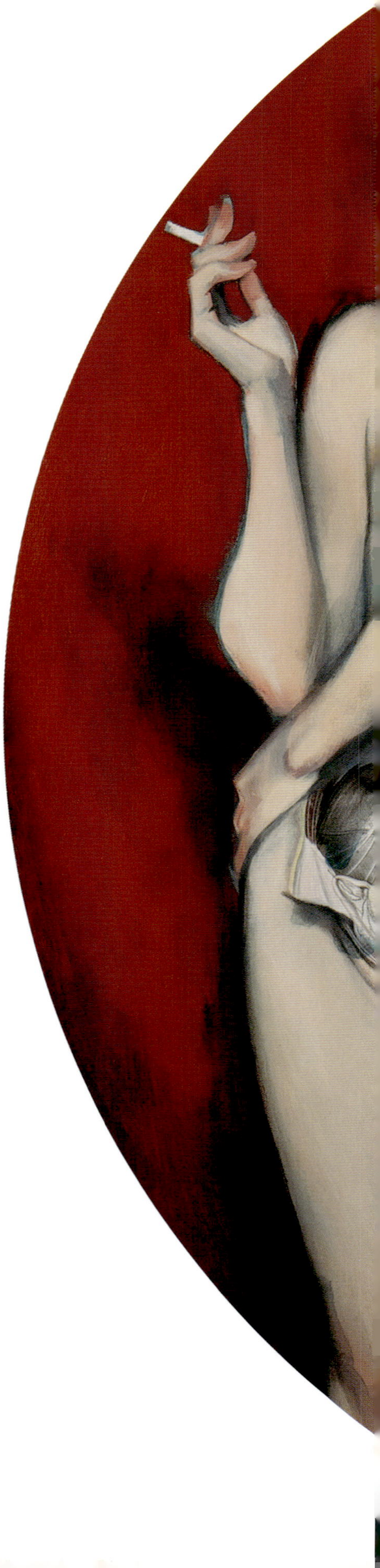

Tres Gracias (2011), 100 × 100cm
Acrylic on canvas mounted on panel
Acrílico sobre lienzo encolado a tabla

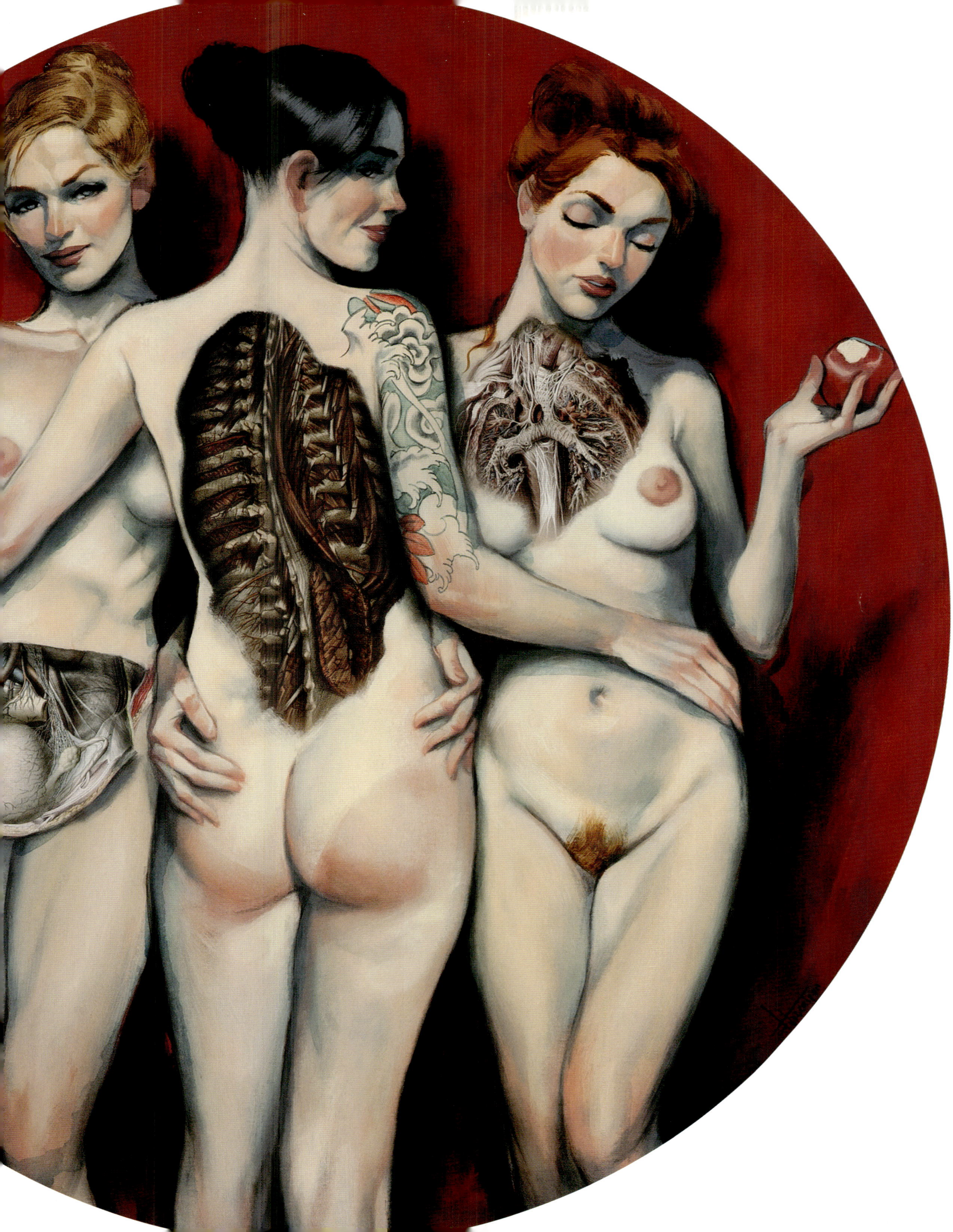

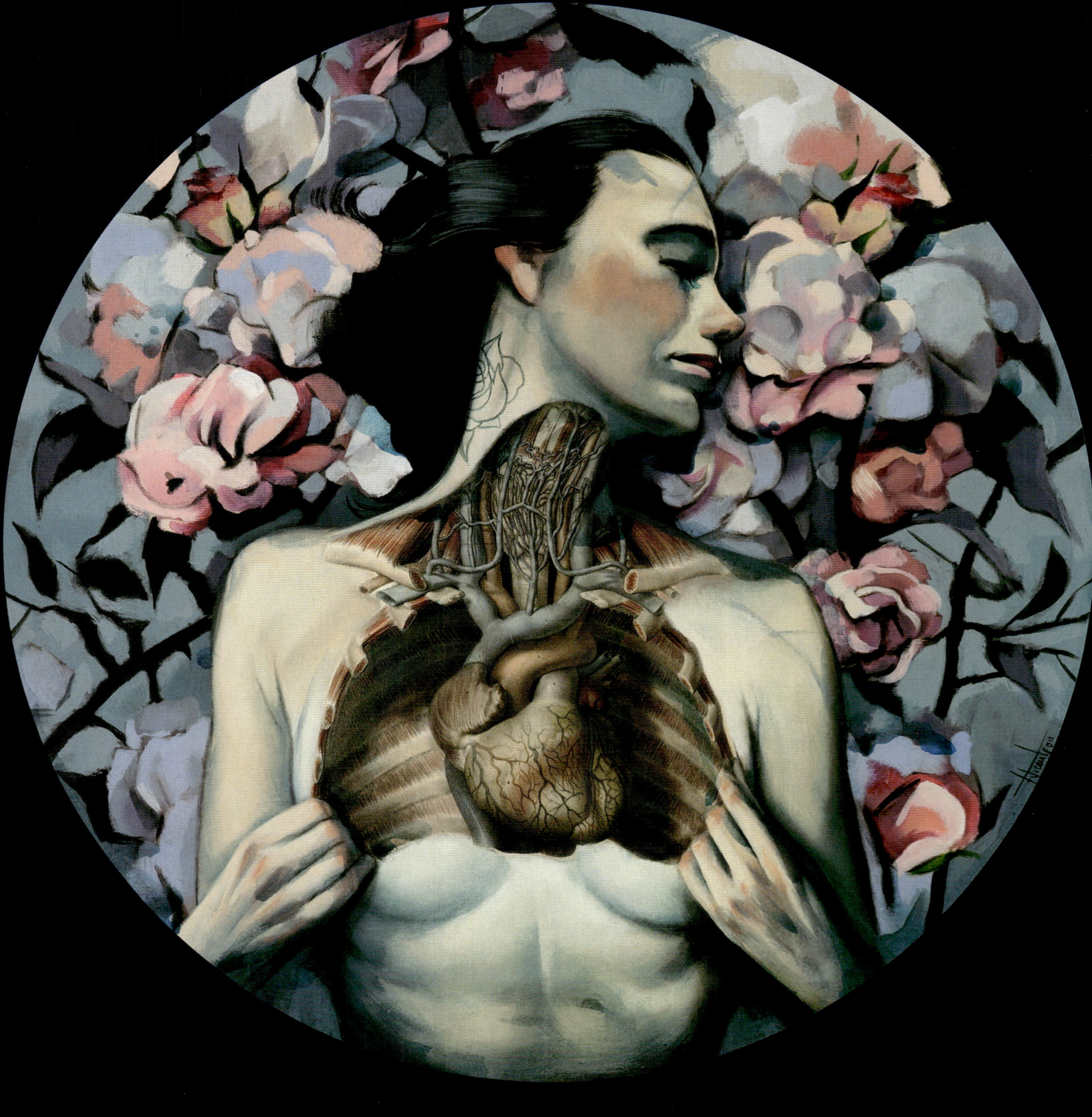

Bouquet (2011), 80 × 80cm
Acrylic on canvas mounted on panel
Acrílico sobre lienzo encolado a tabla

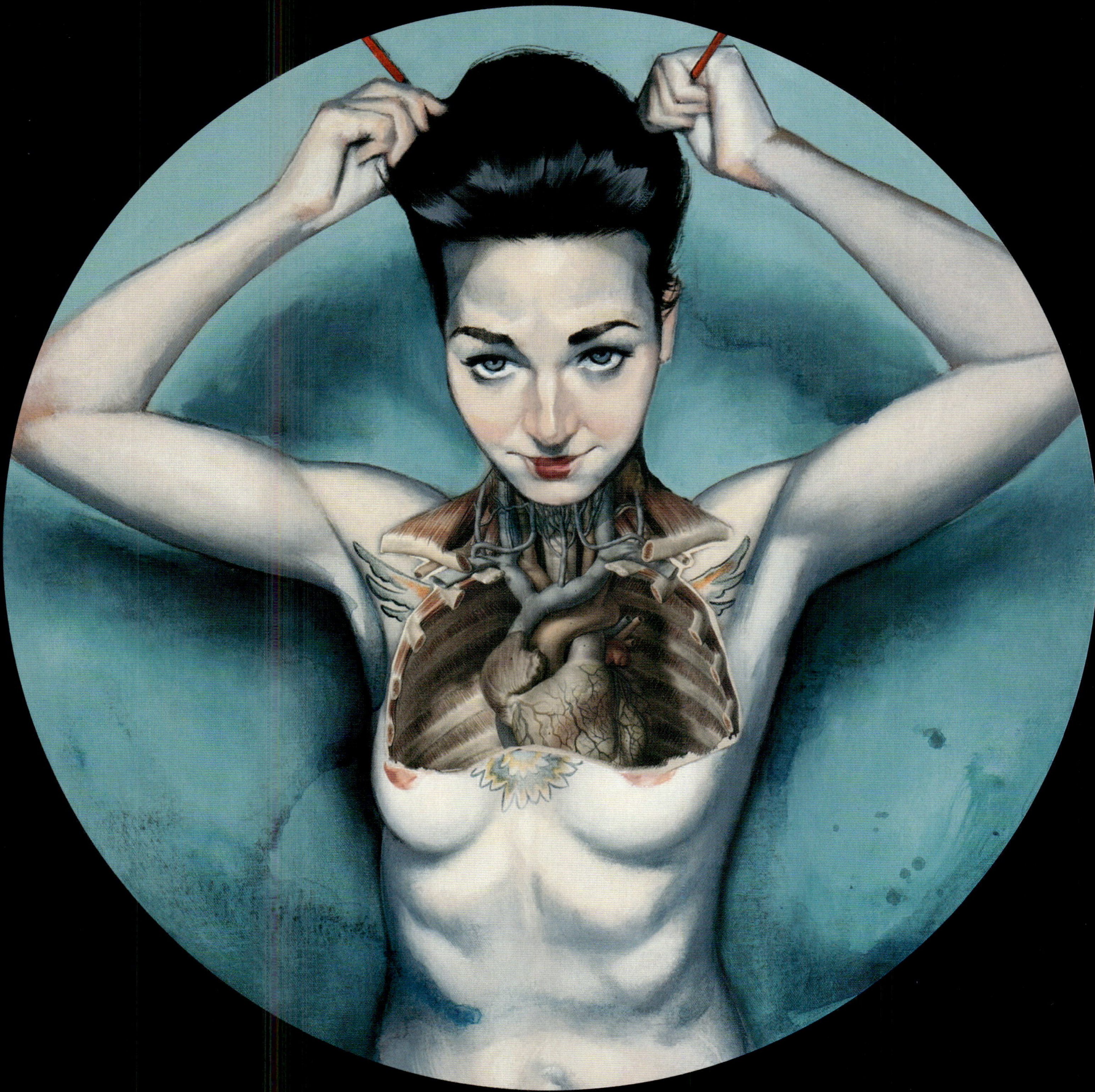

Geisha (2011), 60 × 60cm
Acrylic on canvas mounted on panel
Acrílico sobre lienzo encolado a tabla

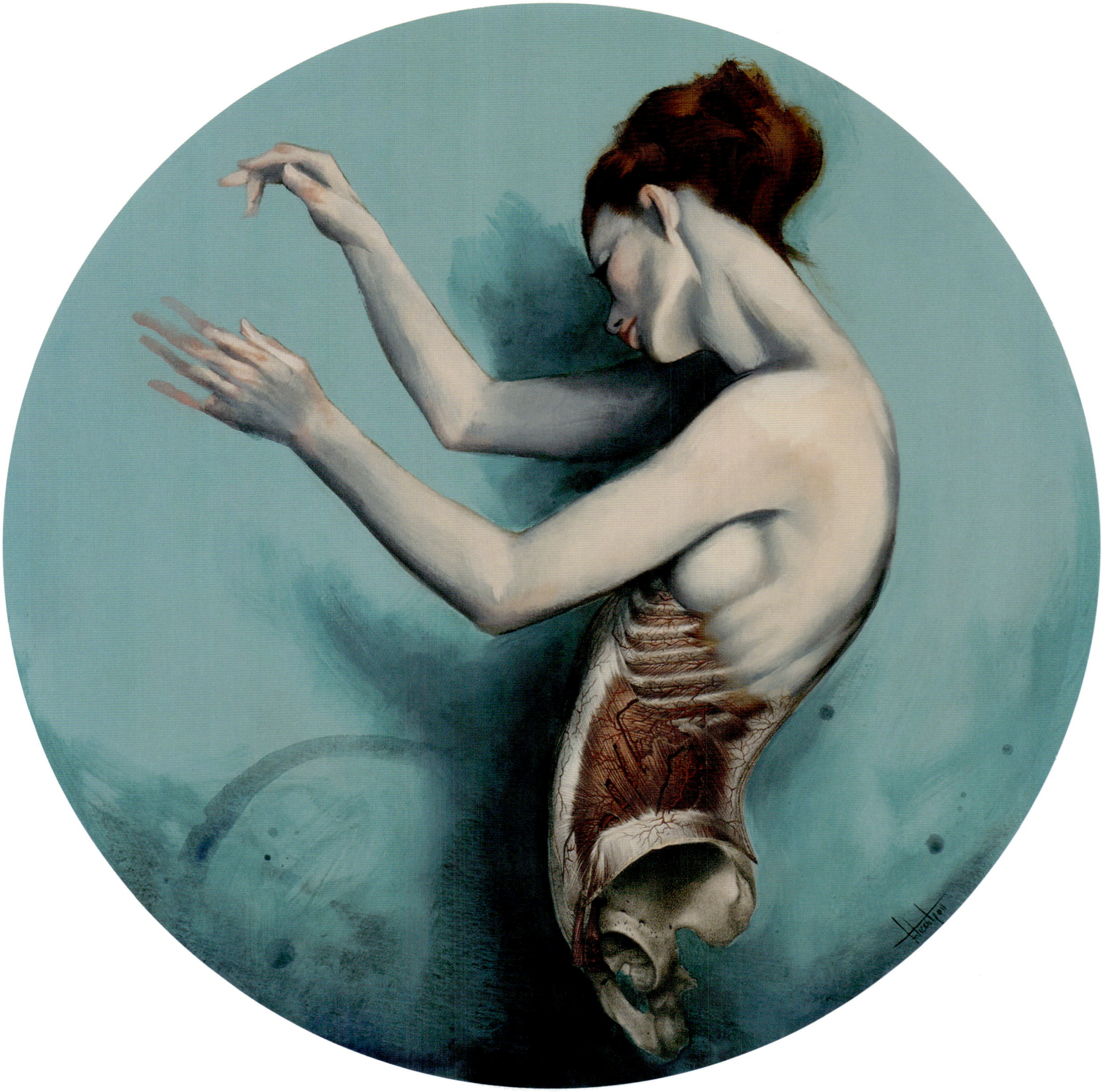

150

Andromeda (2011), 90 × 90cm
Acrylic on canvas mounted on panel
Acrílico sobre lienzo encolado a tabla

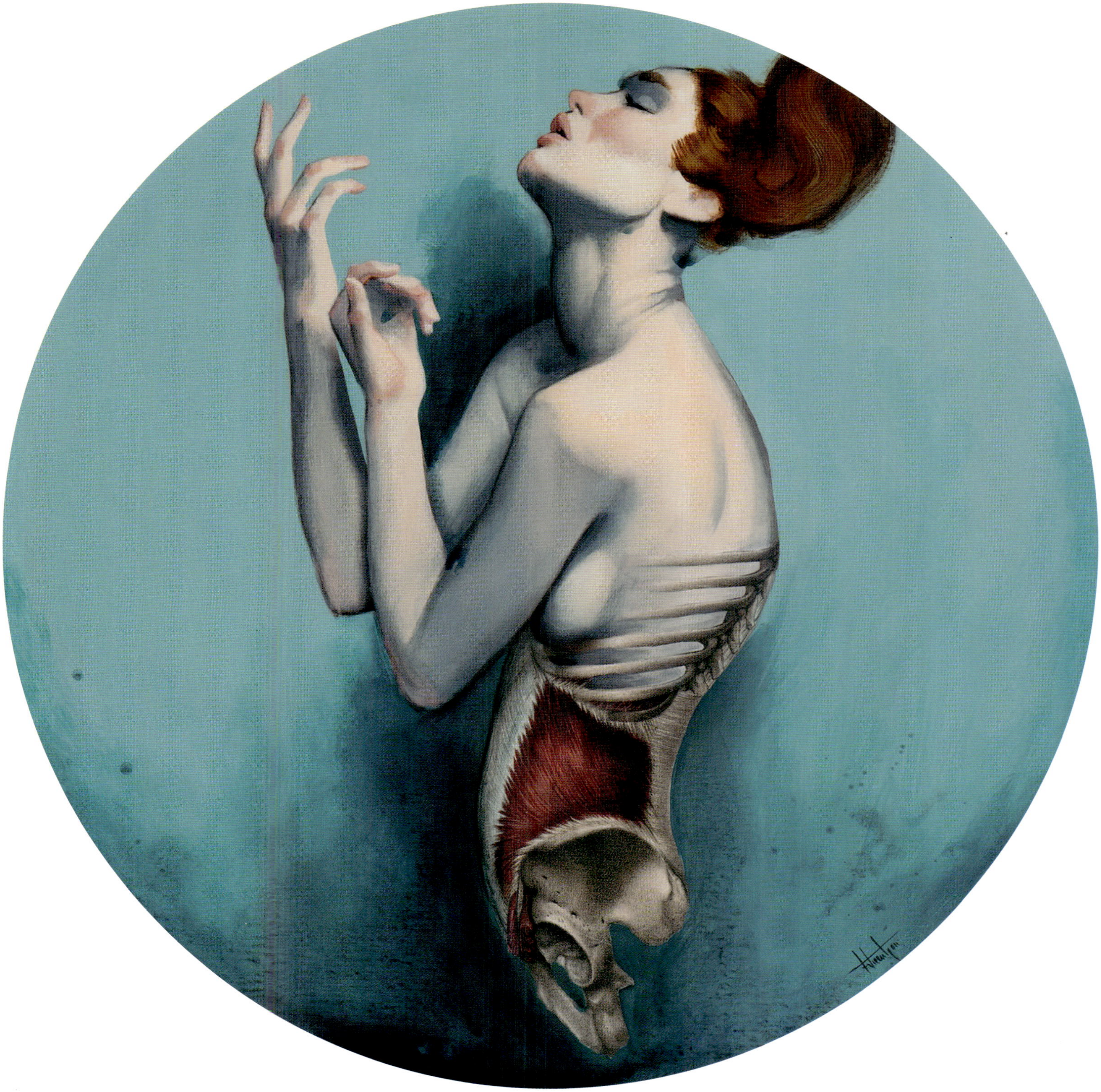

Gravidez (2011), 90 × 90cm
Acrylic on canvas mounted on panel
Acrílico sobre lienzo encolado a tabla

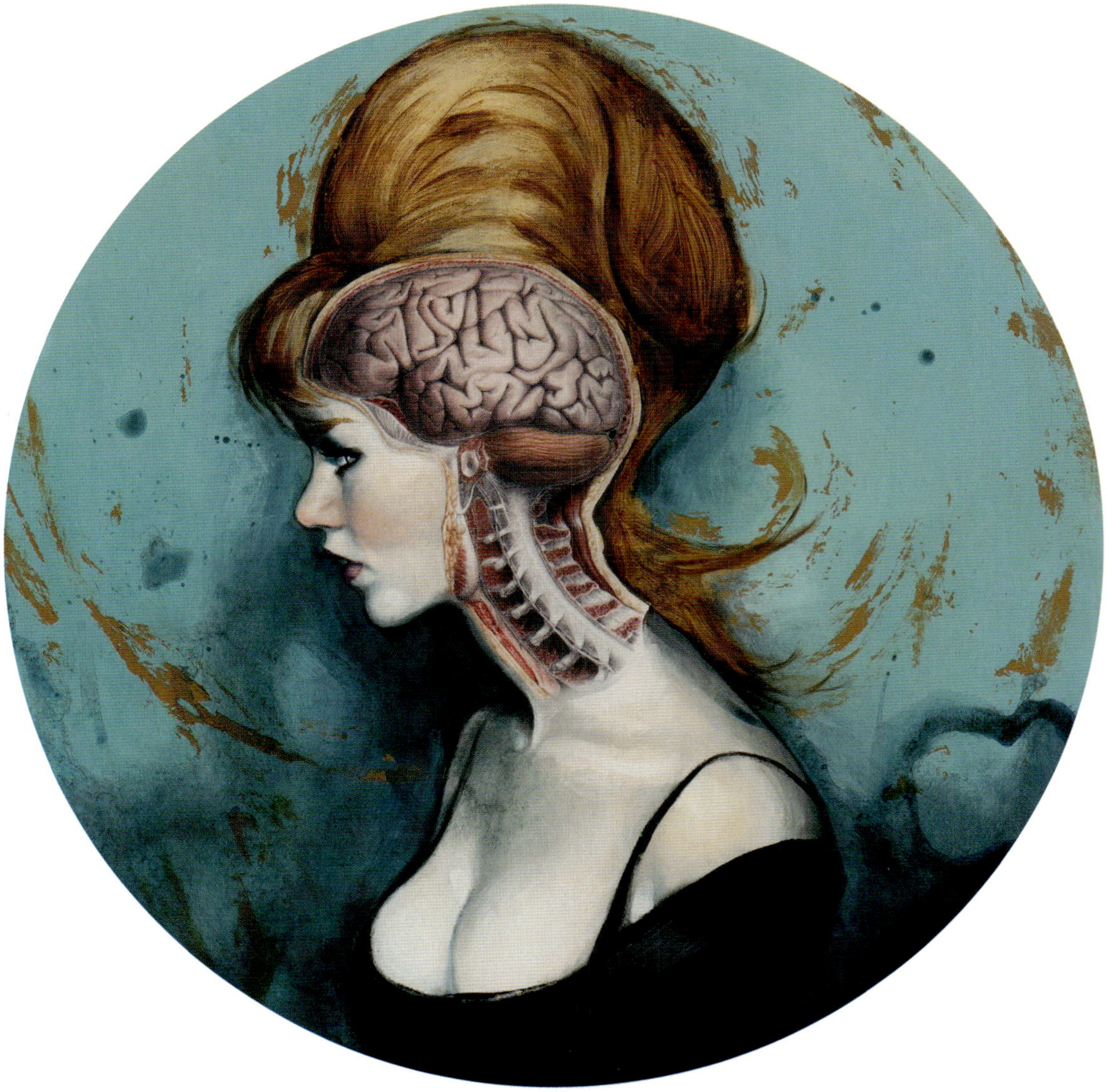

Marie Antoinette (2011), 60 × 60cm
Reclining nude (2011), 100 × 100cm —››
Acrylic on canvas mounted on panel
Acrílico sobre lienzo encolado a tabla

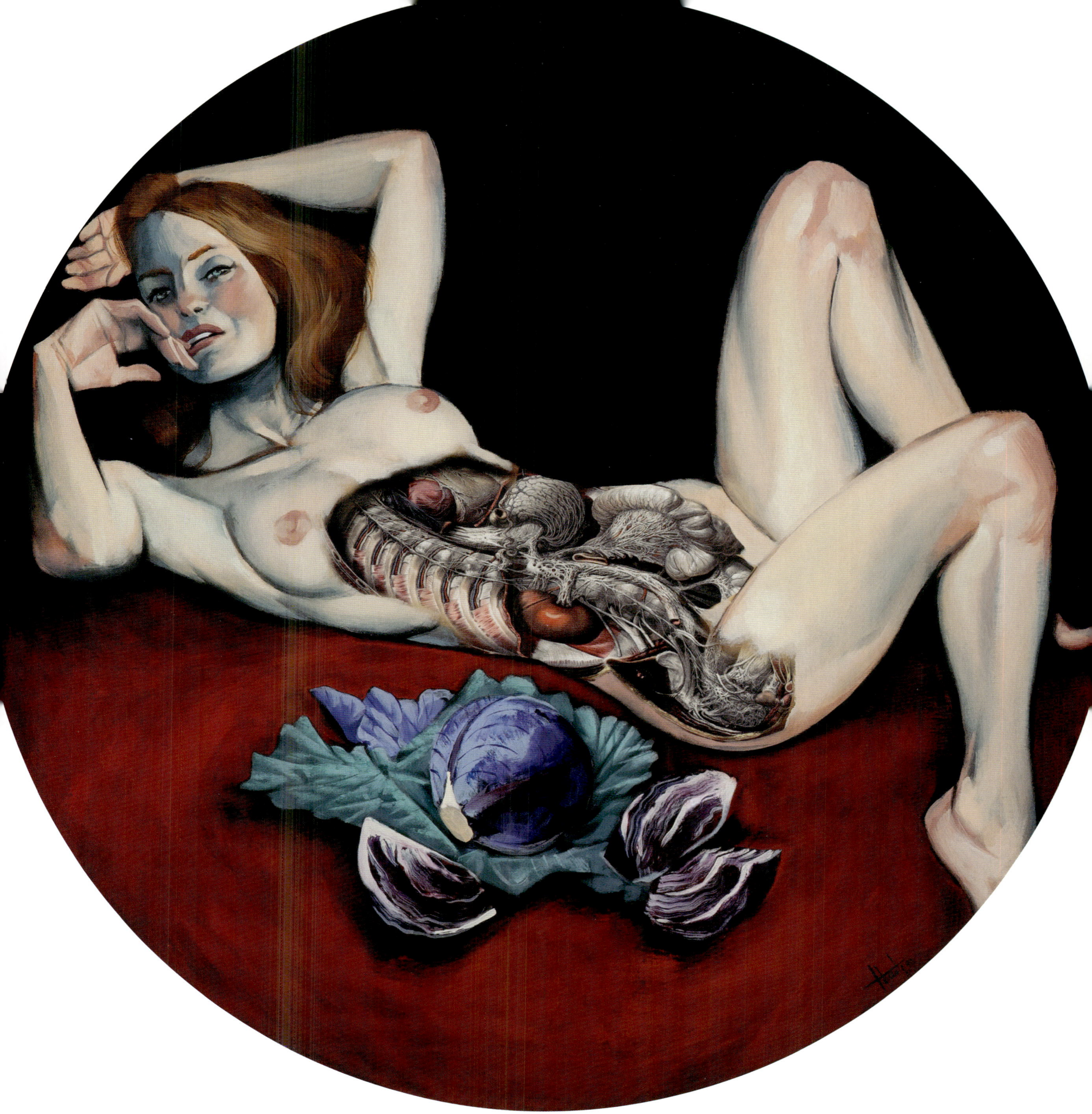

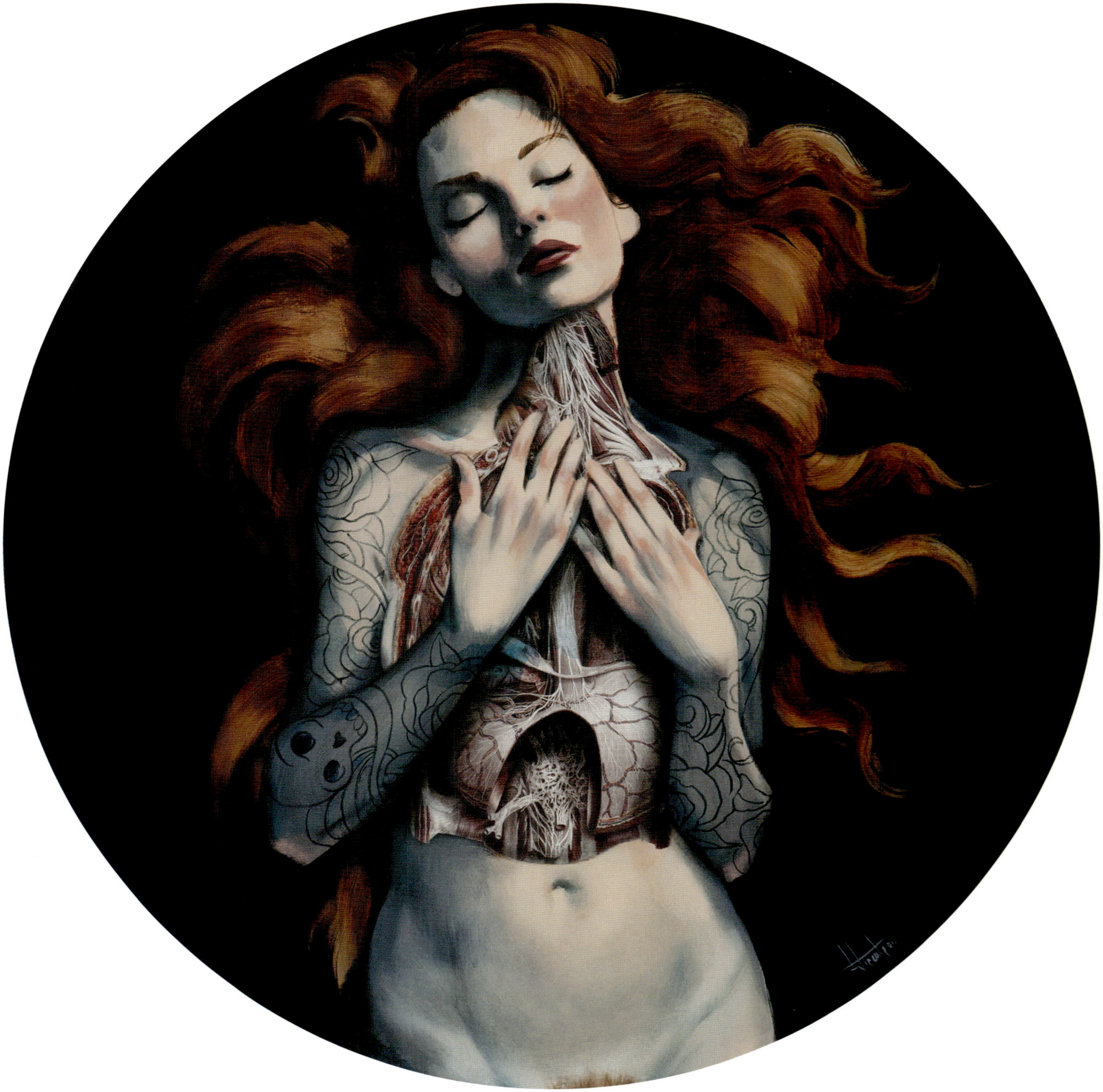

Botticelli (2011), 80 × 80cm
Acrylic on canvas mounted on panel
Acrílico sobre lienzo encolado a tabla

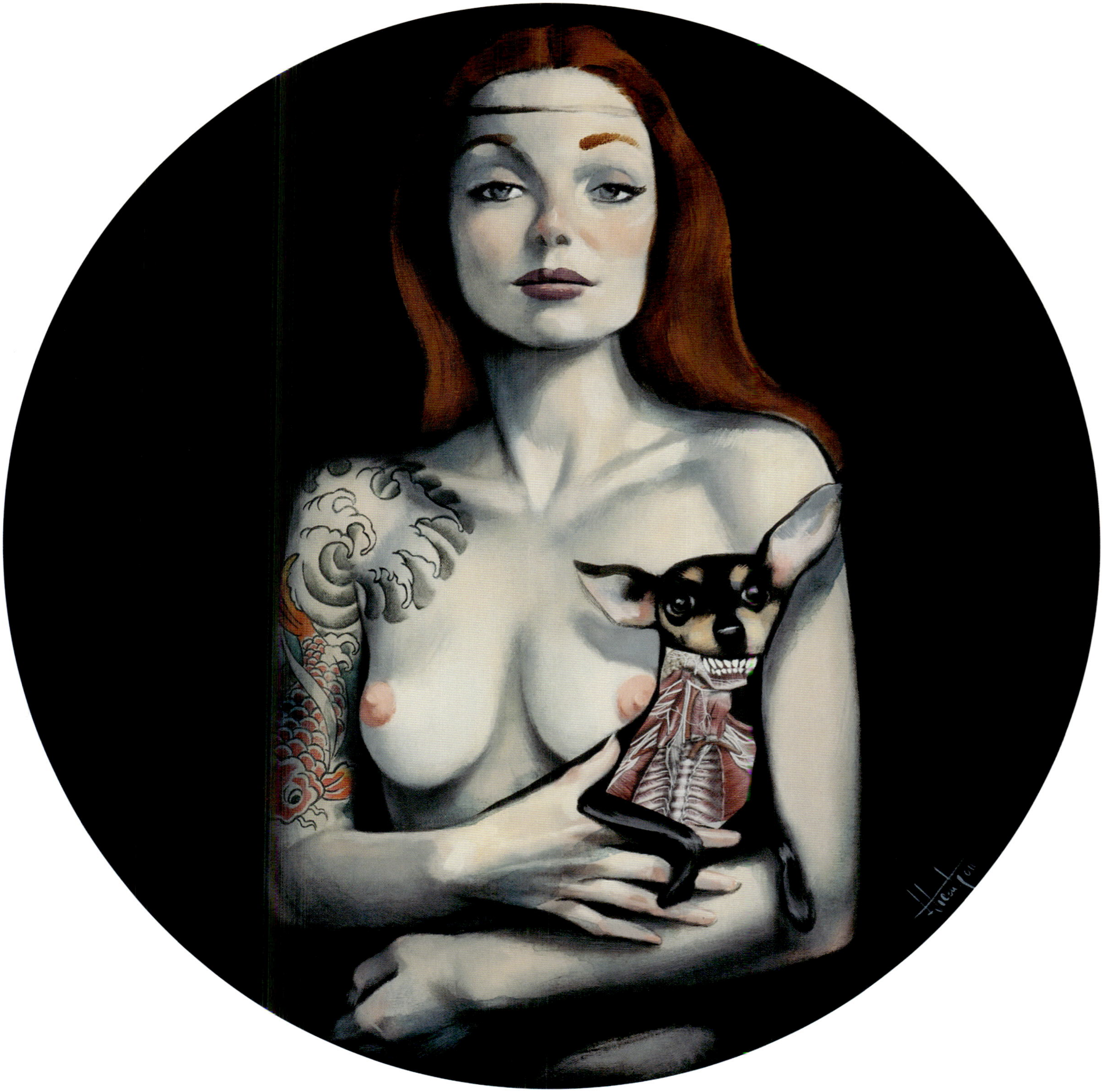

La dama del perrito (2011), 70 × 70cm
Acrylic on canvas mounted on panel
Acrílico sobre lienzo encolado a tabla

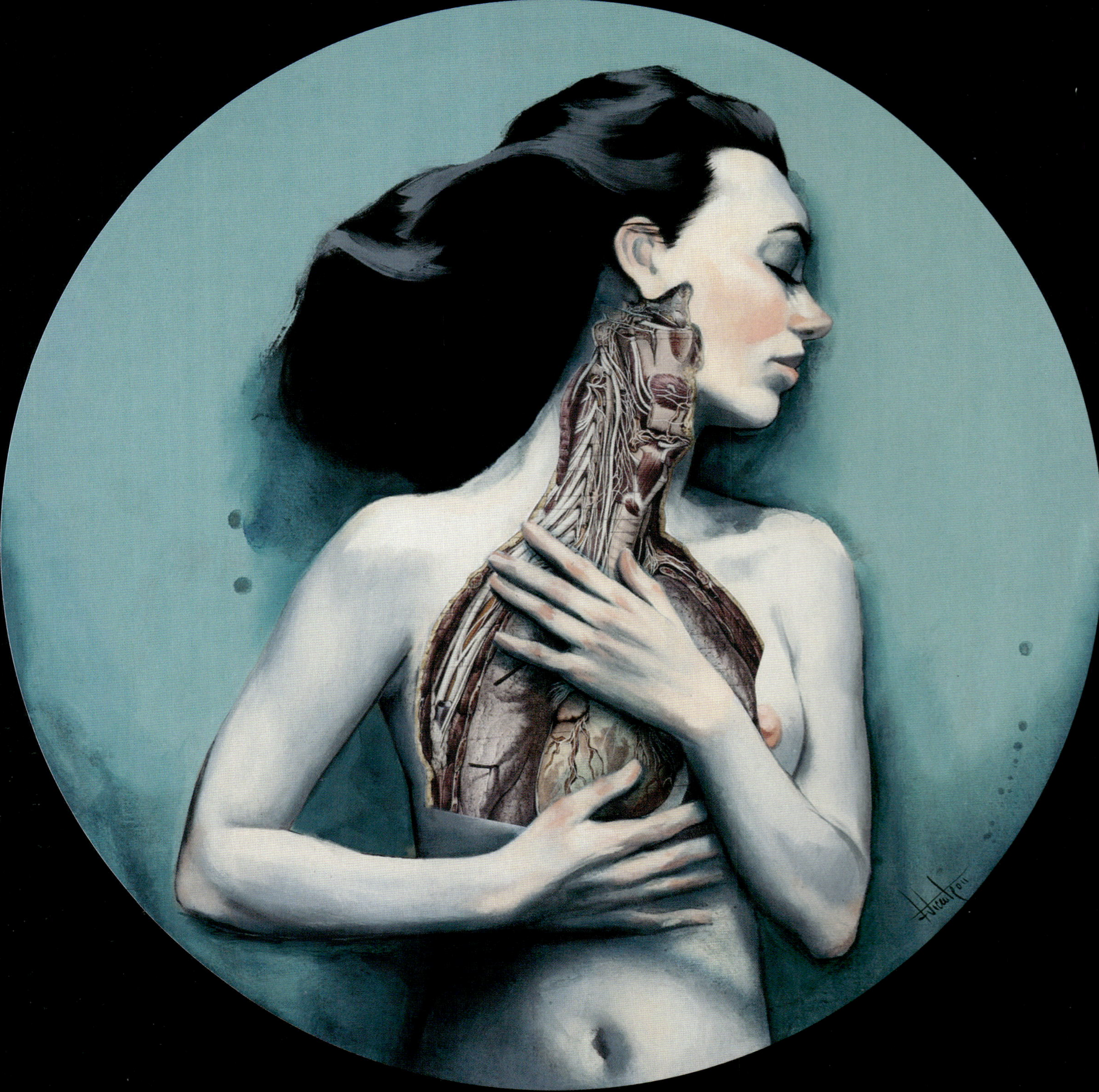

Pudor (2011), 70 × 70cm
Acrylic on canvas mounted on panel
Acrílico sobre lienzo encolado a tabla

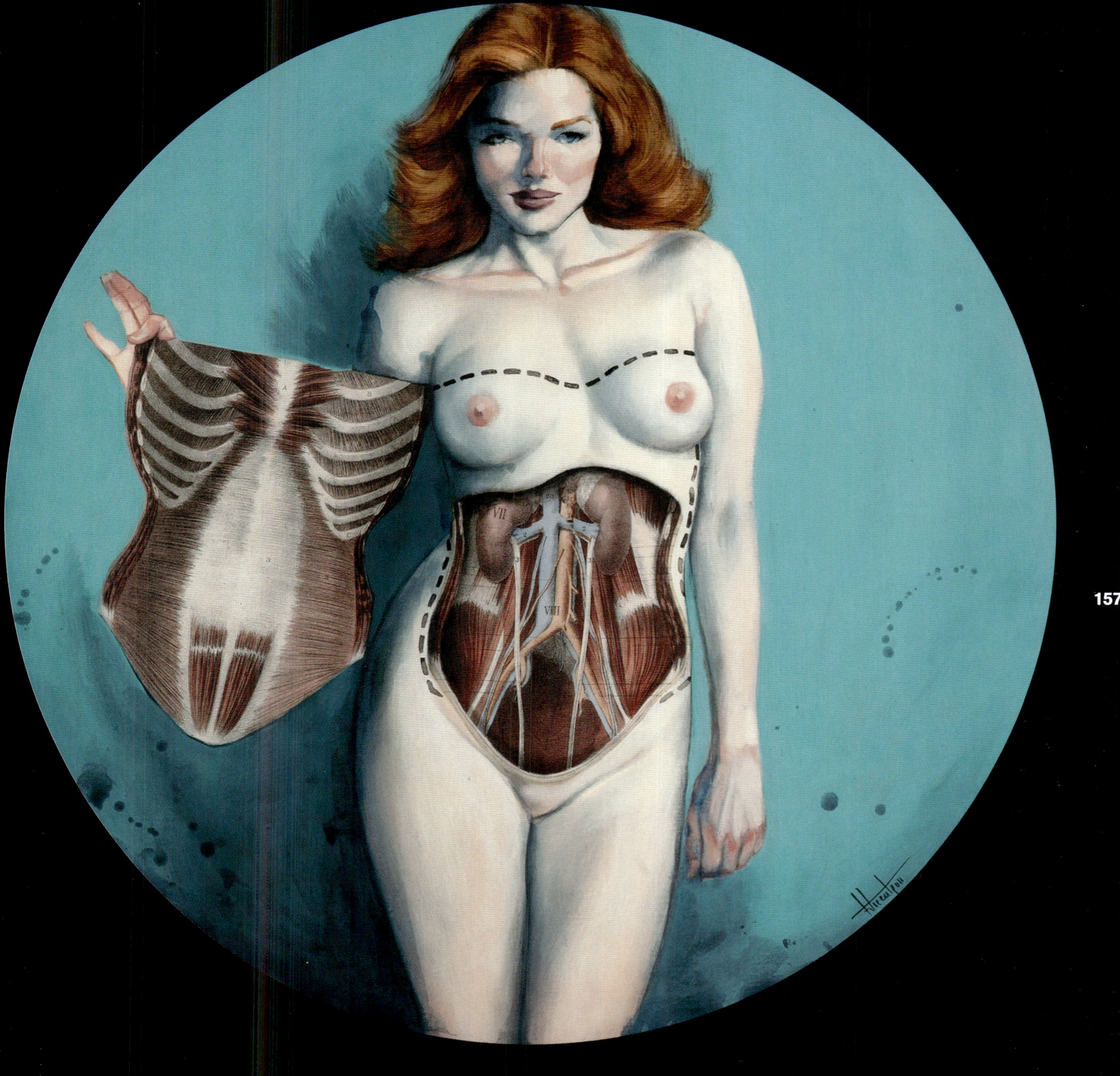

American housewife (2011), 90 × 90cm
Acrylic on canvas mounted on panel
Acrílico sobre lienzo encolado a tabla

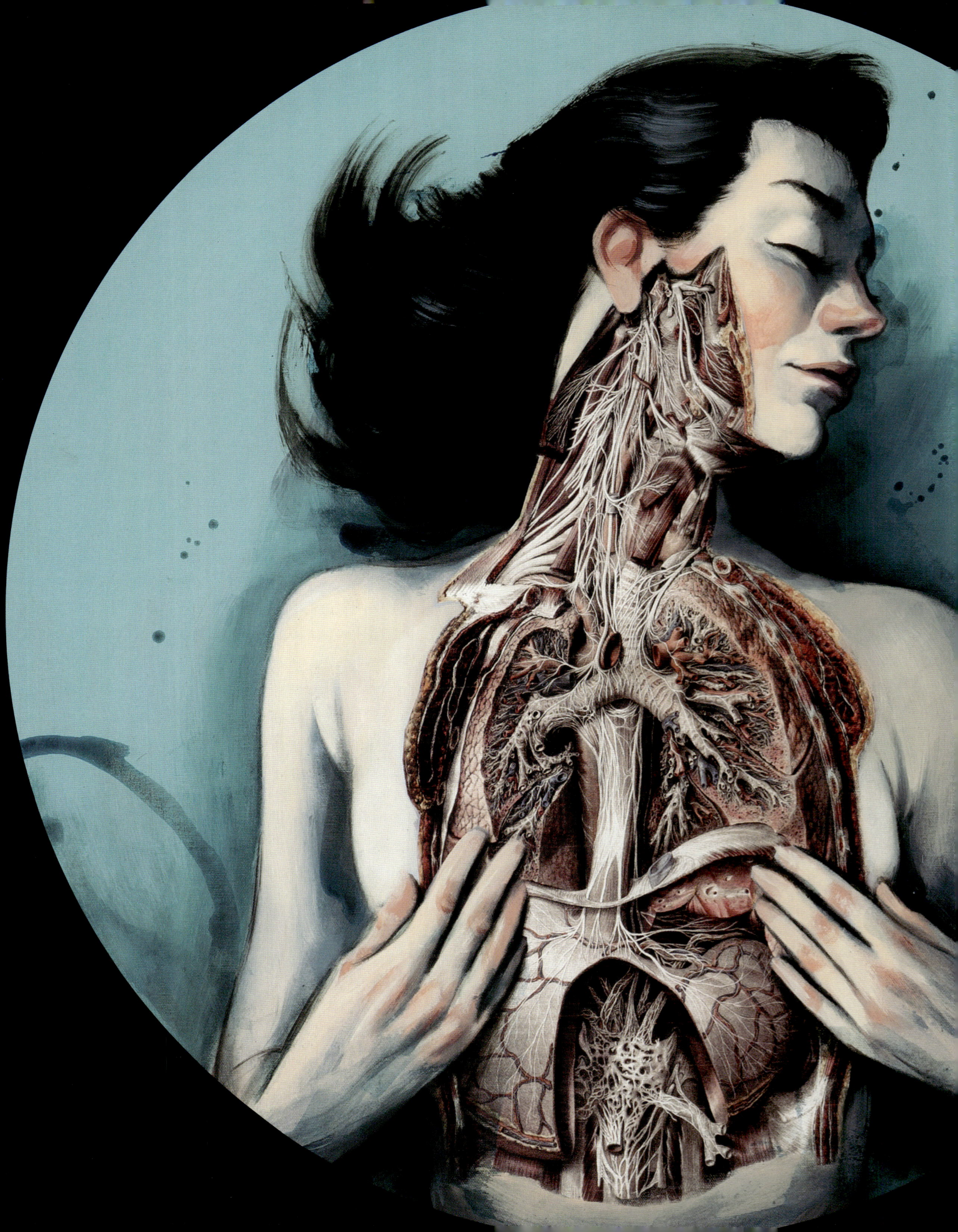

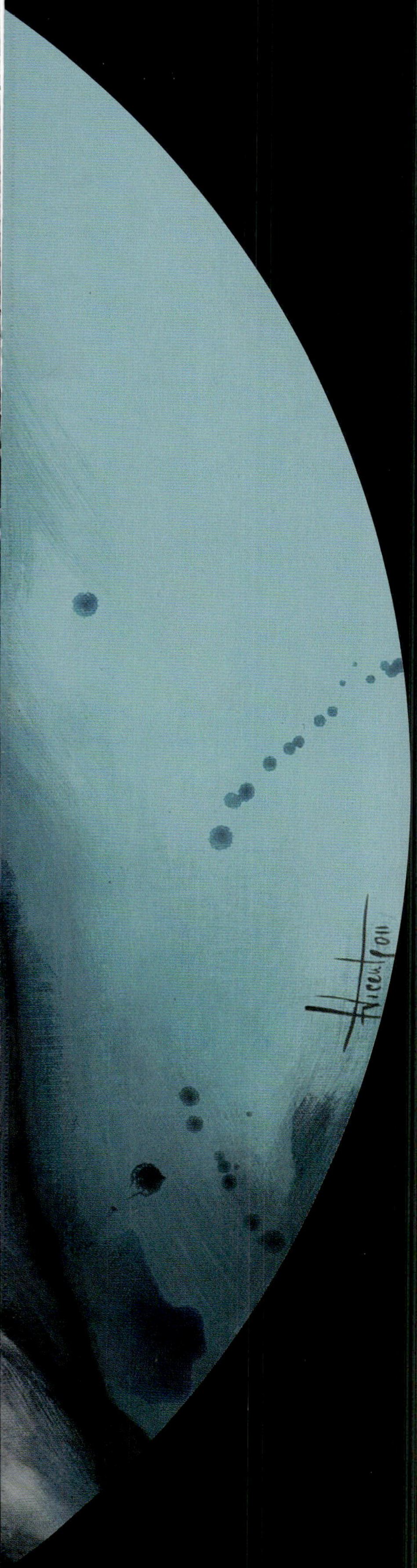

Inspiración (2011), 70 × 70cm
Acrylic on canvas mounted on panel
Acrílico sobre lienzo encolado a tabla

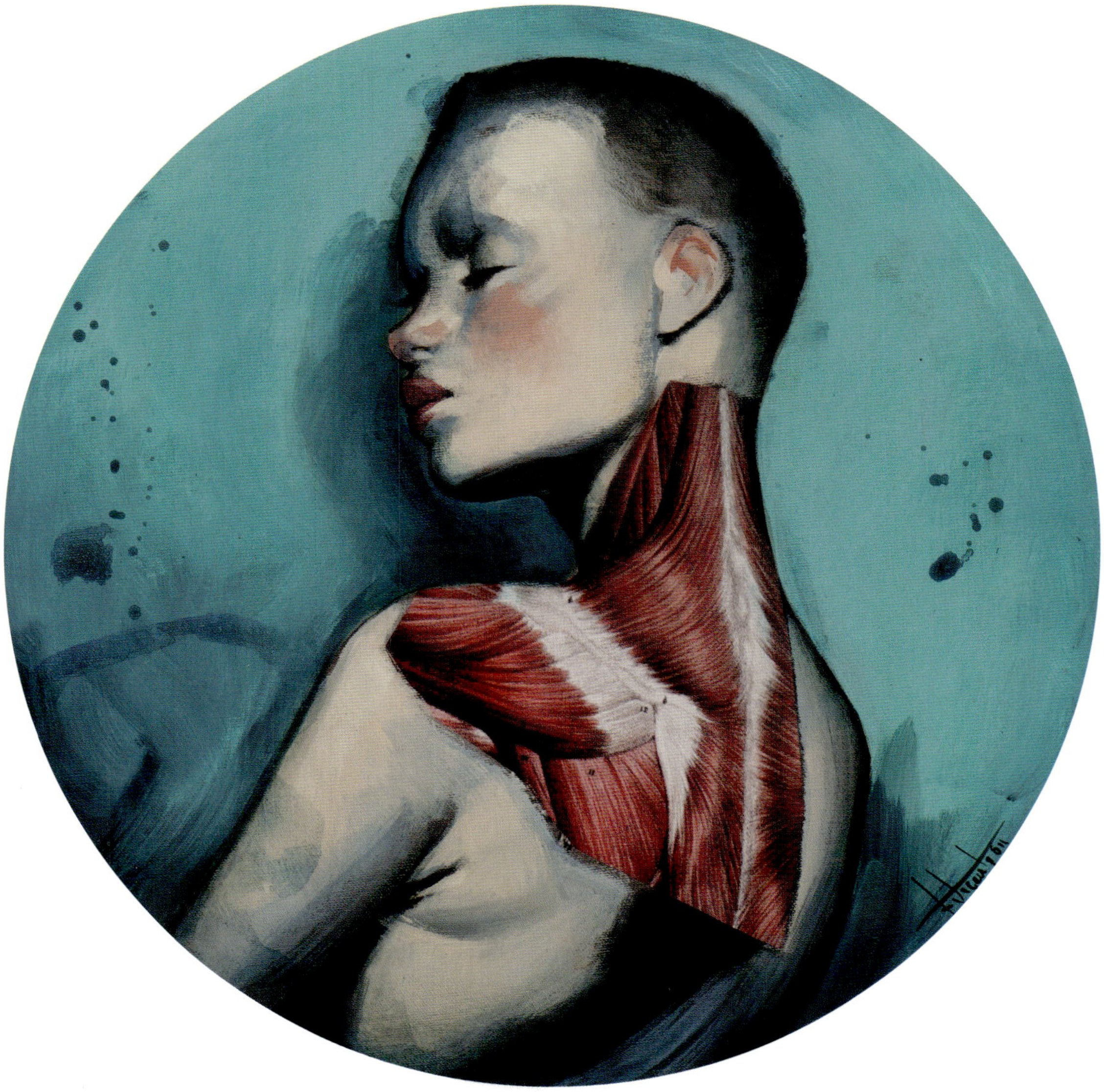

Pensadora (2011), 60 × 60cm
Nadadora (2011), 60 × 60cm —››
Acrylic on canvas mounted on panel
Acrílico sobre lienzo encolado a tabla

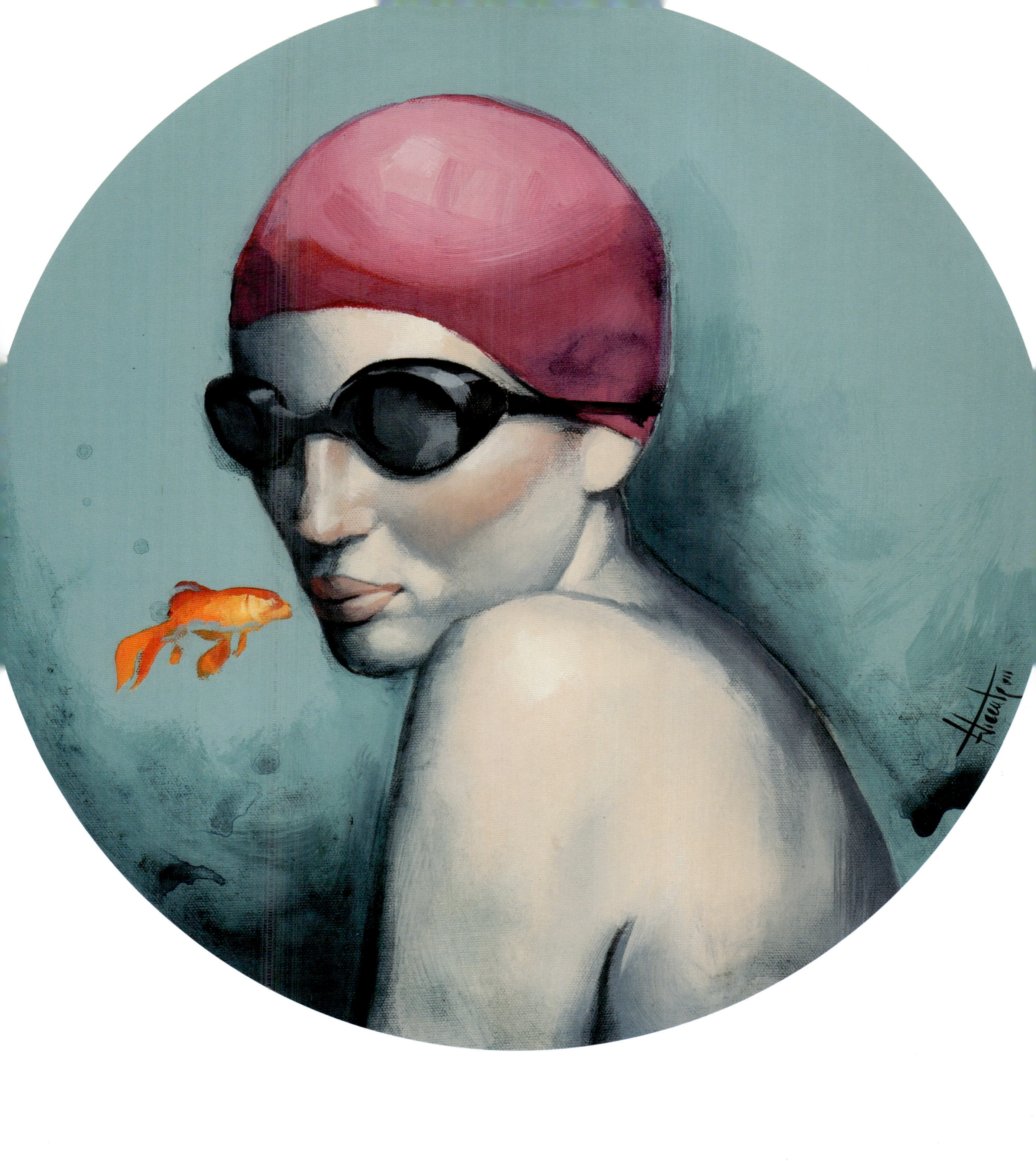

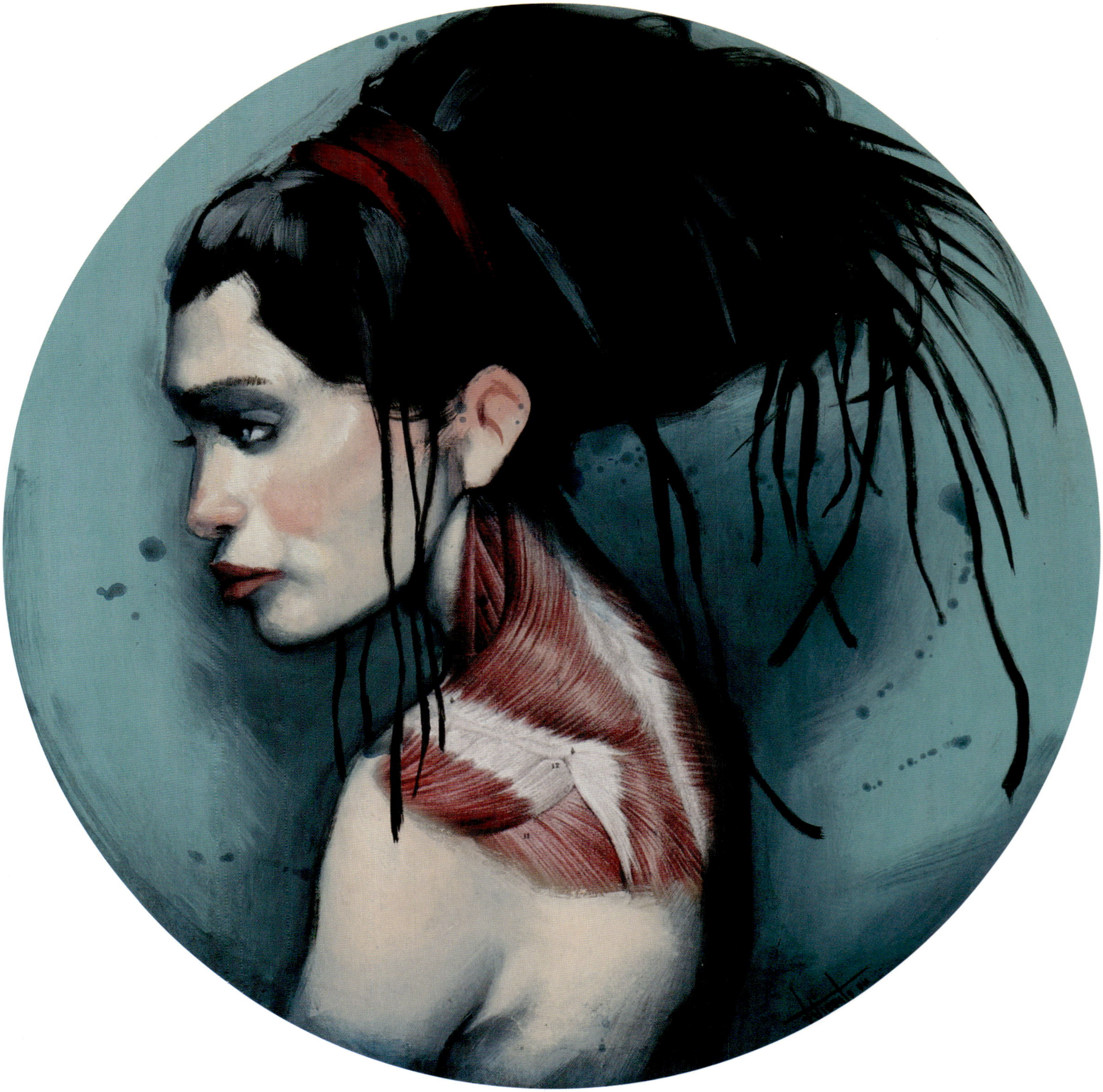

164

Rastas (2011), 60 × 60cm
Acrylic on canvas mounted on panel
Acrílico sobre lienzo encolado a tabla

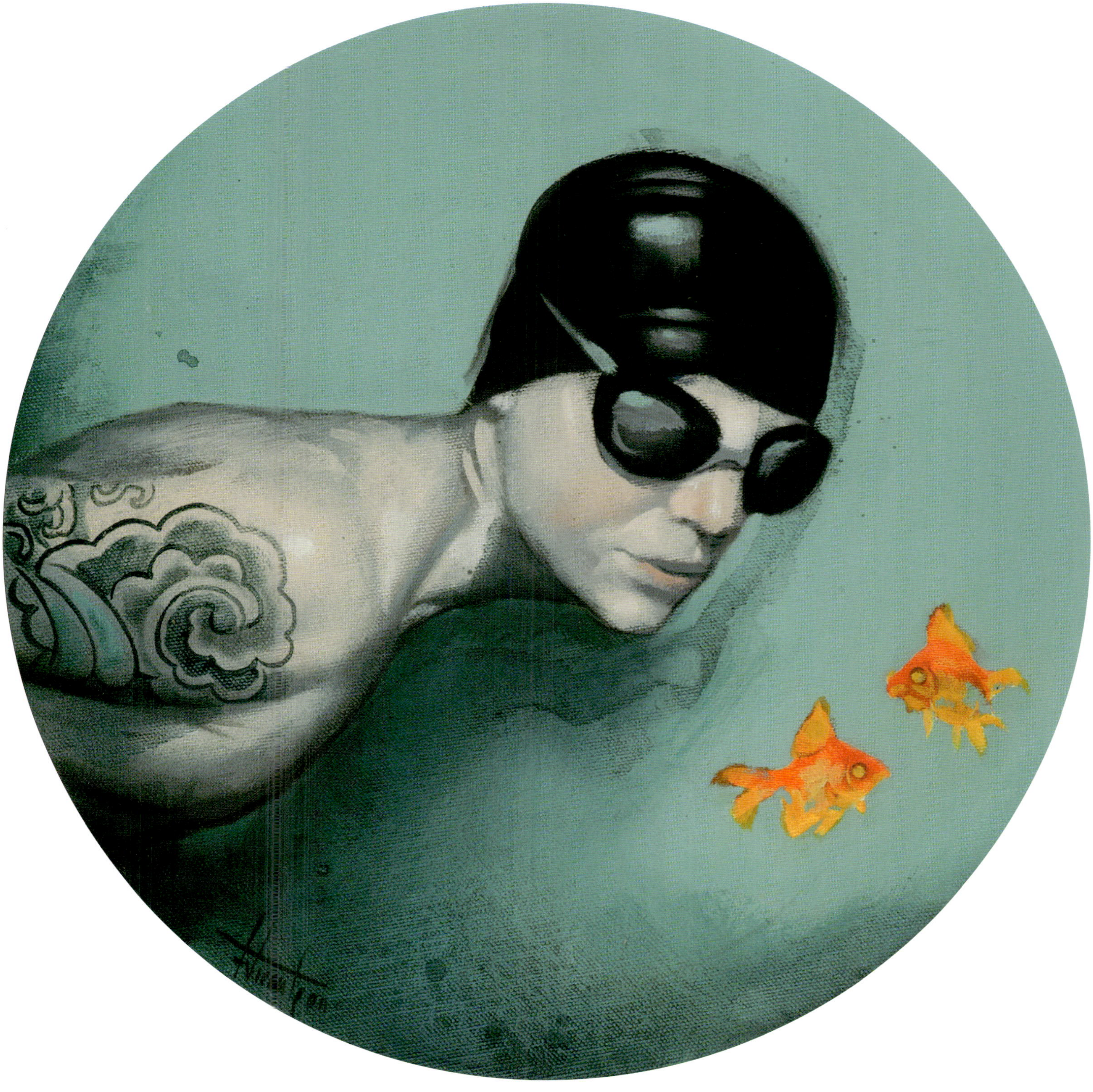

Nadador (2011), 40 × 40cm
Acrylic on canvas mounted on panel
Acrílico sobre lienzo encolado a tabla

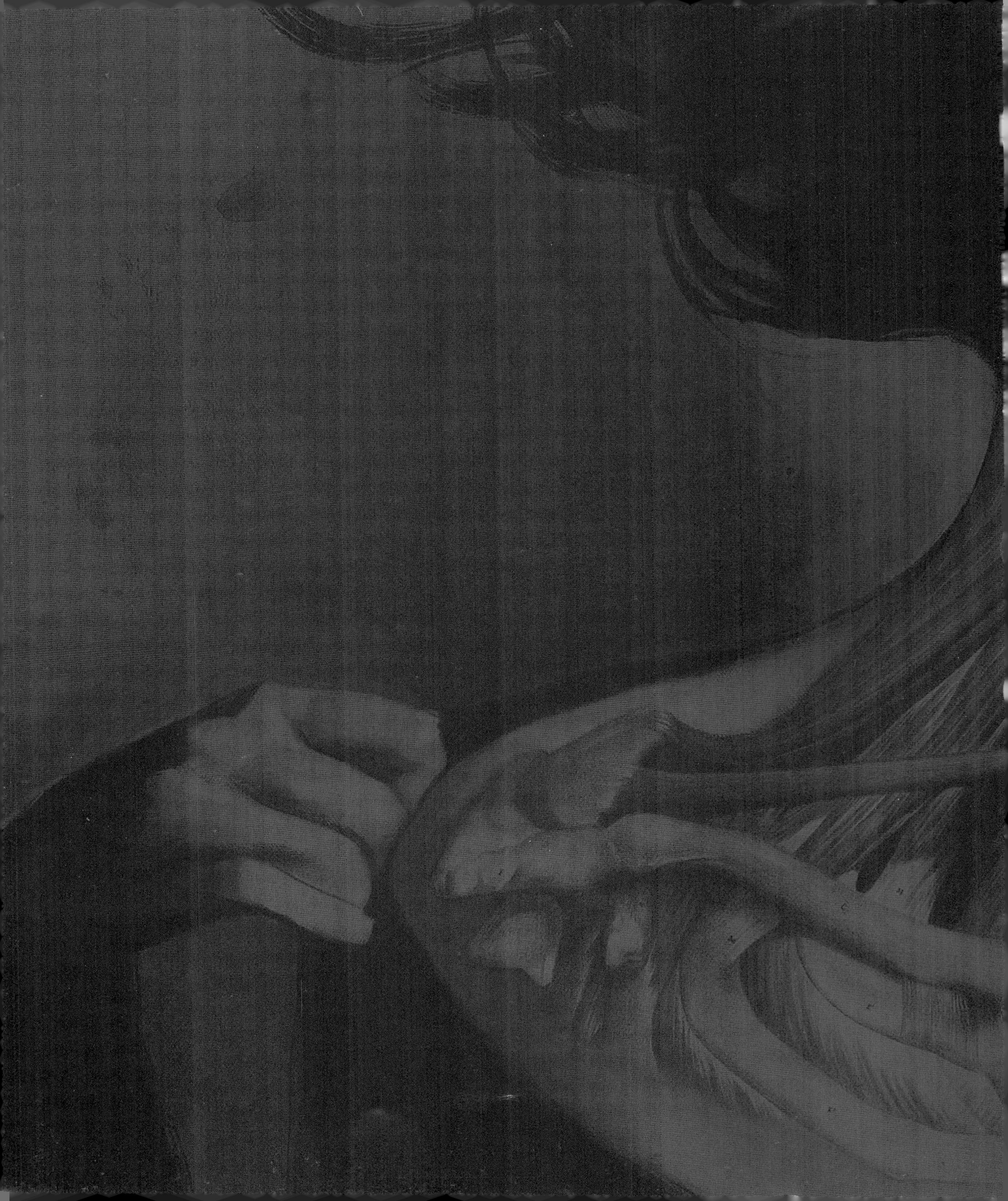